LIUZHOU NO.2 VOCATIONAL SCHOOL
THE ACHIEVEMENTS AND
THESES COMPILATION OF EDUCATION AND
TEACHING REFORM IN THE POST-NATIONAL-
DEMONSTRATION-SCHOOL PERIOD

柳州市第二职业技术学校

国示校后示范期教育教学改革成果及论文汇编

龙陵英　主编

北京理工大学出版社
BEIJING INSTITUTE OF TECHNOLOGY PRESS

图书在版编目（CIP）数据

柳州市第二职业技术学校国示校后示范期教育教学改革成果及论文汇编/龙陵英主编．—北京：北京理工大学出版社，2018.7

ISBN 978－7－5682－5784－8

Ⅰ．①柳…　Ⅱ．①龙…　Ⅲ．①职业教育－教育改革－柳州－文集　Ⅳ．①G719.21－53

中国版本图书馆CIP数据核字（2018）第135026号

出版发行／北京理工大学出版社有限责任公司
社　　址／北京市海淀区中关村南大街5号
邮　　编／100081
电　　话／（010）68914775（总编室）
（010）82562903（教材售后服务热线）
（010）68948351（其他图书服务热线）
网　　址／http：//www.bitpress.com.cn
经　　销／全国各地新华书店
印　　刷／保定市中画美凯印刷有限公司
开　　本／710毫米×1000毫米　1/16
印　　张／17.5
字　　数／308千字
版　　次／2018年7月第1版　2018年7月第1次印刷
定　　价／62.00元

责任编辑／申玉琴
文案编辑／申玉琴
责任校对／周瑞红
责任印制／王美丽

编　委　会

前言 PREFACE

柳州市第二职业技术学校作为国家示范性中等职业学校，认真贯彻落实教育部、财政部倡导的国家示范性中等职业院校要充分发挥辐射带动作用这一要务，在积极做好对口支援、经验交流和社会服务的同时，组织教学与管理一线人员，联合行业、企业，不断深化教育教学改革，提高人才培养质量，取得了显著成果。现将学校2013年以来获得国家级、自治区级、市级的教改成果及公开刊物发表的优秀教育教学论文汇编成册并公开出版，与全体教职工及职教同人分享与交流。

本书是我校教师教改理论成果的集中展示，在内容上涵盖了学校发展研究，教学管理，专业建设，教学改革，教研课题，德育教育，心理健康教育，教学设计、教学案例等。共收录43篇论文。

随着形势的变化，社会对中等职业教育将提出更新、更高的要求，学校在未来改革与实践进程中还会遇到更多的问题需要不断探索。我们期望通过本书的出版能对学校、教师的教学乃至同类兄弟学校的改革和实践起到一定的借鉴作用。

当然，一些论文中尚有观点稚嫩、偏颇、思之未深之处，诚请各位领导、专家和兄弟学校的同人批评指正；同时，由于时间仓促，人力有限，书中难免有疏漏之处，敬请见谅。

目录 CONTENTS

学校发展研究

教学管理

专业建设

教学改革

教研课题

德育教育

心理健康教育

教学设计、教学案例

学校发展研究

关于职教管理干部培训的若干思考

龙陵英

柳州市第二职业技术学校 广西 柳州

摘 要 各类职业院校的职教管理干部培训是提升管理干部素质的一项重要内容。目前，职教管理干部培训工作中存在着一些问题，文章在对这些问题具体分析的基础上，总结出职教管理干部培训的基本特征，并构建职教管理干部培训模式框架，对职教管理干部培训的心理问题进行了初步探索。

关键词 职教管理干部；培训

进入新的世纪，我国所处的社会环境和经济关系、劳动就业关系继续发生着深刻的变化，职业教育面临严重的挑战与全新的机会。提升职教管理干部综合素质在这个大背景下发挥着越来越重要的作用。面对新的形势、新的任务、新的要求，我们需要更加重视职教管理干部培训，努力建设一支高素质的职教管理干部队伍。

本文研究对象——职教管理干部，系指各级各类职业院校的职教管理干部，不包括企业和社区及社会力量办学的职教管理干部。

一、职教管理干部培训工作存在的若干问题

近年来，职教管理干部培训受到各级政府和教育部门的高度重视，特别是职业中学校长岗位培训工作取得了突破性进展。众所周知，职教管理干部除了校长以外还有相当部分量多面广的管理干部，他们在职教改革中特别是招生、就业、产学结合方面起着重要作用。但目前对广大职教管理干部的培训工作远不如职教

师资培训那样完善、规范，还存在诸多不尽如人意之处，主要表现为以下几个方面。

——培训形式、培训内容与解决职教管理干部的现实需要不适应。广大职教管理干部分别从事着不同性质的工作——教务、后勤、招生与就业推荐、产学结合、职后培训等，然而不分类别、不分层次的大一统职教管理干部培训方式还相当普遍；教学内容只限于基本知识的掌握、基本素质的提高和“一言堂”为主的教学方法还没有从根本上得以改变。这种培训的循环与反复不仅在一定程度上造成了时间、人力、物力和财力的浪费，而且大大降低了培训的吸引力。

——培训对象的认识问题。从现实看，一些职教管理干部存在着不愿意参加培训或参加培训后学习热情不高的现象，具体表现和主客观原因：一是相当一些职教管理干部没有真正认识到知识经济和加入世贸组织对职教管理干部培训干部素质提出的新要求和新挑战，部分职教管理干部对时代和社会的急剧发展变化认识淡漠，缺乏应有的危机感和主动性；二是职教管理干部培训调换率增高，大量新到岗的工会干部给培训工作带来了压力；三是多头培训、重复培训的实际情况影响了培训对象参加培训的积极性。

——师资水平方面的问题。从深层次分析，职教管理干部培训师资水平严重跟不上培训目标和培训内容的要求。其原因：一是教学“两层皮”的现象比较普遍；二是一些教师的新知识、新技能更新速度较慢；三是部分教师虽是高级行政长官、教授，但讲课任务繁重，基本上都是宏观大论的形势报告，且彼此间有不少重复。

——从整体上看，职教管理干部培训工作缺乏有力的政策支持。职教管理干部培训体系有待进一步健全和完善。大部分职教师资培训基地尚未形成一整套具有职教管理干部特色的培训模式和规范化的管理办法。

二、关于职教管理干部培训基本特征的思考

笔者认为，面向21世纪的职教管理干部培训应体现下列特征。

现代性：职教管理干部培训应着眼于21世纪，学习和掌握现代教育思想，进一步探索新形势下的办学规律，了解和掌握最新的教育政策法规的基本精神和主要内容；了解现代学校管理发展的最新成果；学习学校管理的先进经验和现代教育技术。重点是掌握现代教育科研方法，开展现代学校管理的课题研究。

示范性：职教管理干部培训在培训的内容、方法、形式及推广科研成果等方面积累一定经验的同时，应发挥相应的导向、示范性作用。要根据教育改革发展的新形势、新问题，结合本地区教育改革发展的难点和重点问题以及学校管

理中存在的实际问题来选择研修的课题，并通过职教管理干部培训班学员，带动本地区其他职教管理干部总结经验，开展科研，推广先进的办学经验和科研成果。

针对性：职教管理干部培训应积极探索并逐步形成分层次、分类别、灵活有效的培训格局，使培训工作主动、有效地为全面提高职教管理干部的素质服务，为促进职业教育的改革和发展服务。要以职教管理干部参训前的知识结构和工作状况为基础和出发点，培训形式要根据学员特点，灵活多样，既解决工学矛盾，又做到学用结合。职教管理干部培训形式应提倡多样化，做到脱产与不脱产相结合、集中与分散相结合、学习与实践相结合，200 个或 540 个学时可分几次用完。各地各培训学院在完成教学计划、保证教学质量的基础上，可从本地实际和本班特点出发，确定不同的培训形式，既可采用一次性脱产培训形式或以脱产为主的分段培训形式，也可采用以自学为主的业余函授形式或学时制形式。

实效性：职教管理干部培训的重点不在于学习知识，而在于帮助职教管理干部研究问题，在于帮助他们研究、解决实际工作中的问题。要以改进学校工作为目标，进一步明确培训的指导思想，以职教管理干部培训后提高解决问题的能力和促进学校工作为重点；培训工作要紧密联系教育改革与发展形势，理论学习一定要与实际工作相结合。职教管理干部参加培训后，解决实际问题的能力应有所增强，实际工作水平应有所提高，学校实际工作应有所进步。

研修性：教育科研是现代教育的基础工程。随着教育事业的改革和发展，有许多问题和矛盾需要我们通过教育科学研究加以解决。使教育科研为教育改革与发展的实践服务，为教育行政决策服务，并通过科研，提高职教管理干部的管理能力和水平。因此，职教管理干部培训要以课题研究为主线，以科研促培训，这应该是职教管理干部培训工作的基本思路。

三、职教管理干部培训模式框架探索

培训模式是一个复杂的问题，各地各类培训都创新了不少有效的模式。近年来，许多国家已“把教育管理者的培养工作作为改革杠杆的支撑点以谋求改革的成功”。以美国为代表的西方国家的教育管理者培训模式可概括为以下几种类型：从培训模式的创立方法看，包括归纳培训模式和演绎培训模式；从培训内容来看，包括信息加工模式和行为修正模式；从培训中教师与学员的关系来看，包括单向、双向和多向关系的模式；从培训中教师与学员各自所扮演的角色来看，包括单一角色模式和多重角色模式；从处理理论与实践的关系来看，也有诸种理论与实践相结合的模式。笔者参照世界各国教师和教育管理者培训模式，提出面向

21 世纪的职教管理干部培训模式基本框架如下：

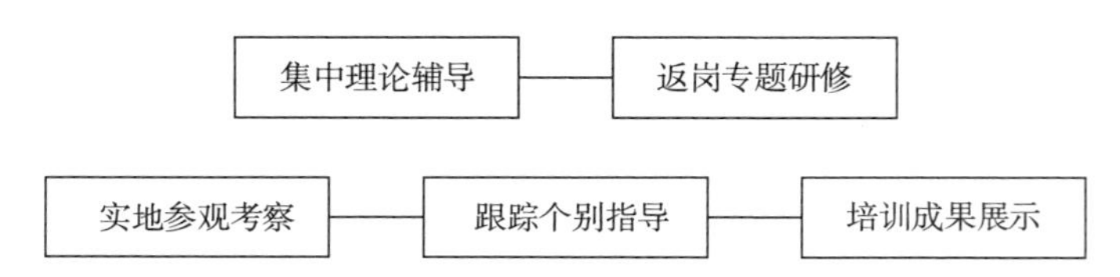

集中理论辅导，奠定理论基础。即由专家、学者等组成的专兼职教师对学员集中进行理论知识的传授，为学员的自学奠定基础。从对职教管理干部培训工作的要求出发，一方面，教育是一项超前性的社会实践活动，面对知识经济的挑战和 21 世纪的教育要求，职教管理干部应具有高瞻远瞩的战略眼光和较强的理性思维的能力；另一方面，职教管理干部来自管理实践第一线，具有丰富的管理工作的感性认识和经验，而相应的理性思维能力亟待提高。这一现实决定了培训工作应该首先从理论学习出发。

返岗专题研修，提高实践能力。学员回到各自任职学校边进行教学管理的实践，边进行课题的研究。即让学员在回到各自工作岗位之后，用多种形式理解、消化所学的知识，促进学员对所学的理论知识的内化。学员根据所选课题内容在任职学校的管理实践中有意识地进行尝试。学员运用所学知识、技能和能力，在自己的管理岗位上进行专题研修，把理论与实践结合起来，既可以使学习者能运用所学理论知识进行社会实践活动，又可以在运用理论知识的过程中验证所学理论，使认识产生质的飞跃，达到新的高度。

实践证明，科研与培训相结合，有利于职教管理干部理论、科研水平、依法治校水平和管理能力等综合素质的提高，促使职教管理干部从经验型向科研型的转化，把办学水平提高到一个新的高度。同时，通过专题研究，为上级教育行政部门的行政决策提供科学的咨询服务。部分课题涉及行政管理，其中可行性的意见会引起有关部门的重视，部分成果有可能在地区内推广运用实施。

实地参观考察，借鉴成功经验。实地参观考察是为国内外培训所肯定的重要的培训环节。只在自己学校勤恳工作，不知世界之大、事势之变、他人之功，是很难有重大拓展的。在极为繁忙的工作中，在培训的同时实地参观考察，机会难得。社会学理论指出，人们一般倾向于模仿有良好后果的行为，避免产生不良后果的行为。近的可以到周边地区的重点学校参观学习，远的可到国外相关院校考察访问；借鉴成功经验，快速改进工作。当然，参观考察要与专题研修相结合，有的放矢，制定考察计划大纲；避免走马观花，空耗考察费。通过参观考察同行的管理实践，撰写考察报告，由彼及己多方验证理论的正确性和指导性，借鉴他人的经验或教训，促进自身认知水平的提高和能力的拓展。

跟踪个别指导，集体研讨提高。职教管理干部培训跟踪个别指导强调以学促变，体现为基层服务的精神，达到交流经验、传递信息、提高职教管理干部培训水平的要求。学员在返岗专题研修时，培训机构应根据专题研究课题归类，分成几个小组。每个小组有指导教师，对学员进行跟踪个别指导，恰如研究生导师带研究生的形式。学员以理论为指导，对自身专题进行理性思考与研究，在原有认识上升为理念的基础上可定期进行交流、研讨，互相帮助提高，实现学习的提升。跟踪指导应遵循由浅入深、由单一线索到多维线索循序渐进的规律进行。以从技能训练到理论水平的提高，进而向创新意识、创新能力方向发展为纵向线索；以教委中心工作开展落实情况、学校教育、教学、管理改革进展情况、职教管理干部个人素质提高状况、培训课程内容掌握情况为横向线索，形成纵横交织的多维线索。

培训成果展示，检验培训成果。即以多种形式展示学员在培训期间所取得的成果。这既是学员之间的互相促进、取长补短，也是对培训工作的检验。认识的提高，观念的更新，能力的增强，必然促使学员素质的改变，从而带来学校面貌的变化。由于学员本身的素质差异和工作环境的区别，培训成果必然表现出多样性。它既可以是各级各类公开发表的论文；也可以是“主题”式的现场观摩展示；还可以是结合督导评估式的验收。虽然培训成果的表现形式不同，价值大小不一，但只要是切实改变了学校工作的面貌，职教管理干部培训本身的素质也切实得到提高的，都可视作培训成果展示的对象。

四、职教管理干部培训心理问题的探讨

1. 满足职教管理干部的心理发展需要是职教管理干部培训的出发点

需要是个体心理活动的动力，是人脑对生理和社会需求的反映。按照管理心理学的流行观点，“需求”是一种渴望获得而又匮乏的心理状态。这种心理状态按照目标管理的理论解释，就是人们所追求价值目标（标准）的理想状态与现实状况之间还存在的差距（距离）所引起的一种期望。所以，消除“差距”，缩小目标“距离”是需求的本质所在。不断提升自己的管理能力与工作业绩，使学校培育优秀的职教人才，是广大职教管理干部的心理需要。研究职教管理干部培训必须探讨职教管理干部的心理发展需要。要深入了解职教管理干部的各种需要，从不同层次、不同类型、不同年龄、不同影响力的职教管理干部的需要出发，运用任职资格培训（即持证上岗培训）、岗位培训、骨干职教管理干部高级研修等多种培训形式。培训目标体现分层分类，加强针对性、实效性，充分满足职教管理干部的需要，使不同层次的职教管理干部各得其所。

把握职教管理干部的优势需要，培训内容贴近办学实际。在每个人的需要系统中，往往有一种占主导地位、最迫切要求满足的需要，这就是优势需要。不同工作环境、生活阅历形成学员不同的优势需要。培训内容要贴近学校发展和学员发展的需要，要把握好“两个结合”：一是职业教育的核心问题和重点问题密切结合；二是与学校的教育教学改革和提高学校管理水平密切结合。职教管理干部培训开展以问题（专题、课题）为中心，就是为了满足学员优势需要的对策之一。这种培训是从“书本知识”转变为“问题领域”，它借鉴新知识、新观念、新方法，着重研究教育改革和发展中的热点、难点或重大理论问题与实践问题，特别是解决问题的方法论策略，来满足职教管理干部提高自身思想政治修养、教育理论水平和教育科研能力的需要，从而为职教管理干部的积极性由潜能态向功能态转化提供必要的外部条件。

2. 促进职教管理干部个性的充分发展是职教管理干部培训的着力点

当今教育改革和发展的一个重要特点是注重人的个性发展。所谓职教管理干部个性，是指职教管理干部在学校管理过程中所表现出来的稳定的、影响其领导行为的、与他人有所区别的心理特点的总和。应适应职教管理干部个性发展阶段，实施“生命周期培训”。职教管理干部个性的成熟是岗位锻炼和培训的结果，是一个成长的过程。“生命周期培训”源于美国管理心理学家卡曼的“生命周期理论”，其核心是：有效的管理应该提供与被管理者个性成熟程度相一致的管理。“生命周期培训”是指为受培训的职教管理干部提供与其个性成熟度相一致的培训。“生命周期培训”可分为以下四个阶段。

就职者：对象是尚未就职，争取应聘或培养对象者，相应的培训是任职资格培训。注重规范性，培养合格职教管理干部；取得基本任职资格，基本胜任所担任的工作。

新职者：对象是就职五年内的职教管理干部，相应的培训是岗位培训。注重与岗位相适应的知识与能力的培训，全面提升职教管理干部岗位实际工作能力。

成熟者：对象是就职五年以上的职教管理干部，相应的培训是提高培训。注重个体性，培养骨干职教管理干部。注重选择性，开展以问题为中心的培训，提高职教管理干部整体素质和办学管理水平。

建树者：对象是有一定造诣与成就的职教管理干部，相应的培训是研究培训。注重学术性，培养著名职教管理干部；通过培训使一些骨干职教管理干部进一步著书立说，成为具有鲜明教育思想的教育管理专家。

对不同“生命周期”的培训，要配以不同的培训模式和课程模式。学习的研究程度、实践程度、自学程度随着成熟度提高而增强。“生命周期培训”必须倡导选择学习，让职教管理干部在选择中学习，在选择中发展。现代校长培训是一种专题式、菜单式、积木式的培训，即一种选择式的培训，允许校长们按自己的需求自由选择学习内容和方式，进行自主学习。校长培训课程应是一种“宽基础 + 活模块”的集群式、菜单式的课程体系。职教管理干部培训模式也应是一种专题式自主选择的培训模式。这种自主选择式的培训体系和模式能够满足广大校长的内在学习需求，促进他们主动地发展，从而达到培训实效性、针对性的要求。西方成人培训专家对培训者提出三维要求：培训内容的知识和经验、设计和实施培训课程的技术、对学员的关爱度和助益度。这对我们进一步理解作为一个现代职教管理干部培训者应具备的职业修养与素质是有益处的。

参考文献

[1] 曹志哲．我国继续教育工作现状与今后发展——在全国继续教育管理人员培训班上的讲话 [J]．继续教育，1999 (04).

[2] 陈勤．校长培训的心理思考及对策 [J]．上海教育，2001 (18).

[3] 张向东．谈校长培训的跟踪问效 [N]．中国教育报，2001 -06 -28.

学校文化发展战略个案展演：柳州市第二职业技术学校文化发展战略框架

王继华　卿助建

北京大学教育文化研究所　北京　　柳州市第二职业技术学校　广西　柳州

摘　要　“文化强国”战略的提出，预示着文化时代的到来。柳州第二职业技术学校（以下简称“柳二职”）文化发展战略，是为寻求内涵特色的长远可持续发展，在深化教育改革的思潮中谋划的顶层精神理念设计。总体战略分三个部分。第一部分是精神理念系统，其中，金石精神是该系统的核心，是整个战略的总领。这种办学精神笃定了核心理念和校训校格，并进一步演绎出校风、教风、学风等文化形态。第二部分是行为环境系统。这部分首先确立校长、教师和学生应当承载的三种主体文化，并以此铸就行为路向，架构出教学文化和动态活动文化，最后将精神理念表达的思想灵魂注入静态环境中，发挥其“陶冶情操”的作用。第三部分是特色育人路向，其价值在于使金石精神主导下的理念思想获得具体的实践路径。其中包括“一贯”的学校哲学，“二元”的育人模式，“三自”的价值取向，“四接”的保障机制，以及“五化”的管理方法和“六维”的专业建设路向。上述三部分内容环环相扣，有道有术，构成柳二职文化战略的完整体系，成为其独有的学校文化智慧产权。

关键词　学校文化；发展战略；展演；个案；柳州市

第一部分　精神理念系统：德技共育　笃志理想

学校精神：凝聚情感　引领方向　形成灵魂的信仰。

办学理念：学校发展的“大法”及春秋的路向。

精神理念系统，是办学者思想意志的逻辑表征，也是育人过程和运作模式的文化基础。办学无论是诉求目标价值的引领，担当立德树人的使命，还是图画未来的发展愿景，都需要精神理念体系，在思想交流和能量交换过程中，如灯塔一样照亮进取的方向。

柳二职的精神理念，秉承“德技共育”的价值目标，其互为作用的内在逻辑表征，意在铸就：

德之品质：仁爱重义、为人向善的品格，抗拒浮躁；
德之规范：举止得体、明礼谨行的做派，自立美德；
德之情感：善良包容、豁达开朗的心胸，优雅人性；
德之境界：感恩责任、使命担当的人格，固基远行；
德之襟怀：不责人过、不念人恶的仁爱，泽被天下；
德之精神：崇尚完美、拒绝平庸的气质，幸福人生。

正是如此文化文明的气蕴，才使柳二职的发展路向具有了铿锵激越的强大勇气和精诚至善的坚定意志，使学生的气质展现出学行天下的气魄和坚忍不拔、立志高远的品格，使厚德精技的理想折射出德能启功的灵魂气象和“金石道成”的理念思想。

（一）金石精神　势成锋芒

铿锵志坚　自强不息　精诚至善　卓越超群

金石精神，是二职人为培养莘莘学子的君子品格和笃定德能启功的路向，形成的一种思想承载力。

二职人求石“天地至精”之本源：

倡导金石之品，在于精英气质、卓越超群、大道致远；
追求金石之功，在于业绩卓著、贡献社会、为国建勋；
鸣响金石之声，在于褒扬之誉、口碑盛赞、以垂后世；
美约金石之契，在于诚信为本、一诺千金、掷地有声；
感悟金石之言，在于思想导航、唤醒灵魂、自强不息。

柳二职选择“金石”作为办学的哲学精神：

既表达自强不息追求卓越的向上风貌，又体现至诚至善的精神追求；
既求取德技双修精益求精的职业能力，又落实理实一体的精英品格。

柳州，石城也；柳二职，镌石者也。

石之“天地至精之气”的本质属性，既有自然之美的天成，又有天工之巧的境界。其铿锵其鸣的格调和精诚厚德的秉性，不仅为维新梓桑、丰碑钟鼎铸就气场，更为功崇人的全面发展确立明道有术的路向。

金石镌刻功业的理想，不仅育养二职人正直的品格和修为的得当，还形成一种“金以淬刚”的气势，坚定二职人自强不息、负重抗梁的伟大志向：

路向刻金石，诵诵德技的力量；

相逢镂金石，布展精诚的气场；

志坚镌金石，思逐发展之铿锵；

建功刻金石，促成精神之成长。

金石精神之意境，笃定德技双修之理念；金石精神之品格，引领长远发展的路向；金石精神之作用，铸就锲而不舍的意志；金石精神之气蕴，打造势成锋芒之理想。

（二）理念思想　灵魂气象

理念思想，是办学者心之田沉宏的肝胆，是目标价值表达的灵魂信仰其文化场的作用，既有育养技术技能的科学素质，又涵育道德向善的人格理想。

1. 核心理念：厚德精技　求真尚美

核心理念，是学校赖以生存和个性发展的哲思，是从普遍现象中抽象出的既有引领意义又能砺知躬行的经纬路向。

“理念”凝结梦想，赋予高远的志向，誓行远方。

一个人如果没有理念的引领，就会官目迷失方向；一个学校如果没有核心的理念，就会短视、浮躁，失去理性。

“厚德精技”的道路，是任重社会责任使命的担当，也是道远体现人生信仰的路向。“任重”需要仰望星空弘毅，“道远”需要人生的定力弘技。厚德是培养襟怀志向的途径，精技是保障事业和生活向上的理想。

精技需要求真，厚德需要尚美。

求真，既要把握教育教学的规律，又要学贵致精，探索知行合一的道路；尚美，既要注重穷经究理的智慧，又要用美好人生的信念育养个性气质。

不真没有美，因为“人是按照美的规律来造型的”（马克思），不美没有善，因此善曲高奏成为生存的艺术。人的远大理想和厚德志向就在灵魂深处，形成志崇“尚美之光和技能之功”的抱负。

真的永恒，唾弃谬误、精益求精、引导人生，是不懈探索之象征；

美的力量，富有生机、创新创造、璀璨未来，是自由精神之象征。

2. 办学目标：服务区域经济　成就师生梦想

办学目标，是内在价值表达的客观规律，是办学者努力追求的育人方向，是发展体现的思想力量。

办学目标的选择，反映掌门人的襟怀和格局。办学目标既要仰望星空又要脚踏实地。仰望星空，在于服务区域经济的“目标价值”，符合国家“转方式、调结构、民生改善”的发展战略，并站在“人的全面发展”的高度上对接现实，感悟“劳动光荣、技能宝贵、创造伟大”的价值理念；脚踏实地，在于道德修为敬业守信，技术技能精益求精，并根据区域经济的发展状况，不断调适“个人服务社会之准备”的育人路向。

服务区域经济之目标，在于输出拥有较强动手和服务能力的人才，促进发展服务区域经济之襟怀，在于怀道德理想履行社会职责，造福大众；服务区域经济之意境，在于将社会需求作为开创新专业契机，预期未来。这里：

服务是美德，是对艺术创作和科学事业无私的耕耘；

服务是创造，是对探索性劳动和推出方法的肯定；

服务是奉献，是要尽微薄的绵力匡复正义摒弃浮躁；

服务是快乐，是生存价值和生命的意义带来的幸福。

服务区域经济发展的社会目标，是根据地域经济发展对人才的需求确立的办学宣言；是把地域经济的需求与实际工作相结合澄明的出师表。服务区域经济的信念，不仅在于坚定不移地深化校企合作、产教融合的育人模式，还在于对突出实战和应用的办学路向永不言弃，并使存发于心灵和情感行动中功崇德技的理念成为师生的梦想。

3. 育人誓言：成功从这里起航

誓言，是以言语宣称和举手承诺的形式，展示思想、表达决心、承载观念。它浓缩信念、自我勉励、约束行为，同时，又以美好长远发展的思考，呼唤未来、增强希望、追慕愿景。这里的成功：

是善于把平凡人培养成气质独特之人的思想力量；

是坚持遵循德能启功方向并永不放弃的远行理想；

是克服前进中的障碍不断向目标奋进的毫不动摇；

是自我激励的理性鞭策顺势而上带来的欢呼雀跃；

是锲而不舍的精神在自我确信中找到的昂扬斗志；

是在德能启功的道路上让至诚至善信念激励人生。

“从这里”的空间定位，意味着二职人德艺垂范、启智怀远的高尚情怀在这里得到落实。“起航”的未来指向，传达了柳二职风雨征程，在“大有可为”中追求“大有作为”的使命担当。

（三）文化意境　智慧格局

文化之所以“是一个民族的精神和灵魂”，是其博大精深的智慧，教人把握规则育养德行；文化之所以引领风气之先，是其强心固本的力量，启迪心智至美道路；文化之所以提升精神形成信仰，是其扬弃旧义的知变之道，甚击落流俗匡正纲常。

1. 校训校格：德能启功　金石道成

校训是育人精神之表征，特色办学的标识。它用激励性的训词，形成信仰的力量；用个性的气质，形成目标价值。

“德”的内涵恢宏、苍劲，其高远的思想意境和美善的价值取向，是人的精神世界的太阳。“德”之人性法则、人伦规范，既是教育之道，又是能力之基；既是人的社会良知，又是强心固本的生命力。

“能”既是安身立命的起始点，又是技术创新的开拓点；既是应用型人才的基本素质，又是成功事业的根本保障。

“德能”双修的发展理念，是柳二职成就未来的两驾马车。德能并举，功业自启；德能双修，金石可镂。古往今来，选贤择将，“一曰选德，二曰任能”。“德”促进能力的增长，“能”实践德之主张。德能启功的道路，既是修身立志的起点，也是立功建勋的落脚点。

“石”之铿锵志坚的力量和负重扛梁的担当，展示的虽然是平凡与实在的自然特质，其内在的意蕴，却期冀着“金”之高贵的气质和至真至诚的品性。

“道”蕴藉文化育人、以文养心的方向引领和促进人的全面发展路向的依循，是在德能并举的理念下，持久发展的终极之源。

功至金石垂后世，道成学子得兴荣。

金之价值，镂刻功业；
石之坚韧，物化丰碑。
道之规则，指明路向；
成之智慧，卓然钟鼎。

德能启功，在于累结根气、追求卓越，笃行锻造“功勋”之路；

金石道成，在于志向高远、弥新尚美，完成德能“基石”之业。

2. 校风校品：志趣领航　学贵致精

校风，是学校倡导的价值取向形成的一种培育性氛围。它作为固基精神、涵养气质的无形力量，在不知不觉中发挥作用，在潜移默化中施以引导。

校品，是一所学校内涵特色发展的定位，是品质的高低和品位的高下，也是因势利导的定向和别具一格的智慧产权。

志趣领航，重在赋予个体以张扬个性和充盈情感的张力。这里的兴趣，可以是对技术技能的探索专研，也可以是艺体人文的情操追求。

兴趣是灵魂的良心。人和人的差距是由不同的兴趣导致的，兴趣产生持久力记忆永恒，兴趣打造创新力激发才智。美好的兴趣不产生于知识，而在于风气风尚的引领。

如果说“志趣领航”是对提升生命质量的导航，那么“学贵致精”则是对教育品质的保障。学贵致精的思想，是精进技能的品格，是坚忍不拔的品质，也是矢志不渝、不断超越自我的气概。它是在持续培养学生纯洁道德和独立行动的过程中，激发出的金石精神之力量。

学之知性，重在理性推理、求真判断；
贵之尊性，重在立志致远、品格高尚；
致之予性，重在为国效力、为民造福；
精之根性，重在架构生命气场活力。

3. 学风学养：德能并举　知行合一

学风，既是师者先善其德的精神风貌，又是学生思想向上的精神风采。

学养，既是对事物本质的探索和认识，又是提升修为、历练襟怀的培养。

大位有德者居之：“德”不优者不能怀远，“能”不大者不识博见。“德”之远行的能力，成就人在文化上的理想。

公德的价值，豁达向上，体现社会伦理的秩序，形成追求卓越的能力；
道德的价值，崇尚完美，形成进取向上的习性，形成抗拒平庸的能力；
品德的价值，乐善嫉恶，调节短视浮躁的心态，形成君子行道的能力；
美德的价值，战胜诱惑，遵从与人为善的良知，形成有容乃大的能力。

德体现人的生命质量，是坚定技能殷实生活的保障。一个人的成长，只有同时举起德和能的旗帜，才能人性完备、人生完美；才能用“知”的思辨方法推理发展趋势，完成“行”的目标进取；也才能在“知”的过程中，把握规则、坚持真理，在“行”的过程中，成熟思想、出彩人生。

“知行合一”的哲学命题，把道德道义的修养和技术技能的实践统一起来的深邃智慧，形成“人贵精专，成于勤乐，功于经世致用”的修身远行。

知行合一的道路，是人生理想的定位，是伟大行动的原则，是理念春秋的逻辑。

4. 教风教德：德艺垂范　启慧怀远

教风，是培养思考习惯的技巧和教人学习方法的风格。

教德，是人师品性自修的慎独和襟怀品格仁爱的气质。

教风教人向上的氛围，是教师教学体现的德性，是学校精神规约的节操。它以“学为人师，行为世范”的榜样，对学生进行潜移默化的熏陶和影响。其激励个性成长的志向，坚定厚德精技的理想，是学生精神向上的动力。

教风教德的灵魂价值，需要师者德艺垂范，需要人师启慧怀远。“垂”是一种下沉后的文化自觉，是求得别人对自身行为检视的自律，是师者之言表达的师义。垂范不只需要人师的品格修养，还需要师者的教学艺术。这种艺术不是真理，却源于发展的需要；这种艺术不是学业，却展示创造的路向。它飘扬在课堂上，让受教者殷实技能；它渗透在实训中，启慧心田仁爱情怀。

启慧怀远的艺术，摘取了远行的心智果实，赋予学生功崇德技的发展方向；

启慧怀远的风尚，以人师的卓荦大气持重，形成学子生命志趣领航的理想。

第二部分 行为环境系统：怡情至真 累结根气

“行为”之意愿引领的行动和“环境”之空间弥漫的气象，是办学者刻意营造的取向和氛围，在和来者对话中表达的精神状态和思想意境。这里的行为，是受思想情感的内在支配，表现某种倾向意愿的主体活动；这里的环境，是具有文化意涵的客体事物，相对于主体所形成的空间势力。

（一）主体文化 铸就路向

主体，是对客体能够规划设计、实践改造，对自身能够图画安危、接度得失的人。

这里的主体，是相对学校不同事务而言的不同责任承担者。

对学校的办学精神、理念思想方向道路设计，校长是主体。

对引导学生探索求真、启智解惑责任的担当，教师是主体。

对张扬个性、独立向上志趣生命的自由追求，学生是主体。

1. 校长文化：六力六务 明德致远

校长在管理教育中的身份地位，决定其成为组织文化的主导者和制度文化的设计者。这种独特的领导位置，要求校长的襟怀有明德致远的格局，眼光有文化使者的境界。

这里的六力，实质是办学兴校过程中的六个着力点，这里的六务，实际是学校管理过程中六个规定的任务。

（1）力主文化兴校，是文化时代“规定的”任务。文化是一个民族的精神和旗帜，是一个国家的形象和软实力，是一个学校的资源和文脉。文化博大精深的育人形态，产生的思想智慧，就是用来以文化人的；文化强心固本的浸润功能，产生的人文能量，就是用来提升精神的；文化凝聚文明的真实理想，产生的信念力量，就是用来形成价值观的。

（2）力求把握规律，是客观现实“规定的”任务。规律是客观事物的自然本性形成的变化逻辑，它超越时空的局限，决定着事物发展的必然趋势。学校建构文化发展战略，是依循顶层精神理念的设计泽润后人。这种百年路向的确立，无论日后什么人继任校长，都能在一条明确的“中轴”线上，不偏离既定的办学精神和理念思想。

（3）力行人本管理，是理性尺度“规定的”任务。人本理念是激发群体的能动意志和促使个体超越自我的力量。人本管理的最终目标，就是“促进人的全面发展”，就是力求创造一种尊重个性成长的环境，把握迎面而来的机遇，把学校变成乐园。

（4）力持职业操守，是澄明襟怀“规定的”任务。职业操守，是学校管理者能够从浮躁、功利的育人环境中和少有格局的狭隘视野中得以自拔的精神，也是坚持“四育并举”的路向和完成立德树人根本任务的行为保障。操守与“人的全面成长”的信仰结伴，是强化职业境界和职业精神的思想力量。

（5）力图理性哲思，是精神使命“规定的”任务。理性哲思健全人的本能，让人体会到时代的伟大和生命的不朽，尤其是它精神“还乡”的意义形成的独特气质，成为至高无上的唤醒力量。哲思还能使人走出浅薄，产生深沉的远大抱负，尤其是其灵魂的信仰，又成为创新发展职业教育的精神旗帜。

（6）力行公平、公正，是道德道义“规定的”任务。公平是克服偏心、一视同仁的社会良知；公正是克制私心、不偏不倚的美德。公平的管理者善于激励人才创造最大价值；公正的思想，能够凝聚人心协同奋斗。公平、公正的内心道义也是管理的基本功，如果法规的力量来自公正，那么群体的秩序则来自公平。

2. 教师文化：六鉴六思　启智解惑

教师的责任与使命是教书育人、启智解惑。启智在于开启思维能力，形成创造力；解惑在于师者先善其德，形成榜样示范。

这里的“鉴”是明察事理，引为鉴戒；这里的“思”是自我反思，自律绪长。“鉴思”就是反思言行，矫正不当，完善自己。鉴思之自省的力量，不仅是通向新知的途径，还是行动的种子。

（1）传道解惑，至诚尚德，鉴察为事示范否。

尚德的意境，不只是传道解惑，更在于赋予生活以美和尊严。尚德的智慧，不只是揣摩把握学生的心境，使他们襟怀宽阔、思想自由，更在于用师德的力量去打动和影响他们。

（2）专业精进，探求价值，鉴辨为学严谨否。

人的可贵价值，在于孜孜不倦地追求真理的进取精神。只有具备严谨为学的态度，才能在专业技能上精进，才能在求知道路上远行。如此的心灵追求和严肃态度，才能对生命成长产生深远的意义，并让灵魂体悟到永恒。

（3）恪守道德，恪尽职守，鉴行为人师表否。

恪守道德，就是庄严地维护自身的尊严；恪尽职守，从心灵深处对功利诱惑进行抵制。师者的传道义务，就是开发每一个学生的个性与志趣；师者的职责使命，就是真诚地履行净化生命的责任。

（4）明理育人，开发兴趣，鉴悟为教扬长否。

明理就是为师者让学生明白，世界上最让人尊敬的事情，莫过于践行扬善抑恶的道理，最伟大的品质，莫过于报效国家的襟怀。同时，为师者还要尊重学生的个性和兴趣，只有如此，才能得人心、有效果。

（5）辨识真伪，文而化人，鉴澄为理明晰否。

辨识真伪需要消解浮躁、唯智的功利取向，还原文化育人以文养心、使人感到做人尊严的道路。如果说，明晰真理是知识的本质、是智慧的源泉，那么，为师文而化人就是为了使学生明理求真，并用襟怀向真理致敬。

（6）合力教育，匡复人性，鉴道为国育才否。

合力教育就是学校培养知识技能和家庭育养心性秉性的教育。柳二职的发展正处在一个端正趋向、消解浮躁、超越自我的上升阶段，只有把握了这个利于人的品格和能力共育的契机，才能为加快现代职业教育发展做出贡献。

3. 学生文化：六省六知　精神成长

学生是认知的主体，也是教育的目的。

认知的内在情感指向，需要经常地反思做人做事的道德道义和仁爱至美的取向；认知的外在责任意识，需要学生形成高远的志向和承重未来的襟怀格局。

这里的“六省六知”倡导学生尊崇高尚的道德并不断地反思如何做人做事的道理；这里的“精神成长”是学生逐步摆脱对“固定模式”的依赖，不断地思考如何从知荣到知耻的境界追求。

（1）崇德瀹智，承重未来，常省做人做事之根本。

崇德，是对公德品德及道德美德体现出的最高智能的崇尚。

瀹智，是对知识技能浸渍个性性情形成的生存智慧的追求。

承重，是对弘毅笃技和健康灵魂展示出的至善取向的担负。

未来，是对办学精神和理念思想赢得社会称赞的荣耀迎接。

（2）志向高远，敏思慎行，常想道义担当的责任。

志向，是指个性与兴趣形成的专长，成为幸福的源泉。

高远，是思想信仰形成的高深情怀，成为能力的阶梯。

敏思，是敢为人先形成的实干作风，成为创业的动力。

慎行，是检点行为形成的修身积德，成为义理的精微。

（3）知荣知耻，衣洁容端，常思美丑是非的明辨。

这里的知荣，是通过坚持不懈的努力，表达出的尚美精神和向上志趣；这里的知耻，是人的羞耻之心形成的伦理责任担当；这里的衣洁，是透过装扮得体的衣着展现出的青春气派；这里的容端，是通过容仪的修饰体现出的得体形象。

(4) 好学致远，崇尚文明，常恪公德美德的追求。

好学，是从美好生活的愿望开始，产生的生活乐趣。

致远，是从微不足道的小事开始，产生的伟大行动。

崇尚，是从推重倡导的价值出发，产生的敬重心态。

文明，是从精神信仰的气势出发，升华的道德气象。

(5) 学会合作，学会探究，常持哲思质疑的理性。

学会，是聚合发展的多种资源要素，体现出的知识合力。

合作，是团结在一个共同目标下面，表达出的灵魂合奏。

探究，是主动寻求校企合作的规律，体现专业的连续性。

质疑，是心有所疑提出不同的见解，探讨于人以求新见。

(6) 诚信至孝，尊师重道，常守仁爱至美的境界。

这里的诚信，是一切价值的根基和尊严感表达出的自重。

这里的至孝，是一种伦理的秩序和内心的爱显示的敬重。

这里的重道，是重视终极的真理和寻找积极进取的道路。

这里的至美，是生命内部的光芒产生的厚德精技的志向。

(二) 教学文化　传递智慧

教学之教人学习之目的，应力求学生的全面发展。

这既要从技术技能的提高上着眼，又要使学生敏锐博学；既要开展对各种问题的追索，又要激发其思维对价值探究；既要培养学生的人性美德，又要尊重学生的个性兴趣。这种有目的、计划地引导学生和提升其多方面素质和涵养的举措，将成为“成功从这里起航”的重要基础。

教学文化阐释的思想体系，既要形成一种德技共育的“培育性氛围”，又要用德能启功的系统方法，激发学生的创造活力。也就是说，促进学生的全面发展，既要用工学结合和校企合作的方式提高其技能素质，又要用服务区域经济发展的理念提升其道德素养。

1. 课程文化：教学做一体化　德能勤品牌化

“教”之指导、“学”之仿效和“做”之操作，体现出的理论与实践相结合的育人模式，不仅在于产生“事情怎样做就怎样学”的思想认识力，更在于转变以学科为中心的课程模式，形成“企业要什么学校就怎样教”的教学方法论，力求培养高素质的技能型人才。

教学做一体化的课程文化：要着力促进学生“德”之坚韧不拔、追求卓越、至诚至善的品德，形成德艺双修的远行能力；要着重加强学生“能”之以技立身、知行合一、学贵致精的信念，形成创新创造的开拓能力；要着手建立学生“勤”之勤能补拙、勤奋不怠、担负重任的意识，形成积极进取的向上能力。

课程文化致力于学生“德能勤”三种品质并行的培养原则，意味着学校的课程定位、育人过程、教学取向、评估标准在品质上有了保证，在品牌上有了导向，在品评中注入了灵魂。

2. 课堂文化：育人性　强技能　增智慧

当课堂被赋予文化的意义，使其从单纯的理论知识传播，变成实现学校育人精神、传播价值义理、生发个性兴趣和育养襟怀抱负文化场的时候，它就有了生命的意志、人本的意识、开阔的视野和建构适应社会发展能力的要求。如此的命题，育人性美德、强技术技能、增生命智慧，就成了柳二职课堂的必然追求。

学生在学校的大部分时间是在课堂上度过的客观现实，要求课堂更多地承担起育人的价值取向和目标战略。课堂不但要促成学生的智慧能力和创造活力的衔接，更要高扬学生人性美德和负重扛梁的理想。

课堂文化育人性，重要的是师者先善其德，形象高大。

课堂文化强技能，根本的是把握实训操作，积淀经验。

人性是根基，它要求理性约束欲望，使人襟怀远大。

技能是本位，它要求教学强化实训，让人潜力释放。

智慧是一种综合能力，它包含敏锐的感知、严密的推理、英明的决断和良好的沟通。智为法用，慧在明道。智慧的力量，联结育人性和强技能的价值创造，成为柳二职课堂的智慧产权。

3. 教研文化：兼容并蓄　唯是求真

教研文化是教学者唯是求真、交流经验、互为提高、总结方法、自求发展，优化教学路径的精神提纯。

教研之路，在于启发学生的向学意志和个性兴趣。

教研之法，在于有效地实施教学目标和教导方法。

教研之智，在于教人探求真理之法促使文化生长。

教研之本，在于借助已有知识获取新的技能技巧。

教研文化兼容并蓄、各抒己见的开放格局和唯是求真、反思协作的探索理念，把不同的观点以不同的视角记录下来，成为厚积薄发的基础和创新发展的资源。同时，教研文化还是一种教学者以唯是求真精神相互借鉴学习、求得自身发展的主要方法。“唯是”在于育人时尊重规律，“求真”在于广博中做到精专。教研文化不但要研究教材、了解学生，还要把握实践训练的实用性和服务经济的现实性，并且注重理念思想体系的总体引导，完善工学结合的模式和校企合作的格局。

（三）静态文化 陶冶情操

静态环境文化是在物质环境设施的总体布局设计中，给“物”注入文化的因素使之活化，以此表达人的意志。

人化后的环境，是一种精神和灵魂的浸渍力，也是景观、景致、场景等环境元素形成的一种培育性氛围。它用艺术的形象和审美的意境体现学校的精神理念，并在对学生耳濡目染的影响中育养灵魂、塑造品格。在“雕塑”向上精神的理念时空里，用超越自我追求卓越的文化元素，活现铿锵志坚的灵性；在“校道”记录办学风格的长廊上，用景观艺术曲径通幽的设计，传播办学的意志；在“宣传栏”文化育人的第二讲坛上，用优美的造型和丰富的内容，发挥思想先行的引领；在“文化墙”精神理念的宣讲台上，用震撼心灵的艺术效果，激荡学子求真尚美的理想。

1. 时空物化：激励情感 砥砺志趣

静态环境文化的建设方式就是“时空物化”，就是用“物”的沉寂之性承载“文”的能动鲜活，陶冶人，即将物活化，使其传魂，用“物”来投射既定的精神理念。它的作用，在于冲破时空的局限，使学校的办学精神和育人理念浸润心灵、陶冶情操，促进个性成长；使精神的灵气和理念的意象，产生一种触动人心的效果，以此激励情感、砥砺志趣。

2. 墙壁说话：对话来者 绵长志向

墙壁的功能，就是对各种教育活动进行空间的分割，避免相互的影响，以形成活动的秩序。然而，简单分割的墙壁却是一副冰冷的面孔，使投向它的目光遭到冷漠的“待遇”。正因为墙壁视野界限的作用，需要让它“说话”，与人进行情感的沟通和思想的交流。

开发墙壁的教育潜能，实现墙壁育人的文化功能，不只是让墙壁布满各种文化符号，呈现各种文化形象，以发挥信息传播的功能，更重要的是让它延伸理念思想的精神深度，延续目标战略的纵深取向，延长审美意境的文化气质，用其和来者对话的功能愉悦人的心情，浸润人的灵魂，绵长人的志向。

3. 环境规划：跟进时代 宣誓未来

环境规划，是通过宏观的布局设计，让精神理念价值取向连接贯通到校园静态景观建设的意境中，以此激励人的志向，提升人的生命质量。

规划的风格，要体现文化兴校战略的主旋律，表达路向。

规划的方向，要在立德树人取向下把握价值，指引未来。

规划的精神，要用向上进取的情感激扬灵魂，促进发展。

规划的艺术，要用审美的冲击力激发真善美，回荡诗心。

学校静态环境文化的规划，其物化人文精神体现时代气息的理念，是文化育人的思想，也是滋养心性、铸就精神气质的宣言。

（四）动态文化　蓬勃精神

动态活动文化重在把握社会形势的变化，适应发展。

其蓬勃精神的作用在于：①通过各种志趣生命适应社会发展的活动文化，弥补课本知识滞后于时代变化的不足；②利用社团激发情感、育养个性的多种活动形式，积极地把握和培养学生的兴趣爱好。

1. 社团文化：跟进时代　志趣生命

社团多样化的活动形态，不仅成为易于滞后的课堂的重要补充，而且搭建起了个性兴趣进入时代情景的舞台。它蓬勃精神的思想推动力，塑造人格增强技能，激发兴趣，促进学生间的亲密合作；它愉悦性情的感染力，凝聚学习的热情，成为释放生命活力的平台。

这其中，跟进时代是社团活动内在规则的要求；志趣生命是它提升生命质量的意蕴。跟进时代需要视野开阔，这是技能进步和经济社会发展相适应的路径；志趣生命需要激发个性滋养情感，这是为价值追求寻找实现的道路。

柳二职的社团文化，是富有青春朝气、体现礼仪礼节、激发生命志趣、浸润思想情怀的人文气象；也是滋养阳光进取的责任使命和体现“劳动光荣、技能宝贵、创造伟大”的育人载体。

2. 技能竞赛：以赛促练　激发潜能

技能的字面含义，是人所掌握和运用的技术能力。技能之实质，是知识经验升华成技术技巧在学生身上的内化。

外在的技术，在于知识的增长和经验的积累。

内在的技能，在于素养的提升和创造力培养。

技能训练，需要有序的计划和坚定的毅力，如此才能巩固技术技能的“方程式”。技能竞赛是“练”就技能的过程，也是对人的意志力和进取心考验的过程。

“竞赛”不仅在于激越人心、斩获荣誉、蓬勃活力，更在于在对抗的活动中遵守规则、激发潜能、展现风貌。竞赛所依循的规则秩序，既考验心理的承受能力，又表达技能技艺实用性的逻辑。

竞赛张扬个性的要求，是在比赛技能高低的演练活动中实现互学互教的过程。竞赛提高技能的目的，既是检查课堂理论和实训技术的掌握程度，又是最大限度地发展兴趣，培养个性，炼就品质。

3. 礼仪教育：修养礼数　涵养礼节

“礼者，敬人也，敬人者，人恒敬之。”

礼仪教育，是将人们在日常生活和社会交往中约定俗成的规范，贯彻于师生的行为中。礼仪教育的实质，是涵养谦逊和善的美德，塑造高雅宜人的风度，是用对他人敬重的方式，节制自身的粗俗，提升个人的习性和品性。

“礼仪教育”在于礼数的修养。礼数就是“行”讲规矩，“做”有规范。懂得礼数的人，在家遵守家规，在校遵守校规，在厂遵守厂规，在社会遵守法规。礼数使人的性格通情达理，使人的修为方正得体，使人的气质恭敬持重。

“礼仪教育”就是礼节的涵养。一个人的礼节是其精神肖像，它有时显得微乎其微，却是与人相处中最珍贵的人性亮光。礼节不足乃教养不足，礼数不够乃等级不明。礼是文明做事感受快乐的阶梯，它形成人与人之间相互交往的艺术，架构起人际沟通的桥梁。它不仅使博爱的花朵开放，也能使人的心灵高尚。

第三部分　特色育人路向：金石之功　永世之业

特色育人路向：是从知识向知识精神转移，追求知识背后能够跃升灵魂、升华意志的理念章程；是理论向实践求证，构建技术的“体”和“形”，打造办学的“魂”和“魄”，体现职教社会尊严的历程；是理论思想向实践经验趋近，借助理性逻辑推理特点，找到工学结合、理实一体化精髓和校企合作意境的议程；是应物变化适应时代，为现代化工业强国建设贡献力量的方程；还是打造魂魄建构精神，把握校企合作规律，找到最优发展路向的规程。

（一）学校哲学：一贯的求是方法

求是明道，实事宏渊。

哲学的任务，是在发展进程中把握规律，在思维方法中阐释特色。

二职人“一”的求是方法体现的哲学精神，其光芒源自万物之始“惟初太始道立于一，造分天地，化成万物”（《说文解字》）的意义。

“一”的哲学精神，要求学校的育人行为应有“求是”的方法论和明道的判断力。用一心一意的品格求技能，用一往无前的信念传精神，用一丝不苟的态度谋发展。既用一以贯之的哲学思维，开启金石精神的永世之功，又用一如既往的德能双修理念，避免浅薄、流俗和短视。其促进人的全面发展的育人模式和力求规则、规律把握的思想范式，成熟了二职人实事宏渊的理性，指明了德能启功的道路。

（二）办学指向：二元的育人模式

预期学生厚德精技的社会需求，涵育学生知行合一的社会理想。

职业教育是为学生预期从事某种职业所准备的技术技能的教育。它区别于其他教育的最大特点，就是具有明确的市场价值取向。因此，敏锐地把握学生知行合一的社会理想和厚德精技的社会需求，就成了柳二职发展必须确立好的育人路向。

理想是对未来美好事物的想象和希望，它主宰思想理论的根本思考，指明行动发展的基本规则。涵育学生知行合一的社会理想和预期学生厚德精技的社会需求，既是思想预知发展过程、坚定育人方向形成的精神秩序，也是预期未来成功的内驱力。

预期学生厚德精技的社会需求，重在响应“促进人的全面发展”的育人理念，跨过短视浮躁、唯智唯技的价值取向，以“劳动光荣、技能宝贵、创造伟大”的信念，完成二职人立德树人的责任使命；涵育学生知行合一的社会理想，重在激励学生吸纳现代工业经济的产业精神、价值观念和经营哲学等企业文化元素，使学生的素养获得一种思想力的保障。

（三）价值取向：三自的图强理念

自信学校的专业路向；
自觉教师的伦理秩序；
自强学生的负重意识。

自信学校的专业路向，实质是专注于内涵特色的发展，为学校的进步不断地提出创新的思想，追求精诚至善、完美行为和超越自我、开拓未来的过程。

自觉教师的伦理秩序，是教师为人师之荣光、转动心中“师者先善其德”的明鉴，反观自己的职业追求和道德理想，传播真理、启发学生的向学意志和着力、使自身道德高尚的远大襟怀。

自强学生的负重意识，是学生以自我向上和绝不放弃的精神，在困境中自省自勉。自强需要锲而不舍的坚定决心，需要锐意进取的精神风采，其指向敦化道德品质、卓越技能素养。

三自图强的价值追求，不仅概括了学校内涵特色的专业路向、师者为人表率的示范作用和学生自省自强的负重意识，重要的是，还构成了师生自尊自立的文化心理和人格力量。尤其是图强创立新知的知变之道，承接起了学校立德树人的社会责任，承载起了师者慎独济世的至美功德，承担起了学子报效国家的崇高理想。

（四）保障机制：四方对接的逻辑

对接企业规范技能达人；
对接行业标准秩序树人；
对接产业特色创新立人；
对接学业圆满卓然成人。

如果说，深入实施创新驱动发展战略，创造更大的人才红利，为现代化工业强国建设贡献高素质的人才，是二职人的责任义务；那么，优化职教“理实一体”的思维方式，深化职教内涵特色的发展路向，使学校育人方法和教学模式成为对接企业、行业、产业和学业的内在思想任务，就成了二职人运用“四方对接”的保障机制，把握未来寻求内部认同和外部开拓，获得长久可持续发展的顶层思考。尤其是在配合国家经济加快“转方式、调结构和民生改善”的战略举措方面，“德能启功”的育人理念和其实用性优势成为服务经济发展的基础性力量。

“转方式”之优化经济结构，改变经济增长方式的转型要求，需要职校培养“达人”式的专业高手，运用技能精通的水准和事理通达的素养助力企业发展。如此的目标，需要学校的办学导向对接企业内在的技能体系，并借力“转方式”从知识向实践转移的契机，把握好实际应用的问题。

“调结构”之行业在自然资源利用、管理标准确定、打造规模经济和知识产权保护等方面发挥作用的要求，需要职校机制更加适应生产力的发展，需要职校按与行业标准相一致的要求培养人才。这种借助“调结构”的契机，为行业建设培养创新型人才的举措，可谓“成功从这里起航”的推动力量。

“民生改善”之增加民众发展机会，增强人们生存能力，注重产业技术和生产工艺形成“产业集合”优势造福大众的要求，需要学校的育人取向对接市场变化的新动向，适应“工学模式”的发展需要，并在把握、优化生态环境的理念下，促进学生的学业卓然有成、惠及民生。

职校教育对接企业、对接行业、对接产业的最终归宿点在于对接学业。所谓对接学业，是指职校的教育要与国家“转方式、调结构和民生改善”的长远发展目标联系起来，在“职教的春天”里为国家千秋功业贡献一份力量；在职教踏步留痕、登高远行的征途中，使柳二职的“德能”教育与学生的个人幸福联系起来，使这种新的精神能量成为圆满个人社会功德的载体，使学生在学业与功业的对接中“卓然成人”。

（五）学校管理：五化的唯真气象

行政管理科学化；
党建管理核心化；
教学管理人本化；
德育管理能力化；
后勤管理细节化。

学校，这个培养学生独立行动能力和开拓创新意识的实验室，是以纯洁道德和铸就技能素养为预期理想的。

它的襟怀格局和文化路向，需要行政工作的智慧，审时度势；需要制度文明的规范，保障秩序；需要总结历史的经验，吸取教训；需要瞄准发展的目标，导航幸福；需要高远务实的激情，澄明信念；需要把握趋势的洞察，优化结构。

1. 行政管理科学化

注重目标战略来自事实的把握。行政管理科学化的实质，是把管理之协调的功能、监督的职能、控制的活动建基于对事实与规律的追求中，并使其系统化、精致化。其中，“协调”就是采用灵活应变的措施，对学校开展的各项活动进行方向性引导。“监督”就是运用实事求是的精神，使学校发展遵循客观规律，具有统一的思想指导。“控制”就是运用系统化的方法，进行资源整合和行动规范，实现目标价值的最大化。

2. 党建管理核心化

注重党群组织反映师生的心声，就是要充分发挥学校党组织在学校工作中的政治核心作用，充分发挥党员先锋的模范作用；就是让党群组织发挥学校与师生之间的桥梁作用，让全体师生都享有“成就梦想”的机遇，并在教学制度、行为准则和道德观念等方面的建设上，树立为师生服务的理念；就是要在具体工作中贯彻落实党的群众路线，坚持一切为了人民群众、一切依靠人民群众，从群众中来，到群众中去，号召和动员全体师生积极参与学校各方面建设，虚心听取师生的意见和建议，形成贴近人心的工作作风，使党群工作围绕着学校日常的平凡活动，发展成为不平凡的事业。

3. 教学管理人本化

注重教育理念结合实训的机制，就是围绕着应用型人才的培养目标，创新人才的培养模式。这要求：①注重将理论知识和专业技能相结合，增强学生的综合能力；②加强实训中高端任务的突破，带动基本任务的完成，提升学生整体思维水平；③依托德技双修的观念形成发展的理想，提高学生的人文素养。

让技术形成能力，使服务成为理想。

不唯学历唯能力，厚德精技筑梦想。

4. 德育管理能力化

注重德之价值转化为远行能力。德无根，其善行的理念可立人；善非药，其高尚的品性可医俗。德育，是按照道德真诚友善、品德心灵尚美、公德维护秩序、美德节制自律、仁德关爱包容的价值导向，育养学生的心性秉性和习性品格，强固生命的精神根基，并使之成为有效地认识世界的智慧和远行的能力。

5. 后勤管理细节化

注重具体细节，显示关爱精神。学校后勤部门是为正常教学和生活秩序提供物质保障的服务性机构，也是最贴近师生生活、最能展现人性化服务和人本价值追求的地方。后勤管理精细化，意味着后勤服务工作的深入化。细节看似是小事，却能体现关心人、服务人的人文精神；细节看似无关紧要，却在不起眼的环节中，体现服务的品质和精益求精的功夫。后勤工作的好坏，关键就在于细致入微的服务意识，因此后勤管理精细化，也意味着服务意识的不断提高。

（六）专业建设：六维的发展路向

做精示范专业，实现管理精细化；
做活用人机制，实现分配科学化；
做强校企联盟，实现市场共赢化；
做深工学模式，实现能力社会化；
做好一体两翼，实现布局合理化；
做实五大平台，实现发展品牌化。

专业建设，既是学校发展的路向，又是品牌建设的路径。因此，其前瞻的学科发展思路、明确的专业发展定位、有效的工学结合模式所要求的精细化管理、科学分配机制、校企联盟方法、工学模式深化、一体两翼布局、五大发展平台这六个维度，就成了推进专业创新、提升专业品质、跟进时代发展的必然选择。

1. 做精示范专业，实现管理精细化

示范专业是学校学业门类最高水准的目标设定。

示范专业建设，是学校选择最具内涵特色和发展优势的专业。示范之图强求进的意义和顺应经济社会发展培养人才的思路，旨在达到专业建设的最高水准。示范专业的意义在于进行发展路向的规划。首先，它反映行业标准的发展方向和产业结构的变化趋势。其次，它与区域内支柱产业和主导企业形成供求上相互依赖的利益共生体。

管理精细化，重在将管理的着力点和优质资源投放到专业质量提升和校企合作模式的发展上，使之成为目标改革的牵引力和品牌建设的促进力。精细化管理的精髓，是要培养师者的双师素养、优化教学方法，育养学生厚德精技的学养，满足“示范”不断提升专业品质的要求。同时，还要将责任的具体化和分工的明确化落实到每个管理岗位，并在职能到位、方法有效、视野前瞻方面下功夫，为企业培养实战应用型的人才。

2. 做活用人机制，实现分配科学化

学校人事管理制度体现用人机制的导向。

用人机制的规定性，不只是要对工作人员奖惩制度进行合理的设计，对教职员工知识技能品格作出明确的要求，还要用广纳贤才的人才引进机制，将能工巧匠娴熟高超的专业技艺和一丝不苟的工作精神带给学生。

这里的分配科学化，既要求劳动报酬的合理分配，又要求在聘用教学和实训人才的过程中注重密切学校和企业的关系，解决校企合作“分道取义”的难题。科学分配的要义，在于积极地调动和整合各项资源，用职责与权力统一、才能与岗位统一、考核与奖惩统一、校内和校外统一的分配机制，有效地挖掘员工的业务潜能和创新力，用劳动光荣、技能宝贵、创造伟大的评价氛围，激发所用人才进取向上的活力和奉献情怀，并促使这种动力贯穿于学校发展的各个阶段。

3. 做强校企联盟，实现市场共赢化

校企联盟是学校文化对接企业文化的利益链。这种深化校企共同利益的合作形式，通过学校“金石精神”释放的能量，使柳二职的学生形成不同于其他学校的人文气质，满足企业的人才需求和发展要求。我们输送的学生：

精神信念上，铿锵志坚求真尚美，明朗朗；
德能育养上，建励立业明志修身，气扬扬；
人性修养上，厚德载物精诚至善，坦荡荡；
学品学养上，坚韧不拔追求卓越，响当当；
功业追求上，敬业守信精益求精，铸梦想。

这种德能并举的育人模式，不仅跳出了单纯为职校毕业生就业服务的局限，而且把专业技能的培养提升到德技双修层面来锻造；把专业知识的学习提升到知识精神层面来铸就；把做人做事的素养提升到服务区域经济层面来打造；把襟怀格局的涵育提升到助力“转方式、调结构、民生改善”，促经济转型升级层面来实践。同时，也是把学校的价值追求转变为校企双赢的“目标战略”来建构。

4. 做深工学模式，实现能力社会化

工学模式是理论结合实际、强根固本的思想方法。

这种将理论知识学习和专业技能实践融为一体，校企“交替”的培养方法，首先，需要具备理论知识到技术应用的实践意识。其次，需要形成学生身份到技术工人身份的心理认同；最后，还得保证学校理念思想和企业行动逻辑两种文化形态有机的统一。这种将课堂育人规律和人才培养目标紧密结合起来的教育模式，搭建了一个课程目标、教学方法、教学内容和行业标准、企业规则、产业优势，相互沟通和互为转换的平台，其价值和意义是让学生顺利地担负起职业岗位所指定的任务。

现代化工业强国的建设需要一流的专业人才让先进的科研成果落地，需要一流的技术工人生产出有竞争力的产品服务社会。这给工学模式的纵深发展指明了精益求精的进取路向。柳二职人运用学校文化的载体功能做深工学模式，使学生以社会化的能力为企业发展做贡献，意在打通中国制造迈向优质制造、精品制造的道路。

5. 做好一体两翼，实现布局合理化

一体两翼是学生多样化成长渠道的成果衔接。

柳二职“一体两翼”的专业结构：“一体”是指以现代物流管理、电子商务专业为主体，打造面向现代服务业的专业群；“两翼”中的左翼，是指以服装专业和文秘、艺术专业组成的面向文化创意产业的专业群；右翼，是指以叉车装配技术和工程机械、汽车制造专业组成的面向先进制造业的专业群。

“一体两翼”的专业布局体大思精，反映了地区经济发展的特征。它通过全局性的规划，在近处，本着现代物流业以最低成本满足客户的运输、保管、配送需求，以及电子商务为客户提供节约成本、安全便捷交易平台的服务理念，打造面向现代化服务的教学基地；在远处，左翼以满足人们精神需求、带给社会审美享受的文化创意产业为依托，右翼以制造业生产要求为导向，形成左右并行共扶“一体”的发展格局。

如此合理的专业结构分布，用博而有专的规模发展思路，服务柳州地方产业的发展，用灵活前瞻人才成长的渠道，配合经济发展对未来人才的需求，以积极探索、系统培养和特色办学的观念，为现代化工业强国建设贡献力量。

6. 做实五大平台，实现发展品牌化

五大平台是释放个性志趣和人文精神的路向。

“五”作为东西南北中在天地之间的交午，喻意道德修养和知识技能的交融，就好像阴阳结合形成对立统一的法则一样。“五大平台”多层次地体现了柳二职德技双修的育人理想和服务区域经济发展的目标愿望。

理想信念的平台，在于把厚德精技、精诚至善的信念寄寓到求真尚美的志向中，展现心怀高远、追求卓越的风采；

职业技能的平台，在于把铿锵志坚、坚韧不拔的毅力注入德技共育的系统中，追求为人做事、理技融通的目标；

文明礼仪的平台，在于把礼节修为、礼数规矩之约束贯彻到伦理关系的格局中，实践明德远行、金石道成的哲思；

个性发展的平台，在于把深沉远大、阐发能力的理想引领到蓬勃精神的活动中，体现生命活力绽放光彩的意境；

校企融合的平台，在于把工学结合、理实一体的理念延伸到知行合一的生活中，成就求是明道、德能启功的梦想。

第四部分　柳二职办学说

金石精神，智慧产权绪长；天晨义理，技精至善荣光；
金石大道，自强不息铿锵；大德厚生，流风余韵芬芳。
德能双修，求是明道气扬；奋志高远，强根固本弥疆；
明理达用，驭道使命扛梁；般重知行，追求卓越信仰。
劳动光荣，哺美德塑担当；技能宝贵，精技巧育栋梁；
创造伟大，累根气筑梦想；人格独立，绵志向意扬扬。
校企合作，深沉理想朝翔；理实一体，精深路向殷强，
工学结合，五大平台疏朗；般般学子，自信二职慨慷。
骥骥群伦，德能启功义长；书德写意，纵深之势锋芒；
弘开学府，铸魂征程兴邦；学行天下，金石道成泱泱。

中职师资队伍建设创新模式的探索和研究

——以柳州市第二职业技术学校师资队伍建设成果为例

卢友彩　莫　敏

柳州市第二职业技术学校　广西　柳州

摘　要　高素质的师资队伍，是提高教书育人质量和全面推进素质教育的保证。积极探索职教师资队伍建设，逐步解决职教师资队伍数量、素质、结构以及管理方面存在的问题，是取得职教事业成功的保证。中国地域广阔，人口众多，要解决中职师资队伍建设问题，必须因地制宜，结合自身实际进行多渠道的实践探索。柳州市第二职业技术学校在师资队伍建设过程中形成了自己的独特模式和成熟经验。实践证明此模式是适合我国国情的中职师资队伍建设模式，可以推广应用于中职学校师资培养工作中，具有借鉴意义。

关键词　中职；师资队伍建设；创新模式

高素质的师资队伍，是提高教书育人质量和全面推进素质教育的保证。根据《柳州市第二职业技术学校师资队伍建设实施方案》，学校积极推进教学改革和完善师资队伍管理体制，打造一支师德高尚、业务精湛、教育教学能力和水平突出的优秀教师队伍，培养一批高素质技能人才。使学校办学更好地适应柳州经济发展和企业岗位用人的需求，充分发挥在中等职业教育改革发展中的引领、骨干和辐射作用。

一、中职师资队伍建设的现状

近年来，中职学校师资队伍现状与职业教育发展的需要仍不相适应，突出表现为：专业课骨干教师和学科带头人偏少，专业教学水平和实践动手能力偏弱；一些教师教学理念落后、教学方法、手段陈旧，新课程改革意识不强。这些问题直接影响着中职学校办学质量和办学水平的提升。加快中职师资队伍建设已成为刻不容缓的一项重要任务。因此，必须进一步提高对师资建设重要性和紧迫性的认识，切实把提高师资队伍整体素质放在更加突出、更加重要的战略位置，探索合理的中职师资队伍建设模式，努力提升师资队伍的整体水平。

二、中职师资队伍建设创新模式的探究

（一）制定师资培养规划，有计划、有步骤、分梯队培养人才

师资培养是一个长期的过程，不能一蹴而就。所以明确培养目标、制定一个中长期的师资培养规划非常必要。学校的相关教学管理部门应先制定五年师资队伍建设发展规划，然后将任务分解，针对新教师、中青年教师、骨干教师等不同层次，制定每学年、每学期的师资培养计划，使学校的师资队伍建设工作具有发展性、延续性和可实施性。例如，学校的“师资队伍建设十一·五发展规划”的指导思想就是：按照国家级重点职校A类评估标准，坚持专业立校、人才强校的宗旨，构建学校教师素质可持续发展机制，积极开展以骨干教师为重点的全员培训，使教师在教学中真正体现就业导向、导向教学，使学校具备一流的师资队伍和一流的教学质量。在规划中，还制定了具体的建设措施及培养目标，明确构建了保障体系，为师资队伍建设的有效实施指明了方向并提供了保障。在此列举一些具体举措如下。

1. 推进名师工程，加强骨干教师的培养

在全面提高教师整体素质的同时，突出重点、集中力量，有计划、有组织、分阶段、分层次地挖掘和培养一批骨干教师，并形成梯队，以带动学校教师整体素质的提高；选送学校符合条件的骨干教师、学科带头人参加区内外相关教学业务学习、区内外师资培训基地进修或柳州市中小学教师继续教育工程的相关培训；选派骨干教师到先进地区、联办学校、相关企业挂职锻炼，尽快提高其教学水平和业务能力。

2. 培育教师的综合素养，努力提高教师教科研课题的实施和研究能力

为了进一步提高教师的市场调研能力，每学年每个教师必须完成2周的市场调研任务，并写出符合学校要求并有参考价值的调研报告；以科研促教改，聘请有关专家到校指导科研工作，进行教科研实施过程、教育教学论文撰写技巧等专题讲座，指导和鼓励教师撰写一批高水平、高质量的论文，争取每年均有论文在

国家级、省级刊物上发表并在市级以上优秀论文评比中获奖。以行业为依托，聘请相关行业高级技工或有丰富行业技术经验的行家到校兼课或进行专题指导，指派对应专业教师结成教学对子，互帮互学，共享资源，共同提高。

3. 开展有职教特色的校本培训，提高教师的综合能力

采取专题讲座、学术研讨、传帮带，配对子、互帮互学、自学等形式组织有职教特色的校本培训，努力使教师的综合能力有较大的提高；坚持每学期组织进行新教法的研讨，使学生学会，让学生会学；利用业务学习或暑期，每年进行2～4个现代教学手段的专题培训，主要内容为计算机应用、多媒体设备使用、课件制作等，使专任教师中独立制作、运用课件的比例达到60%以上；加大"双师型"教师队伍建设的力度，通过送培、到企业挂职锻炼、参加技能等级考证及充分利用现有的设备、场地、师资、机构等资源进行多种形式的培训，积极打造双师型教师队伍，使专业理论课教师中"双师型"教师达60%以上；坚持对每年入校的新教师进行全方位的教育教学培训和职业生涯规划指导，帮助他们尽快度过适应期，早日成为学科骨干教师；加强对教研组长的培训，结合如何与市场接轨，提高本专业学生的就业对口率的问题，开展以专业建设为主线，新课程开发、课程内容改革、教学方法改进、教科研课题的开展与研究为主题的培训活动，坚持每学期一个专题，提高教研组长的业务水平及管理能力，使其真正成为教学业务骨干和教学管理的精兵强将。

4. "三梯队"式专业建设队伍齐头并进

随着区示范特色校师资队伍建设项目建设的不断推进，得益于区内外各项参观培训的启发与学习，使学校各专业建设的理念、目标、思路逐渐清晰，并形成了独具特色的"三梯队"式发展结构。第一梯队：物流服务与管理专业、市场营销专业、工程机械专业、服装专业等国家示范校项目重点建设专业。第二梯队：电子商务专业、营销专业、文秘专业等老牌自治区示范专业。第三梯队：学前教育、汽车维修等新兴专业。这三个梯队的专业建设，从建设校级特色专业开始，以"点"带"面"、以"老"带"新"，齐头并进，逐步在办学思想、办学条件、教学改革、人才培养模式、人才培养质量等方面形成显著的优势和特色。

5. 倡导教师进行企业挂职锻炼，推动"双师型"教师的培养

"双师型"教师队伍建设是落实人才培养模式的关键，是提高中等职业教育教学质量的关键。学校严格执行专业教师企业挂职制度，通过岗位实战锻炼，加强学校双师型教师队伍的建设，深入了解现代企业的发展现状以及对毕业生的实际岗位能力需求，并为做好相应专业的建设和改革规划提供借鉴，进一步推动"双师型"教师的培养。此外，学校还积极与相关企业精诚合作，通过校企合作的实践活动，培养"双师型"教师，提高专业教师的实践操作能力，更好地为

本专业实践教学以及实训基地建设服务。

（二）搭建教育教学技能展示平台，促进整体教师队伍教育教学理念的提升

教师教育教学理念的先进性和教学技能的水平决定了其教育教学的有效性，对学生学习质量的影响不言而喻。不思变革，不顺应时代发展和社会发展的需要，一味沿用旧方法、旧模式、旧思想进行教育教学的教师，所教育出来的学生必然也不能满足社会的需要。因此，要培育出合格的人才，教师队伍的先进性不容忽视。为了促进学校教师教育教学理念的提升，提高他们的教学技能水平，坚持每学期开展一次校级主题研讨课、赛教课、汇报课等公开课活动或教师教学技能竞赛活动，以赛促教。例如：组织开展以“文化基础课与专业相结合教学模式研讨”为主题的公开课评比活动；组织开展新教师以“基于工作过程的项目教学模式或一体化教学模式研讨”为主题的转正汇报课评比活动；以专业部为单位，开展有专业特色的教师技能比赛。从校企合作策划方案到企业参与，师生共评，体现了中职学校与企业深度合作。另外，学校还每年开展一次学生技能大比武活动，通过学生的技能展示来体现和检验任课老师及指导老师的专业教学和技术水平。以学校为主导者，通过开展这些活动，既为全体教师搭建了展示和交流的平台，又能推进新理念、新方法、新模式在实际课堂教学中的应用研讨，以教学效果说话，逐步逐个地转变教师的教育教学理念，从而在全体教师中推广和提高。事实证明，这样的方法简单而有效，参与其中的老师都得到了有效的提高，成长迅速，从校一级走到了市一级，再走到了省一级和国家级。他们的成功对其他老师来说就是一个好的示范和影响，从而也带动了整体师资队伍水平的提高。

（三）完善教学质量评价体系，促进整体教师队伍教学质量的提高

教学质量评价体系的有效运行，一方面有利于学校教学管理部门检查和掌握教师教学的实施情况；另一方面也有利于对教师的教育教学质量进行了解和调控，规范教师的教育教学行为，从而促进常规教学质量的提高，使师资队伍的整体教育教学能力和水平保持在一定的高度并相对稳定。因此，学校根据校情，采取多种措施，制定相应的实施及管理办法，构建了教学质量评价体系，采取的主要措施有以下几种。

（1）学校成立教学质量研究督导室，负责对全校的教学质量进行研究、评价与督导。

（2）成立专家指导委员会。专家指导委员会主要由行业专家、各教学管理部门、专业部领导、学科带头人组成。主要职责是对涉及教学改革与专业建设的重大问题进行审议、研究、决策与指导；研究教学工作安排，审议教学方案、教

学大纲等教学文件；指导各教研组开展教学改革；协调和解决教学工作中存在的问题，并提出意见和建议；从宏观上把握全校教学质量工作的方针、政策。

(3) 对教学质量监控评价及时反馈。对收集到的教学信息进行整理、分类后，通过校园网、教师业务学习会、教学例会、个别谈话等形式分别回馈给各有关管理部门、教师及学生，并对整改意见的落实情况进行动态监控。同时积极开展宣传工作，宣传质量意识，动员教师和学生积极参加相关活动，支持教学评价工作。

(4) 定期开展“三级检查制”教学常规检查。即由教研组长、专业部主任、学校教务处三个层级逐级检查，坚持开展学期初、中、末三个“控制点”的教学大检查及月常规检查。学期初主要在第一至二周进行，重点开展教学秩序的检查，对各专业的开学准备、教师及课程安排、教学方案的落实、教材的发放、学生到课等情况进行检查；期中教学检查是教学检查的重点，对教学的各环节进行全面检查，着重检查教学计划的执行情况、教学运行情况及质量等；期末重点抓教学计划的完成情况、教学效果、考风考纪、试卷的查阅、考试质量的分析总结等。在各期的检查中，均有精心设计的各种检查表，保证了教学检查的顺利实施。每期检查都根据实际检查情况采用多种方式反馈回各相关管理部门、教师和学生等。

(5) 实行“三级听课”评教。一是领导干部随机听课；二是教师同行之间的听课；三是督导组、听课组的听课评教，听课组成员主要由校级领导、教学管理部门领导、各专业部领导、教研组组长、学科带头人等组成。听课采取随机性听课、选择性听课、专题性听课、对比性听课等方式。通过深入课堂、实验室、实训室等教学一线进行常规性的听课检查，掌握教师的教学基本情况、学生的学习状况和对教学、教学管理的意见建议，与师生进行沟通交流，及时反馈信息。督导组、听课组听完课后要对教师的教学态度、教学内容、教学方法、教学水平、教学效果等进行评价，并填写《听课意见反馈表》。听课评教既可监督别人又可提高自己，为教师间搭建平等交流的机会，相互促进、相互提高。

(6) 开展学生评教。学校坚持每学期期中发放学生用评教表，对所有任课教师的师德、教学纪律、教学态度、教学水平、教学效果、作业批改、课后辅导等方面进行评定，对评教表进行统计分析，将结果反馈给学校领导和各专业部、教师，对学生满意的教师给予表扬，对学生不满意的教师则将实际情况反馈给专业部，待其教学改进后再安排工作。开展学生评教增强了任课教师的责任心，体现了教育以人为本、教学以学生为中心的理念，充分调动了学生对教学的参与意识和学习积极性。

(7) 定期召开教学座谈会。每学期定期组织召开专家指导委员会座谈会、师生座谈会，征求行业专家、教师、学生对专业教学工作的意见和建议。专家指导委员会座谈会分专业举行，要有行业专家、校级教学主管领导、专业部领导、教研组组长、骨干教师参加；师生座谈会分专业部举行，要有校级领导、教学管理部门领导、专业部领导、教研组组长、专业教师参加，要与师生面对面地交流，倾听师生的意见和建议。对师生提出的问题要及时予以反馈。通过各类座谈会，可以及时发现问题、解决问题，对专业建设和教学工作质量的提高起到了很好的作用。

三、中职师资队伍建设创新模式的实践意义

（一）教科研能力的全面提升

在校教研科的组织下，学校老师积极参加各级各类论文评比活动，得益于师资培训项目各项培训活动对教师教研能力的提升，学校教师 2013 年在《大众科技》《广西教育》等期刊上发表教育教学论文 15 篇，在各级各类论文比赛中获奖 175 篇。其中，国家级获奖论文中，荣获一等奖 7 篇、二等奖 48 篇、三等奖 15 篇，优秀奖 10 篇；区级论文评比一等奖 6 篇、二等奖 13 篇、三等奖 27 篇。

在课题方面，学校积极打造课题研究平台，加强对学校老师课题撰写的指导。学校专业带头人、骨干教师的培养对象积极主动地主持课题，学校从校级立项到市级立项到区级立项层层审核、修改，认真细致地把好质量关，并收到了良好的效果，在 2013 年区教改课题立项项目申报中，学校申报 16 项，立项 13 项，其中区一级立项一项。

（二）各级各类课堂教学竞赛全面开花

课堂教学是教学工作的中心环节，也是学校工作的重中之重，更是教师展示才能的良好平台。学校教师参加国家级、自治区的课堂教学竞赛活动，积极进取，奋勇争先，展现出了良好的业务能力和扎实的专业功底。在柳州市中职、技工学校教师基本功大赛及全国信息化教学设计和说课等大赛中都取得了优异的成绩。

（三）培训所学所得辐射全校老师

在学校组织的“能力本位”“项目教学法”等主题校级公开课竞赛中，学校国培、名师培养工程培训归来的骨干教师为全校师生带来了精彩的示范课，充分展现了学习培训对老师教学水平的提升作用。参加培训的老师们充分利用业务学

习的机会交流学习收获，传授先进的教育理念和教学方法。

（四）教师与学生参加各类技能比赛实现新突破

柳州市第二职业技术学校致力于建设以专业带头人为龙头、以“双师型”骨干教师为重点的具有“结构优、素养高、能力强”的教学团队。通过专业教学团队建设，建立团队合作的机制，改革教学内容和方法，开发教学资源，促进教学研讨和教学经验交流，推进教学工作的传、帮、带和老中青相结合，提高教师的教学水平。近年来，我校青年教师在柳州市第十三届、第十四届、第十五届中学青年教师汇报课评比活动中屡获佳绩，得益于专业教学团队的共同努力和精诚合作。

“双师型”教师通过技能等级证书的获取和提升，进一步加强了老师的动手实践能力。在专业教师的精心指导下，学校学生参加各级技能大赛共获得荣誉 60 项。学生技能竞赛成绩即体现了学校“技能育人”的办学思想，彰显了学校的办学水平，也展现了教师们经过培训学习后在业务能力方面的提升。

（五）有效地推进实训基地建设，服务全校师生

由专业带头人及骨干教师组成的教学团队积极参与专业实训基地建设，成功地申报了汽车营销与维修实境体验中心、工程机械运用与维修实训基地、金融理财实训中心、学前教育实训基地 4 个实训基地，很好地促进了专业建设。另外，指导学生参加各级各类技能竞赛并获得多个奖项，显现了老师专业技能的提升从以往受益于老师本身到受益于全校师生的转变。

参考文献

［1］教育部关于“十二五”期间加强中等职业学校教师队伍建设的意见．教职成［2011］17 号．

［2］陈斌．产学研合作的高职“双师型”师资队伍建设探讨［J］．中国职业技术教育，2011（25）．

［3］房振宏．浅析职业教育师资队伍的培养［J］．教育学研究，2012（2）．

教学管理

生态观理论下职业院校课程管理的价值分析

龙陵英

柳州市第二职业技术学校　广西　柳州

摘　要　课程管理是职业院校教育教学改革所面临的关键问题。从生态观来思考课程管理，能够解决当前职业院校课程管理生态严重失衡的现状，是职业院校课程管理思维方式的新拓展。对于职业院校而言，生态观下的课程管理体系促进了学生的心智发展，提高了学生的就业能力，完善了学生的人格。

关键词　职业院校；课程；生态观；课程管理

一、教育生态观的研究与发展

“教育生态学”由美国哥伦比亚师范学院院长克雷明（Cremin Lawrence）于1976年提出，他在（*Public Education*）《公共教育》一书中明确指出：“教育生态学是将教育及其生态环境相联系，并以其相互关系及其机理为研究对象的一门新兴学科，旨在为创造一个最优化的教育生态系统提供理论基础，不断提高教育效益，促进各类人才的合理成长。”

“高等教育生态”最早由英国教育学家爱希比（E. Ashby）教授在1966年提出，他认为任何类型的大学都是遗传与环境的产物，大学构造必须适应不断变化着的大学环境，为高等教育生态学的研究提出了一个全新的思考维度。

在国内，贺祖斌于2005年在《高等教育生态论》一书中明确指出，“高等教育生态系统”是一个以人（教育者和受教育者）的行为为主导、以教育环境为依托、以教育资源的流动为命脉的复合生态系统。严格说，这一生态系统是由高等教育系统与其生态环境共同构成的。

中高职教育学院隶属于职业教育系统，其发展符合教育生态系统的内在规律，是二者融合发展的教育生态系统。

二、职业院校课程管理生态失衡的现状

（一）职业院校课程管理的内涵

职业教育的课程管理，实质上是一个庞大的系统，它涉及各个方面的因素与维度。职业教育的课程管理主要包括课程活动管理、课程资源管理、人员管理等方面。其中，课程活动管理包括课程设置管理、课程形式管理、课程评价管理等；课程资源管理包括课程教材管理、课程内容管理、教学媒体管理、实训设施管理等；人员管理包括专业师资管理、实训师资管理、教辅人员管理、学生管理等。

从当前职业院校课程管理诸因素的发展来看，职业院校课程的管理面临着很多挑战。从思想观念、模式塑造、合作互动、资源配置、机制构建等方面，新的发展形势和走向对职业院校的课程管理提出了新的命题和挑战。

（二）职业院校课程管理生态失衡的现状分析

教育发展革新的核心内容是课程改革，课程改革的关键又是课程管理。课程管理是课程目标得以实现的施工蓝图，如何运用生态观来审视课程管理这张施工蓝图的实施情况，已经成为现代课程生态观面临的一项亟待解决的命题。

在当今生态文明的时代，课程生态观的一个重要理念是，让课程重返生活世界，让学生找回失落的主体意识。其实就是在课程管理过程中，强调将自然、社会和人有机地统一起来，使这三者成为课程管理的基本对象，突出强调课程的人本主义。然而，在职业教育课程面临由外延扩展转向内涵建设的转折时期，课程管理生态失衡的现象屡见不鲜，导致课程价值难以实现，主要表现为以下几个方面。

1. 课程管理观念与职业教育观念不相适应

从人本主义的角度出发，通过解析课程生态观的内涵，可以发现，它更强调的是“人的发展”和“职业的发展”，因此，从某种意义上说，以就业为导向课程的实施真正落实到职业院校教育生态系统建设的各个环节就显得尤为重要。然而，很多直接从事职业教育的领导、教师及教学管理人员往往还不能站在社会和市场的立场上，把职业性、社会性的课程管理理念放在首位，而忽视了学生的主

体性潜能及可持续发展能力的培养。

2. 课程管理模式与职业能力培养不相适应

课程管理模式的改革是职业院校教育生态系统建设的重要内容之一，有效的课程一体化改革包括课堂教学模式、结构的改革，课程内容、体系的改革，课程教材的改革等方方面面。然而，现在众多的职业院校不能根据当地社会经济发展及企业岗位的需求现状进行系统的市场需求分析，得出来的课程结构及教学模式自然不能符合当地社会经济行业、企业的需要，使课程内容“虽有实无”，无法定向于特定的职业或职业群，直接导致与学生职业能力培养不相适应的矛盾。

3. 课程管理平台与校企合作互动的职业教育原则不相适应

如果只有好的课程设置与理念，而没有实施的舞台，亦是枉然。这个舞台的创设基础便是校企合作。校企合作的核心即工学结合，以工学结合作为职业院校教育生态系统建设的重要切入点，是职业院校教育课程功能得以保障的有效手段，也就是说，职业院校教育人才培养目标的实现有赖于工学结合的课程平台来实现。

虽然，各职业院校正在积极创新和改革校企合作形式，但是与其配套的课程管理平台建设仍无法摆脱模仿和拷贝普通高等教育的现象，职业教育课程脱离工作岗位实际，学校与企业合作的关系只是纸上谈兵，基于课程体系多元的合作平台无从搭建，课程管理的触角无法涉及企业与社会等诸多领域。

4. 课程资源配置与教师专业化水平不相适应

教育教学改革的益处在于将资源配置进行优化，对于职业院校教育而言，主要包含了硬资源课程和实训资源及软资源师资队伍两个方面，其中促使课程功能有效发挥的关键因素在于是否具备强而有力的教师资源。

以职业的发展、职业能力培养作为职业院校教育的培养目标，目前职业院校师资队伍建设存在的诸多现实隐忧，已跟不上职业教育快速发展的步伐。例如，教师自身专业水平的深度与宽度有待拓展；教师讲授的课程与企业、社会热点问题融合度不高；没有形成以优秀人才带动课程建设的团队效应；教师队伍的兼职比例不高，引进企业的专业技术人员和专家来学校担任兼职教师未能形成常态化；缺少有效的人才成长机制，教师发展的空间有限。

三、生态观下的职业院校课程管理的价值分析

课程管理是庞大的职业院校教育生态系统的一个重要组成部分。从职业教育课程建设的现状来看，建立科学合理、规范有效的课程生态管理体系是促进职业教育生态系统建设的关键手段。因此，首先确立职业院校课程管理的生态观，并

以此作为课程管理与课程改革的指引，显得尤为重要。

（一）确立职业院校课程管理生态观的意义

生态化的课程是达到生态教育目标理想彼岸的桥梁，是把宏观的生态教育理念和目标等与微观的生态教学实践联系起来的一座桥梁。生态化的课程应该直接承载着与学生面对面、零距离交流的关键任务。

职业院校课程管理的生态理念，就是要与生态学的课程理论、原理紧密联系在一起，立足于地方企业、行业亟需的高技术、高素质人才培养，以实现职业院校学生的个性成长和可持续、全面发展为目标，探寻一套与生态、可持续发展相融合，能系统地解决人、自然、环境等因素的相互关系，并加以组织编制的一连串活动的方法体系。

因此，生态化的职业院校课程管理既是一种先进的教育理念，也是一种具有操作性的管理理念和科学的方法策略。

（二）生态观下职业院校的课程价值结构分析

基于明晰课程价值结构的分析，将有益于实现课程管理生态理念的确立和课程管理实效的提高，最终促进人才培养的适应性和有效性。

从职业教育的课程结构来看，职业教育课程一般可为文化基础课程、专业基础课程、专业理论课程、专业实践课程（实训、实习、实验）等类型。生态化课程观将职业教育课程分为三类：一是文化类课程，包括理论知识和经验知识、文化基础知识与职业专门知识；二是技能类课程，包括某项职业所需技能的课程，是实践性较强的一些课程，目前往往放在实习、实训中实施；三是人文类课程，包括思想政治、职业道德、职业生涯设计、职业指导等课程。

鉴于上述职业教育生态化课程分类的思路，从教育公平和以人为本的角度，改变现有课程体系，并与这三大课程相对应，可以得出职业教育课程的三大体系分别是：旨在促进学生心智发展，服务于职业院校人才培养目标的理论课程体系；旨在提高学生的就业能力，增强学生职业归属感的实践课程体系；旨在完善学生人格，使其具备可持续发展的能力，真正实现学生的个性成长和可持续发展的职业通用能力培养课程体系。

对生态观下职业院校的课程价值结构进行归类、分析，进一步证明了职业院校课程管理确立生态观的理念是具有举足轻重作用的，这对我们重新认识、定位职业教育课程管理工作提供了很好的指导意见。

（三）基于生态观的职业院校课程管理核心价值的实现

鉴于上述分析，如何实现职业院校课程管理核心价值的生态性，体现以人为本、教育公平的核心理念，是亟须解决的问题。

（1）改变课程管理观念，以职业需求为切入点，强调职业性、社会性、生态性的课程管理理念，能够满足学生心智发展的需要。

心智是在一定社会和文化环境的价值体系和价值标准下，个体解决自己遇到的复杂问题或生产及创造出有效产品所需要的能力。

在传统的职业教育中，往往偏重于训练和提升学生具体的实践技能，而对学生心智技能的训练较为忽视，并以获得语言能力、数学能力或专业技能或某项手艺等为智力发展目标的狭隘的智力观来强化对学生的操作训教，有些职业院校甚至以培训、活动的方式作为职业教育的主要方式，在这种教育模式下，学生缺乏自由，必然会抑制其创新力和思辨力的培养，抑制个性发展，这就意味着学生面对新问题将无所适从，这是不符合学生心智生态成长规律的。

因此，改变课程管理观念，从职业教育培养“职业人”的角度出发，在现代职业教育中，职业教育的课程从结构的划分开始，就要求以职业需求为切入点，其管理过程必然强调的是教育的职业性、社会性及生态性，这是一种遵循“社会人”“职业人”生态发展规律的教育管理理念，其选择的促进学生心智发展、服务于职业院校人才培养目标的理论课程体系，将有效地把那些零散、无序的培训项目、活动整合在一起，既加强了课程内容的内在联系，又能让学生在掌握专业知识与技能的同时，启发学生的心智发展，培养学生掌握解决复杂问题的可持续发展能力，增强学生自我教育和自我开发的生态功能。

然而，人文教育一直是职业院校开展职业教育中最为薄弱的环节，在职业教育大跨越发展的30多年来，加大课程及专业技能教育的改革力度一直被放在首位，却忽视了人文教育对培养学生正确的人生观、价值观、世界观、审美观的重要作用，使我们的教育走向了误区，直接导致许多学生在就业中不受企业欢迎。

实质上，从成人与成才的关系来说，人文教育应优先于专业技能教育。研究者的调查数据一再证明，企业越来越看重的是人才的职业道德素质和职业精神，更重要的是，希望职业教育首先关注学生做人方面的教育，把人文教育贯穿到学生三年的课程体系中去，关照学生个性及人格完善的发展需求，培养学生健全的人格和可持续发展的就业能力。

（2）改革课程管理模式，以就业为导向为出发点，以市场对职业群、岗位群的要求选择课程管理模式，能够满足社会需求，提高学生的就业能力。

纾解职业院校学生就业困境是当前社会焦点问题之一，就业问题其实就是职业院校学生就业能力培养所面临的问题。授人以鱼，不如授之以渔。职业教育就是就业教育，原教育部部长周济在接受媒体采访时曾指出，职业教育必须以就业为导向改革创新，要牢牢把握面向社会、面向市场的办学方向。

因此，以就业导向为出发点，改革课程的管理模式，包括课堂教学模式、课程结构改革，课程内容、体系改革，课程教材的改革等，根据当地社会经济发展及企业岗位的需求现状，进行系统的、生态的市场需求分析，得出一套定向于特定的岗位或职业群、增强学生职业归属感的课程管理模式，有利于提高学生的就业能力，培养学生的实践应用能力。

（3）改革课程管理平台及资源配置方式，从生态观的角度出发，以校企合作、工学结合为切入点，形成校企互动的职业教育原则及教师专业化成长的管理方式，能够满足学生的个性需求，完善学生的人格。

对于职业院校教育的培养目标，在我国目前表述最为完整的当属教育部教高〔2006〕16 号文。该文件指出，职业院校教育的人才培养目标是培养适应生产、建设、管理、服务第一线的技术应用型专门人才。职业院校教育培养的是高端技能型人才，其与本科教育最大的区别在于注重培养学生的实践应用能力，培养学生的职业道德和人格品行修养，并运用所学技能及具备的职业道德素质，为经济社会提供直接服务。可以说，职业教育的培养目标决定了职业院校必须进行两种教育，一种是专业教育，另一种是人文教育。

因此，从生态观的角度出发，以校企合作、工学结合为切入点，改革课程管理平台及资源配置方式，构建、完善学生的人格，使其具备可持续发展的能力，真正实现学生个性成长和可持续发展的职业通用能力培养课程体系，不失为一种有效的解决途径。

其一，结合职业教育精髓，构建结合工作岗位实际、融合校企合作元素的多元课程管理平台，形成校企互动的职业教育原则，从实质上把课程管理融入企业与社会等诸多领域里。

其二，以职业的发展、职业能力培养为目标，加强教师自身专业水平与社会融合的深度与宽度，形成有效的教师成长机制及团队带动效应，用先进的课程管理方式提升教师的专业化水平。

总之，改革职业教育课程管理平台及资源配置方式，有助于形成校企互动的职业教育原则及提升教师的专业化水平，满足个性需求，完善学生的人格，培养人格健全、完善的高素质学生。

参考文献

［1］谈晓奇．克雷明教育生态理论述评［D］．上海：华东师范大学，2006.

[2] Ashby E. Universities: British. Indian. African, a Study in the Ecology of Higher Education [M]. New York: Harvard University Press, 1966.

[3] 贺祖斌. 高等教育生态论 [M]. 桂林: 广西师范大学出版社, 2005: 32.

[4] 雷正光. 职业教育课程的功能与发展研究 [J]. 中国职业技术教育, 2008 (31): 31.

谈中职校计算机专业教学存在的问题与解决对策

陈　超

柳州市第二职业技术学校　广西　柳州

摘　要　本文总结了教学工作经验，分析了职业技术学校计算机专业课程教学中存在的问题，得出以下感想和结论：职业技术学校计算机课程教学应紧扣职业技术学校的学生特点和培养目标，以提高学生的计算机实践动手能力为主要目标。在教学过程中，教师和学生都需要不断更新观念，不断考察和适应社会的发展和需求，培养出与社会接轨和社会需要的人才。

关键词　职业技术学校；学生特点；目标；观念；需求

计算机信息技术对社会发展和人类进步有着很大影响。近年来，计算机信息技术发展迅猛，已经影响到社会生活的各个方面，社会对计算机技能人才需求越来越大。职业技术学校计算机专业以培养学生的计算机实际操作技能和培育计算机应用型的人才为主，专业特点为：专业性强、针对性强、应用性强、实践性强。这就要求计算机专业老师在教学过程中不断根据社会发展需求进行教学革新，以达到“与时俱进、与社会俱进”的效果。

一、职业技术学校计算机专业教学方面存在的问题

计算机信息技术的发展和普及，使当今学生计算机应用水平和计算机文化意识有了明显的提高，从近几年的教学状况和教学效果来看，出现了新情况和新问题。主要表现在以下几个方面。

（一）学生学习起点参差不齐

随着社会的发展，越来越多的初中开设了计算机基础课程，许多中学生有了良好的计算机学习环境，相当多的学生在职校入学前就具备了一定的计算机基本知识和应用能力。来自城市和经济繁荣地区的学生，计算机基本知识和应用水平普遍高于来自农村和贫困地区的学生。升入职校后，计算机水平较高的学生上课感到内容浮浅，而入学基础差的学生又感到课程难。学生学习起点参差不齐，给教学实施带来了很大的困难，也难以满足不同基础的学生的学习需要。

（二）课程内容和安排存在不合理现象

当前部分职校以“压缩型”或“专科型”的模式办职业技术教育，其教学模式和结构还不适应职校人才培养需求。特别对于计算机这种实践性较强的课程，教学内容和知识结构的应用性、实践性、创新性及知识更新都跟不上新技术的发展和变化，缺乏对学生实践能力和创新能力的培养，仅能使学生完成专科层次的学历教育，缺乏适应就业岗位更新的可持续发展能力。职校学生所需掌握的计算机知识必须具备较强的实践性和实用性，但目前的职业学校的部分教材内容偏深、偏专、偏多。有些教材一本书就包含了多门课程的内容，老师进行教学和学生学习的难度很大，有些学校的教学计划也制订得很零乱。在部分教材中，部分知识深度竟然达到大学本科水平，而对于一些实用的、具体的操作内容则讲解含糊，学生理解和自学困难重重。此外一些关联课程的开设顺序不正确，造成教学脱节现象。例如，一些学校先开数据结构课程，再开编程语言基础课程，造成学生不懂编程语言，无法学习和实现数据结构，无法理解和分析数据结构原理的后果。

（三）教学模式传统陈旧

职校大部分教学仍采用“以教师为中心”“满堂灌”的落后教育教学模式，例如，教师在课堂上讲很多理论，虽然花费了大量的时间，但学生面对计算机却手足无措。有的老师只重视理论课，不重视实践课。这种理论和实践相脱离或只重视理论而忽视实践的做法，必然导致教学效率低下，学习方法死板教条，难以面对和解决新的问题。学生始终处于被动学习的地位，学习的主动性被忽视，甚至被压抑，直接影响了教学效果。

（四）学生的学习主动性、积极性低

由于教学模式陈旧和职校学生入学前计算机基础水平存在明显差异，学生对

学习的进度和难度的反应不一。据统计，一些专业性课程的教学效果为：学生上课听懂的占30%，含糊的40%，不懂的30%；上课时认真听讲的学生不到40%；学习兴趣能持续的占10%，能自觉复习预习的学生占10%。这些都说明学生的学习主动性积极性低，学习态度有待端正。

（五）机房软硬件性能低下

机房管理软件落后，课堂上老师无法完全和统一控制学生机，老师电脑演示操作的时候，学生机经常有画面延迟或脱节现象。机房管理员无法有效地维护和控制机房的数据信息，造成机房病毒、游戏泛滥，学习软件失灵，使学生上课玩游戏开小差，软件无法正常使用，影响教学的进行。

二、学校和老师必须及时采取有效的对策来解决问题

根据职业技术学校学生特点和社会需求，如何引导学生树立正确的学习观，科学、有效地进行计算机课程教学和学习，促进学生进一步掌握计算机知识，是职校亟须解决的问题。就本课程而言，教育目标是培养具有综合职业能力和全面素质的，直接工作在生产、技术、管理和服务第一线的应用型、技能型人才，使学生具有计算机技术理解层面、操作层面、变通层面和创意层面上的能力素养，并取得相应的计算机应用技术资格证书。要达到这一目标，在教学中需要从以下几方面入手。

（一）针对职校和专业特点，大胆进行课程整合

根据职业岗位的要求，调整课程结构，精讲文化基础和专业基础课，加大职业能力训练的比例。例如，可以将学生比较难以接受的专业基础课如《数据结构》《操作系统原理》适当压缩，仅仅将其引入门而不做深入的研究，也可将其作为限选课。同时重点开设一些学生易于接受、实践技能性较强的课程，如3DS MAX、网页制作，这些课程要求学生精通内容，并能够举一反三，进行自学。将职业资格证书作为重要的教学目标，把职业资格标准中要求的知识与技能融入相关课程的教学大纲中，可将不同类别等级的职业资格证书折算成相应学分，纳入教学计划。

（二）加强学科间的融合

计算机的飞速发展已经呈现出一个强有力的态势，它的普及意味着越来越多的人把计算机作为一个工具。纯计算机专业的学生如果技能单一，其就业的渠道

就会大大减少。因此，将信息技术与其他学科整合，作为其他学科的辅助学习手段，会更有效地发挥其作用。计算机专业在课程设置中应加大这方面的力度，加大其他学科与计算机专业的融合，学校可以通过选修课的方式提高学生在其他方面的认知能力。对于学有余力的学生，还可以鼓励他们学习第二专业。

（三）鼓励因材施教，分层次教学

针对新生入学时计算机的基础不同，教学中可采取分层次教学。新生入学时，先进行计算机水平的摸底调查，根据调查结果和学生学习的需要分成不同层次的教学班，满足不同层次学生学习的需要，避免教师在同一个班教学中难以满足不同学生学习需要的局面；针对不同专业，适当开设相关计算机选修课，以满足学生专业发展的需要。

（四）教师需要更新观念，重新定位

老师在计算机教学中，可多利用计算机、大屏幕投影、网络等先进的多媒体教育技术手段代替传统的粉笔和黑板。着重问题的创设，提供良好的学习氛围，让学生在实践活动中发现问题，着手解决问题，使学生成为学习的主人，教师则成为学生的“协作者”。在教学中，老师应该善于创新和采用有效合理的教学模式，如讲解接受模式、自学辅导模式、引导发现模式、实验模式等。计算机科技发展快、新的特点，要求职校生对计算机知识的掌握程度越来越高，对于教师来说，要能适应新的教育环境，首要任务是更新观念，摆正自己在教学改革中的位置。首先要由知识传授者向知识学习者转变，不断加强学习，更新知识结构；其次是在教学中要充分利用计算机技术，为学生创设良好的学习环境和问题情境，引导学生参与到教学中，成为教学活动的主体，激发学生的学习热情和求知欲望，逐渐养成自主、独立、创造地开展学习的习惯，学会利用网络条件去获取知识。

（五）加强培养学生的思维能力

计算机技术具有逻辑性强、处理问题周密、严谨的特点。根据计算机学科的特点和知识体系的内在联系，老师在向学生传授知识的同时，要有目的地培养学生的思维能力。例如，我们在给计算机专业班级上课时，经常进行编程训练。这时，我们就注意利用程序设计及算法自身的科学思维方法进行教学，通过分析试题、建立数学模型、确立算法、上机实践、调试程序、优化算法，培养学生良好的思维品质和创造精神。

（六）鼓励学生更新学习观念，加强学习主动性

对于计算机学科而言，要提高教学质量，最重要的是学生学习观念的更新，加强学习主动性。从发挥学习主体的角度来说，学生端正学习态度，树立主动学习的观念是必需的。同样对其他学科的学习，如果没有端正的学习态度和主动学习的观念，学习效果就不好。学生时代是人类增长知识和培养能力的关键时期，计算机知识的更新又特别迅速，光靠教师传授的知识是远远不够的，大部分知识的积累都依靠学生课后的自学来完成。同时，还要正确处理了学业与娱乐的关系，防止陷入计算机网络和电脑游戏的漩涡，合理、正确地运用计算机技术这一有力工具进行学习。

（七）完善机房软硬件，为课改提供条件

在计算机教学中，要提高教学效果，需要不断改善教学条件。针对教师机对学生机控制效果不好、演示画面延迟的情况，学校可以购买新版本且功能强大的课堂控制软件。针对维护和管理机房信息安全效果不好的情况，学校可以购买和使用合适的数据过滤软件和防毒杀毒软件，并对计算机软硬件进行定期维护和升级，及时更新学生学习软件的版本。

（八）以应用实践能力培养为中心，调整和完善教学

实践证明，职校的计算机教学，不能抛开职校特点，简单地照搬普通高校的教学模式，而应认真地开展市场调研，根据经济、社会的发展需要和就业状况以及本校的专业特色来确定教学目标、内容和任务，自编或选用合适的教材，使教材更贴近职业技术学校的培养目标。同时按照职业资格标准的要求，围绕培养计算机应用能力，对专业教学内容和教学计划作相应调整，鼓励学生不断提高计算机水平，积极进行计算机应用能力水平等级考试，强化学生技能训练。

三、实施课改，收获成效

计算机专业按教学改革思路，经过一段时间的试验和改革后，收获成效体现在以下几个方面。

（一）学生成为学习主体和主人

学生不再是被动的，他们可以根据自己对课程掌握的情况和认知情况，自主

地选择学习方式和学习内容，可以针对教材自学，也可以基于网络的发现学习，还可以经教师的指导之后兼用两种方式学习。这样使有潜力的学生可以有更多的学习选择，而学习上有困难的学生，也可得到教师有效的指导，既解决了学习起点不一的问题，又可以充分发挥学生学习的主动性和积极性，变被动学习为主动学习。

（二）教师教学重心转变为启发指导学生

在教学过程中，教师的角色已经转换，不再是教学活动的中心，课堂教学也不是教学活动的唯一形式。授课中，教师传授更多的是如何获取学习信息，教会学生如何掌握学习方法，即真正教会学生如何学习。教师在教学中，考虑的不是讲什么、怎么讲，而是如何提供给学生一个符合教学内容要求的情景，如何指导学生上机做实验，如何对学习上有困难的学生提供帮助，如何通过网络组织学生进行协作学习、交流观点、解答问题等，教师真正成为学生的启发者、指导者和帮助者。

（三）丰富了学生学习渠道

学生在基于网络的学习环境中，不但可以学习已框定的课程，也可以通过网上查询，链接到相关网站，获取最新的相关的学习信息，完全打破了单向获取知识的渠道。在这里，学习的过程和学习的结果完全由学生自己实践和寻求，不必按教材系统去学，从而锻炼了学生的信息获取能力和信息运用能力。

（四）提高了学生协作能力

在这个模式中，所有的学生都可以通过网络，围绕一个主题和问题，大胆地发表见解，集体讨论和交流，寻求问题的解决方式。这样可以使参加讨论的每一位学生对同一问题获得多方面、较深入的认识，有助于学生思考能力、交往能力的养成，有助于团队精神、集体观念的培育，使学习者的合作精神得到提升。

总之，职校计算机教学改革是一项长期而艰巨、探索性强的工作，职业技术学校计算机课程教学应紧扣职业技术学校的学生特点和培养目标，以提高学生的计算机实践动手能力为主要目标。在教学的过程中，教师和学生都要不断更新观念，不断考察和适应社会发展和需求，培养出社会需要的人才。

参考文献

[1] 周宏. 研究性学习 [M]. 北京：中央民族大学出版社，2002.

［2］程胜．新课程课堂教学探索系列合作学习［M］．福州：福建教育出版社，2005.

［3］张婧．中国教育发展面临四大挑战［J］．半月谈，2005.

［4］王晓芜．坚持科学发展观　开创我国教育技术研究工作新局面［J］．中小学信息技术教育，2006.

计算机网络专业工作室模式下项目教学法实践

涂　俊

柳州市第二职业技术学校　广西　柳州

摘　要　在计算机网络专业中使用项目教学法的教学模式，可以很好地体现出计算机专业所独有的特点，从而充分激发学生的学习积极性，提高学生的动手操作能力。项目教学法与工作室的有机结合，使得在实施项目的过程中，可以根据具体的工作要求和管理规定去规范学生的实践行为，从而锻炼学生的实践能力和岗位意识。

关键词　项目教学法；计算机网络专业；工作室

项目教学法的特点完全符合计算机网络专业的学习特点，加上与工作室的结合，可以充分发挥学生的自主学习意识，使得学生在潜移默化中学习到计算机网络专业的相关知识与技能，从而提高学生的计算机应用与操作能力，在工作岗位上快速适应社会的要求。

一、项目教学法的特点

项目教学法提倡的是以项目为主要的教学路线，以学生为学习的主体，教师起辅导作用，改变以往"灌输性"的被动的教学模式，充分发挥学生的积极主动性，形成学生主动参与、自主合作、探索创新的新型教学模式。对于学生自身来说，学生的学习方式发生了质的变化，由被动地接受转为了主动地探索，在积极主动学习的过程中，充分激发了学生学习的创造力和好奇心，从而培养了学生解决实际问题的能力。对于教师来说，通过转变自己的教学观念，由主体变为主导，从单纯的知识传授者转变成学生的指导者。项目教学法要求师生共同参与其中，学生的活动以及操作全程需要教师的指导，这样才更有利于学生的精力集中。项目教学法是一种理论与实践完美结合的教学方法。通过实施项目教学法，学生可以把书本上的理论知识运用到实际的项目中，并且与社会上的实际要求相结合。整个学习过程，学生不仅对学习到的知识印象深刻，而且对以后可能要从事的工作内容有所了解。

二、项目教学法在计算机网络工作室中的实施

（一）项目教学的实施环境

在计算机的网络专业构建工作室的教学模式。工作室平日的主要工作内容是依托计算机网络专业的教师实力，在完成相关的任务时提高师生的水平。为了充分与实际的工作内容相吻合，工作室要模拟实际工作中的工程项目，由专业的师生共同参与完成。在项目实施的过程中，根据具体的工作要求和流程要求学生的实践行为，从而提高学生的实践技能与岗位意识。

（二）教学项目的设计

教师要基于每个学生的差异性制定不同的学习任务，还要考虑学生对所学知识的掌握情况，鼓励学生运用适合自己的学习方式进行相关学习，最后学习到更多的知识。例如，“网页设计”与其他的网络专业课学习不同，它是一门基础性很强的课程，是基于 Dreamweaver 软件的网页制作，该门课程主要包括网站的创建与规划、网页的设计与网站信息的发布与维护等。通过对“网页设计”的相关学习，学生可以独立开发和制作网站。

（三）教学项目的实施

任何一个项目都不可能单靠一个人的力量来完成的，必须依靠团队。一个团队一般由 5 名以上人员组成，每个团队的负责人称为项目经理。任何一个项目都需要团队所有人员的共同参与，制订相关计划，然后组织实施。例如，在做学习的网站首页时，师生可以先共同分析在完成该项目时需要哪些具体的步骤，最终要达到什么样的目标要求，教师给予必要的指导。每个团队在完成项目的过程中，都有自己独特的计划和目标。学生在完成项目时，要注意遵守团队协作精神，凡是可以通过团队共同的努力解决的问题就不能通过团队以外的人员协助解决；还要注意记录每一个操作的步骤，并且要记录下解决的不好的问题和团队所有人员不能解决的问题。学生在完成项目的过程中要明确分工，例如，进行图形

图像设计的学生和进行规划布局的学生肯定不是一个人，这就有可能导致图片和布局完全不一致，这时就需要教师要及时地查出错误，进行纠正，要完全按照计划书的图纸进行设计，项目经理要做好内部人员的沟通问题。当学生遇到自己不能解决的问题时，教师也要及时地给予帮助与指导。

（四）教学项目的评估

项目教学的本质是通过大小不同的项目诱发和维持学生的成就动机。成就动机是学生自主学习和完成项目的动力系统。有关心理学专家指出，学生的成功是最能让学生感到知足的。当工作室中的每一个团队都可以完成自己的项目时，教师要对其进行项目的评估，评估时可以采用师生共同评估的方法。当一个团队展示自己的研究成果时，教师打上一个评估分，同时其他的团队也要给出一个评估分，而项目经理负责的是解答师生的问题。最后由教师评价作品，通过讨论项目完成的优缺点，学生的能力可以得到进一步提高。项目教学法与工作室的有机结合，有效地建立了课堂与实际工作之间的联系，使得学生的学习更具有实践性与针对性，教师也由灌输式的教学方式转变成为学生学习的指导者，这不仅使得学生的实践技能得到了提高，还使教师的教学能力得到了提高。

参考文献

［1］赵香会，贺萌．项目教学法在高职C#课程教学中的探索和应用［J］．科技信息，2009（33）．

［2］张军科．项目教学法的特征及其对教师的要求［J］．陕西国防工业职业技术学院学报，2009（1）．

试论网络营销及其职业认知

潘晓丹

柳州市第二职业技术学校　广西　柳州

摘　要　网络销售的迅速发展对传统行业的实体销售表现出很大的冲击力，催发了市场对网络营销人才的大量需求。2012 年我校商务专业部参与调研了一呼百应、金圣斯皮具、广州移淘商城等多家商务企业，它们都在大规模招聘具有丰富经验的网络营销类人才，以满足公司迅速扩大的市场规模。搜索招聘广告中，发现门槛较低的网络运营专员、网络销售顾问、网络营销推广都是目前热招的岗位。同时，房产、卖场、家电、电视购物、信息技术、网络科技等行业也都在积极招聘网络营销人才，以期通过网络渠道拓展市场。

关键词　网络营销；网络营销岗位；职业素养

作为一名中职生，如何快速地成为网络营销方面的专业人员，拥有网络营销的实战经验，在未来的职场中占有一席之地呢？厘清网络营销的概念和职能，并熟悉网络营销各个岗位对工作的具体职责，是迈入网络营销门槛的第一件事。

一、网络营销认知

网络营销是以国际互联网络为载体，利用数字化信息和网络媒体的交互性来辅助营销目标实现的一种新型的营销方式。它贯穿于企业营销活动的全过程，最大限度地满足客户需求，以达到开拓市场、增加赢利的目标。

对企业而言，网络营销有利于企业扩大市场范围，提高市场占有率。对消费者而言，网络营销能更好地为消费者提供服务，满足消费者个性化需求，消费者可以不受时空的限制，利用互联网寻求满意的商品和服务，甚至根据自己的需求定制产品及购物。

二、网络营销岗位认知

网络营销是目前人才最为紧缺的岗位之一。网络营销人员必须基于互联网，熟练运用各种网络工具，具备一定的市场营销能力。网络营销人员要对自己服务的行业有全面了解，能根据市场营销变化为企业量身订制合理的营销方案。

企业关于网络营销部门岗位一般会设置运营经理、运营专员、SEO 专员、网站推广员等，企业可根据内部管理机制进行岗位的相应增减。中职毕业生通常是从基础性岗位做起，例如，运营专员、网站推广等。

（一）网络营销运营专员

该岗位主要负责网络运营部产品、品牌、创意、推广文案的撰写和网站专题活动的策划，对网站销售力和传播力负责。

从事这项工作，要求熟悉商城或网店的运营环境、交易规则，精通网上销售的各个环节，负责产品页及首页的页面编辑，图片编辑；负责商城或网店日常维护、能独立操作商品陈列，以增强网店吸引力，扩大产品销量；参与商城或网店的整体规划、营销和客户关系管理等系统经营性工作；分析网络会员的购物习惯和购物心理，能根据客户网购心理需求，对售前售后服务进行有效的页面支持；负责策划、执行活动方案，优化活动效果。

表 1 所示为网络营销运营专员岗位选人标准。

表 1　网络营销运营专员岗位选人标准

序号	标准	级别
1	有网站、网上商城成功运营经验	优先
2	具有淘宝商城或皇冠店独立运营经验	优先
3	有 1 年以上淘宝网店工作经验，或有开店经验	基本
4	有较好的审美能力、文字功底	基本
5	具有良好的项目管理能力、沟通能力、团队合作精神和较强的责任心	基本

（二）网络推广/网站推广专员

该岗位主要负责网络运营部、创意文案、推广文案的撰写及发布，媒介公关和广告投放等工作，对网站有效流量负责。

从事这项工作，需要熟悉各种网络推广工具的使用，含搜索引擎营销推广、网站联盟推广、视频营销推广、论坛社区营销推广等，也包括平台内营销推广，如淘宝营销工具中的直通车、淘宝客、超级卖霸、淘江湖、钻石展位等，找到性价比高、有效的推广方式，提高网站的访问量；负责商城或网店等各类促销活动的制定策划与实施，通过店铺推广，提高店铺点击率、浏览量和转化率；进行各种优化工作，包括产品类目排名优化（如关键词、人气宝贝、浏览量等），标题优化、店铺流量优化、转化率优化、数据研究统计等；负责多种营销工具的优化和整合运用（如竞价排、搭配套餐、秒杀、限时打折、团购等；负责店铺广告图片的主题策划，与美工协同完成广告图片的设计和投放）；运用其他网络推广工具如百度等进行网络推广。

表2所示为网络推广/网站推广专员岗位选人标准。

表2　网络推广/网站推广专员岗位选人标准

序号	标准	级别
1	熟悉搜索引擎优化SEO技术	优先
2	1年以上网店的市场部或宣传推广工作经验	基本
3	精通网络营销规则，熟悉网络会员购物习惯和购物心理	基本
4	熟悉网络营销各种推广工具	基本
5	具有良好的策划推广能力和项目执行能力	基本
6	热爱电子商务工作，努力勤奋，思维活跃，有良好的团队协作精神	基本

网络营销要想取得成功，还需要SEO专员、网页美工、网站程序员、网站客服等多个岗位的通力合作。例如，开展网络营销活动时首先需要客户服务人员对市场的把握与深入的调查分析。他应该是一个文案高手，能够撰写各类营销策划书，设计广告标题与内容，以增加网民的关注度。其次，他熟悉人们使用互联网的习惯，制定最适合客户需求的营销模式。再次，他有较强的服务意识。最终人员岗位的配备和岗位的职能要求需根据企业实际情况而定。这在日常工作过程中需灵活机动把控，也有很多公司基于某种考虑会将几个岗位聚集于一人，不管怎样，团队效率最大化才是最终目的。

三、网络营销职业素养认知

职业是指个人在社会从事的作为主要生活来源的工作。职业素养是指职业内在的规范和要求，是在职业过程中表现出来的综合品质，一般包含职业道德、职业技能、职业行为、职业作风和职业意识等方面。

网络营销职业素养的培养是伴随在网络营销这一特定的职业教育环境、特定网络营销工作岗位及特定的工作管理制度下，逐步形成的一种职业道德素养，依附于娴熟的网络营销职业技能和规范的网络营销职业行为之中。

1. 培养诚信的网络商务意识

培养诚信的网络商务意识，让天下没有难做的生意。诚信务实是每个从事网络营销工作人员的一项基本的职业素养，包括忠诚于企业，时刻维护企业形象和声誉，不泄露客户信息，不追求任何虚假成绩，奉行言必行、行必果的处事原则。

例如，柳州市二职校2007级商务专业的学生阿萍从之前月收入3 000元到现在月营业额上六位数。2010年下半年拿到毕业证的她来到上海一家育婴产品的商贸公司从事网络客服的工作。2012年4月12日，她在淘宝网上注册会员，3天后通过实名认证创办了一个名叫“靓宝贝孕妈屋”的网店。时至今日，她的网店越做越大，并带领自己的团队经营着多家淘宝网店，顾客遍及全国的每一个省份，网上顾客评价诚信度达4.8颗星。

谈及她是如何做到的，她说诚信经营为她获得了更多的客户，由于销量较大，在给客户发货过程中难免出现疏漏，有一次王妈妈在该网站上给宝宝买了多件产品，出差回来后发现其中有一件尺码不合适，还有一件发错了颜色，已经过了一个月，本月销售单早已经结算完毕，不抱有换货希望的王妈妈给客户留言说明了情况，客服看到留言后迅速给客户回复致歉并承诺给王妈妈换货。王妈妈非常感激店老板，成了该店的老客户之一，还经常带朋友来光顾。随着网店在网上信誉度的不断提高，每天的业务量也开始稳步上升。几个人的团队已忙不过来，又从柳州请来了三个同学帮忙。目前，阿萍已成为颇有影响的白领一族。

2. 培养爱岗敬业的精神

乐业，树立职业理想；勤业，强化职业责任；精业，提高职业技能。

随时以客户为尊，树立客户优质印象；认真对待客户的每一次留言；树立“客户永远是对的”的服务意识，想客户之所想，急客户之所急。

3. 树立团结合作的意识

追求目标一致、气氛和谐；发扬团队主人翁精神；齐心协力争创一流业绩。

日本著名跨国公司“松下电器”的创始人松下幸之助先生曾说过：“我希望我的员工要像企业家那样思考，而不能只像个被雇来干活的人。”这是一种职业和工作态度。工作是为了自己，所以要为自己而把工作做好。一个人之所以要加入一个组织，在其中工作，为的是通过组织的力量来达到个人的目标，完成自己的事业，实现自我价值。

有人说，职场如战场，在当今这样一个竞争激烈的社会，谋求个人利益、实现自我价值是天经地义的事。但是许多人却没有很好地意识到，自我价值的实现与诚信和责任敬业其实并不对立，而是相辅相成的。

企业管理者希望减少成本（包括人员工资）获得更多利润，而员工希望得到更多报酬。公司需要有诚信、有能力、有责任感的员工，业务才能发展；员工必须借助公司的发展平台才能获得物质报酬和精神满足。员工努力，公司才能发展；公司发展，员工才能提升。所以，企业管理者在用人时，不仅仅看中员工个人的能力，更看中员工的个人品质和工作态度，而其中最重要的就是对企业的诚信与责任。因为能力可以后天培养，而诚信与责任却需要发自内心，只有那些既有能力又具备诚信与责任的人才是企业最需要和重视的人才。

参考文献

［1］江礼坤．网络营销推广实战宝典［M］．北京：电子工业出版社，2012.
［2］刘春青．网络营销［M］．北京：清华大学出版社，2011.
［3］淘宝网站淘工作［EB/OL］．http：//zhaopin. alibado. com/.

浅谈中职英语课堂活动的优化策略

曾绍彬

柳州市第二职业技术学校　广西　柳州

摘　要　本文通过对中职生英语课堂活动现状的分析，提出针对课堂活动的教学策略。英语课堂活动有助于促进学生心理及认知的发展，是优化英语教学的重要途径之一。通过对中职生课堂活动现状的调查，研究了学生对课堂活动的需求，提出了开展英语课堂活动教学的一些实施策略。

关键词　课堂活动；学生主动性；学生需求；活动设计

一、引言

近年来，很多中职学校的英语老师感觉现在英语课真难上，课堂气氛死气沉沉，学生不配合。教师在讲台上讲得口干舌燥，学生却趴在桌子上睡觉，玩手机。对于教学中的这种状况，有些教师把责任都推到学生身上，认为现在的职校生英语基础太差，给这样的学生上课，等于对牛弹琴，简直是浪费精力。某些职校把英语课的课时缩减，甚至换成专业课。英语在中职文化课程中已经处于尴尬的地位。因此，英语教师只有解决课堂问题，才能走出目前面临的困境。英语课堂活动可以活跃学习氛围，调动学生的积极性和主动性，把枯燥的英语课变得生动有趣，对于教学效果会起到事半功倍的作用。

二、英语课堂活动的实施依据

根据认知发展理论，人的心理是在人的活动中发展起来的，是在人与人之间相互交往的过程中发展起来的。皮亚杰指出，社会经验知识——语言、价值、规则、道德和符号系统只能在与他人相互作用中发展起来。在英语课堂上，教师引导学生主动参与、主动探索、主动思考、主动实践，能在一定程度上促进学生心理及认知的发展。课堂活动是优化英语教学过程的策略。有效的课堂教学活动是达成教学目标的可靠保证。教育部2009年《中等职业学校英语教学大纲》明确指出："教学要以学生为本，发挥学生的自主性，建立融洽的师生互动关系，培养学生积极的情感和态度，激发学习兴趣，鼓励学生积极尝试，勇于实践，体验成功，树立自信心"；"要设计符合学生实际、目的明确、操作性强、丰富多样的课内外教学活动。引导学生在完成任务的过程中，体验语言，培养技能，积极实践，提高语言综合应用的能力"。这些理念的提出为中职英语活动教学指明了方向。

三、中职生英语课堂活动的现状及存在的问题

笔者对柳州市第二职业技术学校2016级部分班级进行了英语课堂活动现状和需求的调查及总结分析。本次调查一共发放调查问卷500份，收回有效答卷471份。

1. 学生参与英语课堂活动的积极性不高

调查问卷数据显示，从不参与英语课堂活动的和很少参与的同学占了89%。由此可见，英语课堂活动的参与率非常低。究其原因，很多同学学不会英语。大部分中职生的英语基础很差，如果教师在课堂上对他们没有什么吸引力，那么很多学生会选择放弃学习英语。因此，我们要尽量让每位学生都能参与到课堂活动中。只有抓好课堂这个主渠道，才能促进学生英语学习兴趣的提高和增进课堂教学的有效性。如果这个渠道抓不好，学生会对英语学习逐渐失去兴趣和信心，后面的教学将很难推进。

2. 英语课堂活动内容乏味，效果不佳

调查结果显示，有46%的学生认为目前的英语课堂活动没有达到预期效果。学生参与英语课堂活动机会不多，课堂活动形式还不够丰富，内容对于思想活跃的中职生来说缺乏吸引力。以"语言知识的讲授为中心"的教学方式会让学生感到枯燥乏味，失去学习兴趣，影响其课堂参与度。英国语言学家埃克斯得说，"语言教师的缺点和流行的通病是讲得太多，试图以教代学，剥夺了学生练习的时间，等于把学生请出了学习外语的主阵地"，所以我们必须在课堂活动设计上下功夫，让活动在教学中发挥应有的作用。

3. 学生对英语课堂活动的需求层次不一

调查问卷中有65%的学生认为参与课堂活动对英语学习的兴趣会有些提高。这说明，只要我们设计的课堂活动能使更多学生参与，将大大加强课堂教学的有效性。38%的学生认为目前英语课堂活动难度较大，参与有困难。他们希望老师能提供有趣、互动的学习资源，多开展课堂活动和改进教学方式，调查结果反映了学生需求，它也是今后教学改进的方向之所在。

四、英语活动教学实施策略

通过调查学生的课堂现状及需求，笔者认为，今后的活动教学应该注意以下几个方面。

1. 鼓励学生参与英语课堂活动，培养学习兴趣

中职学校学生的特点是文化基础较差，对英语学习不感兴趣。为实现有效教学，教师应努力提高学生的学习兴趣，激发学习动机。教师要特别关注学生的情感，尊重每个学生，尤其要关注性格内向或学习有困难的学生，积极鼓励他们在学习中努力尝试。创设各种合作学习的活动，促使学生互相学习、互相帮助，体验集体荣誉感和成就感，发展合作精神，建立融洽的师生交流渠道，努力营造宽松、民主、和谐的教学氛围。教师应做到平等对待每个学生，上课真诚微笑面对学生，主动与学生进行情感沟通。当学生在学习中有好的表现时，即时对学生进行表扬和奖励。“Very good!”“Well done!”等常在嘴边。表扬和奖励的形式有口头、书面表扬和小奖品。奖品奖给主动参与课堂活动并出色完成任务的学生及学习有进步的学生——特别是那些基础差、学习兴趣低、平时不愿主动交际的学生。只要他有明显的进步，如主动举手答对了问题、用英语准确地描述了图片内容、积极参与对话或表演，就奖励他们。让他们感到成功的喜悦，树立成功的心理定式，使他们感觉到老师的关爱，从而融洽师生关系，提高学习兴趣。

2. 精心设计各种形式的活动，提高课堂教学效率

从活动设计上说，首先要创设真实的语言学习情境，活动内容与生活紧密联系，尽可能让学生参与教学、体验成功。例如，笔者在导入“Programme list”（外语教学与研究出版社，基础模块1）一课时先出示几张学生熟悉的电视节目图片，让他们回答：*Which programme do you like?* 然后观看一段英语电视节目的视频，让学生说出节目的名称。之后给学生一些表达爱好的句子，让学生互相推荐自己喜欢的电视节目。其次，设计活动的问题和任务要与学生的专业学习紧密联系，体现英语作为语言工具的实用性。例如，在本课中，笔者为服装设计专业

的学生设计的任务是让学生表演其中的一个节目 fashion show。通过表演时装秀，学生学习到更多关于时装方面的单词。学生通过学习英语，提升了专业素质，能出色地完成课堂活动，提高了学习英语的热情。再次，适当采用多媒体的教学方式启发学生思维、活跃课堂气氛、增强课堂趣味性和扩大教学容量。例如，在学习“I want to buy a T - shirt”（外语教学与研究出版社，基础模块 1）一课时，我让学生根据生动的情境图片，猜测购买的物品。在活动过程中特别倡导学生的学习体验和学习活动中的情感培养。教师要不断研究学生特点和需求，设计出学生喜闻乐见并促进其能力发展的活动，使学生在活动中进步。最后，注重活动的评价，及时给学生点评。评价的目的是帮助学生认识自我，激发潜能，建立自信，促进学生在原有水平上的发展。这种评价模式需要更多地体现对学生的关注，使得不同能力的学生获得展示他们知识、能力和成就的机会，充分展示他们知道了什么、理解了什么、能够做什么。学习评价不仅是对学习结果做鉴定，更重要的是在学习过程与学习效果之间对学习者的学习进行反馈、激励和改进，形成以评促学的动力机制。

3. 英语课堂活动可以延伸到课外

英语学习不能单靠课堂 40 分钟，课后的学习与积累更重要。某些实践活动需要较长的时间，可以布置学生在课后完成。例如，制作英文校牌。学生学完自我介绍后，教师可在班级乃至整个年级开展英文校牌设计比赛，内容包括 Name、Sex、Age、Grade、Class、Hobbies 等，评选出具有特色和设计感的作品在全校展出。还可以进行英文手抄报设计。例如，学完 Festivals 这一单元后，教师可让学生自行设计手抄报，内容可包括 Christmas Day、Thanksgiving Day、Spring Festival，the Mid - autumn Festival 等。当一幅幅精美的手抄报在学校的宣传窗中展示出来时，学生既可巩固知识，又能展示技能。又如，学完 Weather 这一单元后，可在校广播台用英文预报天气。这些有趣、新颖、富有时尚性的活动很受学生欢迎，可唤起其内心强烈的学习需求，使其主动、积极地投入学习，轻松、愉快地获取知识。

总之，语言学习不是一个理论活动，而是一个实践活动。为了更好地提高课堂效率，我们应以学生的需求和兴趣为出发点，通过活动教学法促进学生的主体发展。英语课堂活动既能促进学生学习能力的发展，也能促进教师专业成长及焕发教学活力，值得我们在实践中进一步探究和完善。

参考文献

［1］孙蕊．中小学英语课堂教学活动设计要素研究［D］．华中师范大学硕士学位论文，2014：2 - 11.

［2］张静．试论大学英语课堂教学方法的创新［J］．考试周刊，2015（15）：18－19.

［3］谢越．让学生在英语课前“动”起来［J］．教育教学论坛，2012，（22）：25－26.

［4］郑翠芹．英语课前预习有效指导的策略研究［J］．疯狂英语（教师版），2013（02）：21－22.

论中职项目教学法

覃海思

柳州市第二职业技术学校　广西　柳州

摘　要　在教学中，传统教学法在制约着老师与学生的发展，而采用项目教学法既能让学生真正地学到知识与技能，又能开阔学生的视野，锻炼学生的操作能力、交际能力、协作能力等，以适应社会需求。

关键词　社会发展；教学方法；社会需求

当前中等职业教育面临的问题很多，外部问题和内部问题并存，根源在于培养目标定位、教学内容、教学方法、教学组织形式有问题：培养学生是要面向职业岗位还是面向职业岗位群；学生的能力培养是要传授知识和技能还是既传授知识和技能同时又发展学生社会能力、自学能力；课程教学内容是选择学科型逻辑还是工作过程逻辑；课程整合是需要课程间相关教学内容的拼接还是课程内相关教学内容的项目化整合；教学组织方式是大班型、集中化还是小班型、小组化。因此，需要一种适应社会发展的教学方法来改变教育现状，以此推动教育的进一步发展。

（一）项目教学法

项目教学法是由美国著名儿童教育家、伊利诺伊大学教授凯兹博士和加拿大儿童教育家、阿尔伯特大学教授查德博士共同推创的一种以学生为本的活动教学法，是基于项目活动的研究性学习，即以解决一个比较复杂的操作问题为主要目的，一般包括社会性活动的设计和科技类项目的设计两种类型。与认识和解决某一问题为主要目的课题研究相比，项目活动设计更偏重于操作和实践活动。项目教学法的前提是“项目”。美国项目管理专家约翰·宾认为：“项目是要在一定时间里，在预算规定范围内需达到预定质量水平的一项一次性任务。”项目具有确定的目标，有明确的开始时间和结束时间，要完成的是以前从未做过的工作。项目教学法就是组织学生真实地参加项目设计、履行和管理的全过程，在项目实施过程完成教学任务。在这里，项目指以生产一件具体的、具有实际应用价值的产品为目的的任务，它应该满足以下条件：该工作过程用于学习一定的教学内容，具有一定的应用价值；能将某一个教学课题的理论知识和实际技能结合起来；与企业实际生产过程或现实商业经营活动有直接的关系，学生有独立制订计划并实施的机会，在一定时间范围内可以自行组织、安排自己的学习行为；有明确而具体的成果展示；学生自己克服、处理在项目工作中出现的困难和问题，项目工作具有一定的难度，要求学生运用新学习的知识、技能，解决过去从未遇到过的实际问题；学习结束时，师生共同评价项目工作成果。

（二）项目教学法的作用

在项目教学中，学习过程成为一个人人参与的创造实践活动，注重的不是最终的结果，而是完成项目的过程。学生在项目实践过程中，理解和把握课程要求的知识和技能，体验创新的艰辛与乐趣，培养分析问题和解决问题的思维模式和方法。因此，学生作为项目的直接参与者，他们会因为兴趣爱好或心理因素而积极地投入进来，从最初的调查到探讨，期间的设计开发，直至最终形成成果，学生都作为第一责任人。在整个过程中，以社会实际需要为蓝本，旨在锻炼学生对知识的认知能力、转化能力，对社会的适应能力、交际能力。通过参与，学生学到的知识与技能才能更好地与社会需求相结合。学生学会自学，这是教育过程中最重要的环节之一。项目教学法就是以此为契机，让学生学会将知识与技能转换为直接生产力或符合社会需求的思维模式。采用项目教学法，能让学生自始至终都处于一个主导地位，他们需要尽早地为自己的思维方式与做法负责。同时，通过组织不同专业领域的学生参加项目教学小组，训练学生在实际工作中与不同专业、不同部门的同事协调、合作的能力。项目活动教学法的目的在于开发学生智力，尊重个体差异，培养学生的动手能力、生存能力以及学习能力。

（三）传统教学法与项目教学法的比较

（1）传统教学法。传统教学法对老师与学生的束缚很大，老师制约学生，学生反过来作用于老师。以中职学校为例，学校的培养方针就是要让学生掌握技术，最终走向社会，走向工作岗位，这里的技术不仅仅包括专业技术，更多的是学习的技术、生活的技术，因此教学的关键环节在于提高学生的动手能力、解决问题的能力，培养较强的社会适应能力等等。然而，在传统的教学法中，学生的厌学情绪、自身的能力以及思想觉悟有限、老师一成不变的思维模式、与时代发展脱节的教材，都在制约着学生的发展。在传统的课堂教学中，老师就是课堂的主导力量，学生对老师的绝对信任以及思想观念上的“逆来顺受”，使学生无法成为课堂的真正主导者，而老师又因为观念及惯性等因素，很自觉地在主导课堂。在教学中，大部分老师忽略了一个重要的因素，即学生是学习的主体，他们的学在很大程度上影响到老师教的各个方面，师生之间应该是相互促进、相互作用的关系。

（2）项目教学法。项目教学法能很好地促进师生互动，改变老师在课堂的主导地位。此教学法更注重学生的能力，这其中包括发现问题及解决问题的能力、操作能力、思维逻辑、领导与合作、适应能力等，可以被看作社会中的一种普通行为，是社会实践的一种做法。同样是以中职学校为例，随着现代科学技术及生产组织形式对职业教育要求的不断提高，人们更多地倾向于采用项目教学法来培养学生的实践能力、社会能力及其他能力。在课堂上，老师不再是主导力量，而仅仅是个协助者，真正的主角是学生，学生的学习不再是一个共性的学习，而是以个性为主。学生对于老师提出的问题及要求，需经过自己的分析、思考及探索，初步制定方案，以锻炼思维模式及反应能力，学会分析是关键；接着是小组内部的讨论。项目教学法多采用小组的方式来组织学生，每一小组由6～8名（可根据实际情况改动）学生组成，设置一名组长，小组成员在选择时更多地考虑能力的互补，这样才能体现项目小组的真正价值。小组内部及外部存在着一定的竞争，当组长无法组织小组成员完成指定的项目时，小组成员有权撤换组长，而当另一小组无法解决问题甚至无法很好地协作时，其他小组有资格收购该小组，以扩充本组实力。这一做法旨在培养学生的协作、组织及领导能力，让学生更早地体会社会的残酷，更早地知晓物竞天择、适者生存的道理。讨论完毕，每个小组根据问题的实质结合小组的自身水平，草拟方案，之后小组长要组织小组成员模拟解说，针对顾客可能提出的问题构思应答方案，作为反馈顾客的初期准备。在听取各小组解说后，老师提出针对性问题，此时做得好的小组可得到赞赏，当然，鼓励表现不佳的小组也是必要的。学生的交际能力、表达能力得到提高，而老师也得到了很好的锻炼，站在学生的角度提出问题，这正是考验老师的好时机。获得肯定的小组会很积极地投入到工作中，而做得不到位的小组则会吸取教训，努力做得更好。小组开始实施项目即着手设计与制作，小组多采用分工制或是比较制，根据计划书开展项目。这一阶段旨在培养学生的操作能力。采用分工制的小组，既是在发挥小组成员的特长，又是在培养小组的协调性，而采用比较制的小组则是培养学生独当一面的能力。学生在提交作品之前，小组要对自己的作品做最后复查，并进行检测，旨在培养学生细心、耐心的行事态度；提交作品后，耐心听取“客户”的建议，对于“客户”不满意的部分要做出修改；而对即将完工的作品提出建议，则是要培养学生的应变能力。最后，当各小组完成项目的制作后，由老师作为项目的组织者，为各小组的作品提供一个展示的平台，让各小组之间对作品提出意见及建议，并从中学习别人的优点，摒弃缺点。这个平台既是创意的平台，也是劳动结晶的平台；既是交流的平台，也是相互帮助的平台。通过组织类似的项目活动，学生们才会对自己所学的知识及技能有更深刻的印象，才会珍惜在校的这段时光，学会与别人相处与交流，学会更多在书本上没有的知识。而对于老师来说，项目教学实际也是给自己开创一个提升的空间。现阶段大部分老师仅仅是专才而非多才，比如教计算机的老师对计算机很了解，可是一旦涉及营销、商务或是会计类的，老师们大都会望而却步，因为他们没有接触过。

（四）项目教学法的实施

项目教学主要分为三个阶段，即活动的开始、活动的展开、活动的结束。每一阶段的活动都要由师生共同参与设计、制定。第一阶段：活动的开始。老师与学生共同讨论“项目”的题目，以便了解学生已有的经验以及他们对此项目已有的知识。学生在讲述他们的经验和表达自己对已知概念理解的同时，对此项目的兴趣不断增加，并能在老师的帮助下，逐步设计自己的活动，老师启发和帮助学生设计项目活动中要调查和解决的问题。第二阶段：活动的展开。创造机会让学生走出课堂到实地工作，例如，安排他们与项目的有关人员、专家等谈话（实地考察）；老师提供资源（利用多媒体及相关的录像、相片、故事和音乐等）以帮助学生进行调查；老师为学生进行调查提供各种建议。在此阶段老师组织学生在小组内对各自的工作进行讨论并相互提供建议和帮助。第三阶段：活动的结束。由老师安排一次项目活动总结会，老师帮助学生选择不同内容和不同方式，让学生有目的地展示自己开展活动的全部成果，表达自己学会了什么，分享他人成果的快乐，以激发学生新的兴趣，转向新的项目活动。

（五）总结

在项目教学法的具体实践中，老师的作用不再是一部百科全书或一个供学生利用的资料库，而成为一名协助者，他帮助学生在独立研究的道路上迅速前进，教会学生如何应付大量的信息，引导学生如何在实践中发现新知识、掌握新内容。学生作为学习的主体，通过独立完成项目将理论与实践有机地结合，不仅提高了理论水平和实践技能，同时，在教师有目的的引导下，培养了相互合作、解决问题等综合能力。教师在观察学生、帮助学生的过程中，开阔了视野，提高了专业水平。可以说，项目教学法是师生共同完成项目、共同取得进步的教学方法。

参考文献

[1] 李文学．在教学中开展“项目导向的数学教学”的尝试［J］.2005（8）：168－170.

[2] 吴言．项目教学法［J］．职业技术教育，2003（7）：96－97.

[3] 宋功业．项目教学法初探［J］．徐州建筑职业技术学院报，2008（6）：128－130.

专业建设

柳州市第二职业技术学

中等职业学校校企深度合作的实践与思考

卿助建

柳州市第二职业技术学校　广西　柳州

摘　要　中职教育是现代教育的重要组成部分，是促进经济、社会发展和劳动就业的重要途径。职业学校只有紧密结合企业和地方经济发展实际，才能培养出社会需要的各类人才。中等职业教育最显著的办学特色在于技能性、实践性和职业性，而校企合作是职业教育行之有效的人才培养模式之一，加强实训基地建设是办好职业教育的关键所在。本文试图以学校物流专业校企合作共建实训基地为突破口，探索中职学校与企业的深度合作方式，实现学校与企业的共建共赢。

关键词　校企合作；实训基地；共建共赢

中职教育是现代教育的重要组成部分，是促进经济、社会发展和劳动就业的重要途径。职业学校只有紧密结合企业和地方经济发展实际，才能培养出社会需要的各类人才。中等职业教育最显著的办学特色在于技能性、实践性和职业性，而校企合作是职业教育行之有效的人才培养模式之一，加强实训基地建设是办好职业教育的关键所在。我校作为国家级重点职业学校，坚持“为当地经济建设服务，为学生终身发展服务”的办学方向，紧紧围绕柳州市强大的工业背景为学校提供的得天独厚的地域优势，大力开展校企合作模式，凝练了“依托柳州，校企合作，产学互动，服务地方”的办学特色和“工学结合，校企融通”的人才培养模式，形成了颇具职业教育特点的办学格局，为区域经济的发展提供了强有力的人才支撑。纵观我校各专业建设，特别是区示范专业，都与校企合作密不可分。

一、校企合作的初步阶段

这一阶段的校企合作主要以双方签订实习协议为主。2004 年我校设立物流专业伊始，就与柳州市较大的物流公司——柳州市桂中海迅有限公司进行初步合作，双方通过签订实习协议，安排学生到企业参观或进行各种形式的见习、实习，企业方派人加入我校的物流专业指导委员会，定期到学校参加交流活动，沟通信息。到 2005 年，我校已与多家企业签订实习协议。这种浅层合作的主要特点是一次性、短时性，没有长期的、稳定的合作关系。学校没有主动权，对学生到企业实习难以进行有效的管理；学生实习时间过于短暂，实习太过形式化；而由于缺乏长效机制，企业在校企合作中的付出得不到补偿，加上难以承受学生实习的安全风险，企业在校企合作中没有积极性。

二、校企深度合作的初步阶段

根据《国务院关于大力发展职业教育的决定》，市政府投资支持我校建设物流实训室。物流实验室的主要功能是通过演示、模拟操作，让学生了解物流管理及作业流程，学习先进的物流管理理念及作业技巧，培养学生的动手能力。物流实验室改变了因物流专业建设水平不断提高、招生规模不断扩大而造成的实训设备不足的状况，对于提高教学质量、满足教师教学与科研的需要、强化学生职业技能的培养起到了十分重要的作用。但是要使我校毕业生具备较好的综合素质，实现毕业与就业的“零过渡”，校企合作是关键。

我校领导班子通过多次研讨，决定重点将物流专业打造成自治区示范专业，把物流专业的校企合作推向多元化。

（一）校企合作，工学结合

2007 年，我校物流专业校企合作单位有桂中海迅物流有限责任公司、联华物流配送中心及中国铁路物资物流园、翁氏八达物流有限公司、五菱物流有限公司等多家单位，校外物流实训基地 20 个。我校与合作单位形成稳定的合作关系，让学生到企业进行阶段实习、顶岗实习，实施充分体现工学结合的教学模式。学生第一、二学年在学校接受基础理论教育与专业实操技能的培训；第三学年在企业参加生产实践，并在学校接受技能强化增训，考取技能等级证，毕业前再到企业进行毕业实践。通过切实有效的专业实训教学，我校的物流专业学生毕业后能很快进入角色，在普通岗位上表现出专业的职业技能，一批批优秀毕业生在各自的工作岗位上发挥着积极的作用。特别是在2007年举行的桂中海迅物流公司第一届青工技能竞赛中，我校毕业生佘雷鸣和杨异超凭着自身牢固的基础知识与工作当中苦练的技能，分别获得一等奖和二等奖，以实际行动回报了母校。在2008年举行的柳州市“桂中海迅杯”职业院校学生物流技能大赛中，我校获得仓储技能项目和叉车驾驶项目的第一名，学生熟练的操作技能与娴熟的技巧受到来自企业的专家评委们的一致好评。2007、2008两年毕业生双证率达96%，一次就业率达到100%，其中2007年有57名毕业生进入校企合作单位就业，2008年共计131名毕业生进入校企合作单位就业，占两年内毕业生总人数的70%，对口就业率75%以上，用人单位对毕业生评价的称职率达到100%，优良率高于96%。

（二）校企专项发展

我校优良的办学质量和物流专业突出的实训教学得到了社会的广泛认可。2007年12月，我校与柳州市特种设备监督检查所合作建立了叉车驾驶考试点，并对外开放，招收社会人员进行叉车培训，至2008年已有193名学员获得叉车驾驶证。我校借助物流专业的师资和设备实训优势，向自治区劳动厅申请成立了职业技能鉴定所，进一步缩短了职校学生向企业员工转变的培训期，让学生一毕业便能持“双证”上岗。物流叉车专项的深度校企合作不但取得了良好的社会效益和经济效益，而且对后来校企双方全方面的深度合作打下了基础。

（三）校企合作，资源共享

（1）“走出去。”学校按照开放性、职业性、实践性的教师队伍建设模式，通过校企合作，专兼结合，共同打造“双师型”教师队伍。为了让教师了解和熟悉物流企业，有机会直接参与企业的生产经营管理的实践过程，增长实践经验，提高授课、项目开发、科研、案例编写能力，充分发挥骨干作用，每个学期学校都安排老师到企业进行调研、挂职锻炼。要求老师调研和挂职必须做到有目标、有计划、有总结、有考核，防止蜻蜓点水，做到“挂实职，干实事”，不流于形式。同时教师凭借自身的教学经验为企业提供员工培训、技术咨询和智力支持。根据教务处的培训数据统计，三年来到中国铁路物资柳州物流园、柳州市桂中海迅物流有限公司、柳州五菱物流有限公司、柳州翁氏八达物流有限公司等企业进行调研和挂职锻炼的物流专业教师人数达到20人次。

（2）“请进来。”为了更好地吸引优秀人才和激发学校内部人才的积极性，学校聘请企业专业技术人员、管理骨干担任兼职教师，营造出人才辈出的环境。同时学校还邀请物流公司的精英人才、行业专家到学校对学生开展物流行业发展、就业指导等专题讲座。2007—2008年，我校物流财会专业部邀请柳州市桂中海迅有限公司的黄乃新经理、中国铁路物资柳州物流园的人力资源部部长李红华、柳州市工贸大厦股份有限公司人力资源部部长李海燕等物流企业专家到我校给学生进行物流专业知识、就业指导专题讲座，目的是让同学们在步入社会之前能对物流企业招聘人才的要求更加了解，这些措施使学生明确了学习目标，掌握了一定的就业知识，缩短了物流专业学生就业的摸索时间，从而进行就业前的自我调整，更好地适应企业要求。

（3）“双结合”。由于中职物流专业教材的缺乏，学校鼓励教师根据职业岗位（群）的要求和教学实训的实际编写实用的讲义，建设了一批适合中职教育的优质教材。企业的物流专家加入编写教材的工作之中。其中我校教师韦红革、王少君、黄春柳等与柳州市桂中海迅物流有限公司的黄乃新副总经理合作编写的《物流管理概论》已由机械工业出版社出版，在全国公开发行。

三、校企深度合作发展阶段

为贯彻落实 2008 年《教育部关于进一步深化中等职业教育教学改革的若干意见》，我校将加强校企合作，充分利用企业的资源优势，共建实训基地。

在物流业高速发展的过程中，校企双方都在发展壮大。我校用 5 年的时间由柳州市第一批招收物流专业学生的中等职业学校发展成为中国教育技术协会物流专业委员会常务会员单位，我校的物流专业成为自治区示范专业。最早与我校进行物流专业校企合作的柳州市桂中海迅物流有限公司如今走出了一条具备现代物流服务理念与特征的现代物流之路，成为全国行业翘楚。在广西物流快速发展的背景下，我校和桂中海迅进行了深度合作。

（一）共建物流公共实训中心

共建的物流公共实训中心采用“共建共享”模式，即学校提供场地，与企业共同投资建设，按投入的比例获利。这种模式的优势是能较好地明确双方的“责、权、利”关系，以“共同建设、共担风险、共同管理、实现双赢”为合作原则。

实训中心建设的总体目标是：技术先进，示范共享，工学结合，高度仿真，汇集教学、社会培训、职业技能鉴定和咨询服务等各项功能，具有明显的中职特色、对职业学校同类专业具有示范作用的综合性、现代化、开放式的，融“教、学、研”于一体的实训基地。

物流公共实训中心首先可以满足于教学需要，为企业培训大量的物流专业人才。其次可以接纳其他院校的物流专业学生的实习实训，实现优质资源的共享；

再次为柳州乃至广西的物流企业和相关职业院校举办各种专项中、短期培训；最后能支持物流科研活动。在双方的共同努力下，把我校的物流管理专业办成特色突出、区内领先的示范性专业，让桂中海迅采用这一“共建共享”模式，引入多个战略投资伙伴做大做强企业，使公司发展成为以高端物流业务为主的第三方物流公司，实现共建共赢。

（二）共建生产性物流实训基地

很多开设物流专业的中高职校与物流企业共建了物流实训基地，而且几乎都建在校方，规模不大。我们共建的是大型的生产性物流基地，瞄准世界物流发展的先进水平，以现代化物流技术为指导，坚持高起点、现代化。实训基地以市场为导向，以物流信息管理系统的建设为重点，以第三方物流企业为主体，成为现代物流技术的研发、应用或转化的孵化基地。

双方共建生产性物流实训基地本着合作、发展、挖掘优势互补的原则，以工学结合为基础，培训和提高企业员工和学生的现代职业技能，实行人才培养质量的最优化，逐步实现企业与学校、学生的零距离，实现学校、企业、学生三方共赢。

对于职校物流管理人才培养来说，实践技能、动手能力的培养显得尤为重要，而物流实训基地建设是提高动手能力至关重要的决定因素。生产性物流实训基地对职校学生的实训可实行“订单培养”和“工学交替”的生产性实训教学模式，让学生从毕业到就业实现“零过渡”。共建的实训基地成立校企共建小组，学校依据雄厚的办学基础，为企业提供经营理论和创新理念指导，企业凭借市场体系中的实践运营，为学校提供高技能人才的培养方向，制定更加符合市场需要的办学策略。这一模式即满足了地方经济发展对高技能人才培养的需要，又推动了学院实践教学的改革，将会取得良好的经济效益和社会效益。

（三）共建物流科学研究所

成立物流科学研究所是二职校和桂中海迅深度合作规划的一个子项目，双方的优势为物流科学研究所提供了良好的科研环境和“共建共享”模式。研究所的建立，在学校方面是教学与科研相辅相成，学校可充分而有效地利用科技资源，集中教学与科研力量，调动教师和科研人员从事科研活动的积极性。科研促进教学，为物流专业高水平、高层次的建设打下良好的基础。合作伙伴桂中海迅公司方面则可把科研技术成果化，积极采用先进的物流管理观念、技术和装备，整合现有的物流资源，造就新兴物流主体，实现经济效益。

我校物流专业校企合作的发展是一步步的探索过程。虽然我校有其他专业的校企合作经验，但是专业的起点不同，有些合作模式不能照搬。物流业是新近才得以高速发展的行业，而人才的培养往往滞后于经济的发展。我校是柳州市第一批批准设立物流专业的中职学校，在专业教学方面没有任何经验可以借鉴，这5年来探索出的校企合作模式可以说是符合我校专业发展情况的，所取得的成绩都是得益于学校与企业的深度合作。学校通过校企深度合作发展壮大，企业通过校企合作获得了人才支撑，取得了良好的经济效益和社会效益，实现了共建共赢。

参考文献

[1] 李进，丁晓东．产学合作教育研究与探索［M］．上海：上海交通大学出版社，2004.

[2] 王文槿．关于校企合作的企业调查报告［J］．中国职业技术教育，2009(2).

论以就业为导向的中职服装专业课程体系改革

陈 超

柳州市第二职业技术学校 广西 柳州

摘 要 随着服装行业的飞速发展，服装企业对服装专业毕业生的要求是：既有全面综合素质，又有综合职业能力。服装行业就业局势的变革要求我们对中职服装专业课程体系的改革势在必行，要求专业和岗位对接、课程与职业对接、理论和实践对接。本文就我校服装专业建设经历，以就业为导向，对服装专业进行课程体系改革进行讨论。

关键词 服装专业；就业；导向；课程体系改革

一、就业形势决定着课程体系培养目标的制定

中职学生就业形势与课程体系培养目标是密切相关的，近年来服装行业发展壮大，行业设备趋向电脑化、智能化。对毕业生的知识要求不再局限于基本的传统手工技艺，对现代的服装专业学生要求更加综合化和多元化，要求学生既要基础手工好，又要能够操作企业现代化的设施和智能软件等。不仅要求理论基础知识要牢固，动手实践能力更要娴熟，企业更喜欢一毕业就可去企业快速适应、快速上手操作的毕业生。中职教学的最终目标是解决学生就业，课程体系改革就是为实现教学目标而存在，所以制定一个正确的课程体系培养目标极为重要。

中职服装课程体系培养目标应该是培养适应现代服装企业岗位需要的，德、智、体、美全面发展，具有全面综合素质与综合职业能力，掌握服装设计与工艺专业必备的基础知识与技能，具有从事服装职业岗位或岗位群的基本技能；能在服装设计、服装制版、服装工艺、服装实体（网络）营销等第一线从事相关方

面的工作，具有良好的职业道德、诚信敬业、体魄健全，“能经营、会生产、懂管理”的高素质中初级技能型人才。培养目标细节应具有适应性、先导性、开放性，体现教学和就业的联动关系。

二、以工作能力培养为主旨，构建服装专业课程体系

学生就业是中职教学的最终目标，既然课程体系改革为解决学生就业而服务，在改革之前，学校就应清楚企业对毕业生培养需求。我校对波司登、雅戈尔、杉杉、特步、九牧王等服装大企业进行调研，收集了企业对服装专业毕业生的培养需求。

（一）对毕业生的专业知识与技能要求

（1）具备必要的文化知识和一定的服装审美造型基础知识。

（2）具备服装款式设计、服装设计软件运用、CAD 软件运用的专业知识。

（3）掌握服装结构设计方法，了解服装号型与国家标准，能利用服装原型进行裙、裤、衬衣制版及服装裙、裤、衬衣缝制。

（4）具有一定的服装质量检验与生产管理的基本知识。

（5）掌握服装市场营销（实体店、网络营销）的基础知识。

（6）了解区域经济发展的特点，具有传承广西民族服饰文化和汽车产业文化的专业知识；具有参与企业文化交流活动的相关知识。

（7）具有了解人体特征并进行人体数据测量的能力。

（8）具有学习服装材料的性能并对一般材料鉴别的能力。

（9）具有运用电脑软件绘制服装款式图、根据流行趋势进行成衣设计的基本技能。

（10）具有常规服装手工制版、出样的能力。

（11）具有 CAD 制版、放码的能力。

（12）具有参与企业班组生产管理与服装营销的能力。

（13）具有较强的自学能力，适应区域经济发展的适应能力。

（二）就业方向分析

通过对企业的考察，现代服装专业毕业生就业主要有以下三个大方向。

（1）服装设计方向：要求学生熟练掌握服装款式图的绘制、服装基本效果图的绘制，熟悉服装的不同面料质地，灵活地运用印、绣、染工艺，进行新产品的开发设计，掌握色彩的搭配及设计制单的制作。

（2）服装制版与工艺方向：注重手工制版的实操，学生学习测量人体的数据，运用制图符号、服装号型、服装结构原理完成基本的纸样制图，并学会推档放码、排料；能熟练完成半身裙类、裤类、衬衣类、时尚女外套等款式的服装纸样设计与制作，熟练掌握基本缝纫设备的操作和维护；能独立完成裙子、裤子、衬衣等基本款式的制作，学会工艺制单，并根据制单中的规格完成服装样板与样衣制作；懂得生产工艺流程、特种设备的使用，培养学生承担小组质量管理的基本技能。

（3）服装营销方向：能进行营销市场分析；掌握相关营销技巧和服装终端技术管理方法；针对不同顾客的消费心理具有整体服装搭配协调与引导的能力、具有服装卖场陈列的技能，能从事服装营销、商场导购及网络营销等管理工作，具有良好的沟通、协作能力。

三、以就业为导向，课程体系的构建思想

课程体系改革紧跟区域经济的发展和岗位人才需求，充分考虑中职服装专业建设水平的全面提升，让学生基本形成就业能力和就业竞争力，同时要考虑学生的继续学习和职业生涯可持续发展。要按照学生全面发展和职业成长的需要来设计课程体系，把基本素质知识学习与专业技能训练两个体系摆在同等重要位置。通过若干典型工作任务训练使学生获得能够胜任一定岗位工作的较为系统的基本素质知识、专业技能和专业拓展素养，具备完成较为复杂的工作任务的能力，并在完成工作任务的过程中，注重与他人合作，具备一定的团队合作精神与创新创业能力，为学生的职业生涯可持续发展奠定基础。

四、分享我校对课程体系优化整合的经验

我校打造校企联盟名师工作室和教学工厂实践平台，专业对接产业链，构建岗位导向下的“设计融于开发、设计融于技术、技术贯通工作过程”的一体化项目教学课程模式。

（1）以项目为载体、工作任务为引领，理实一体化项目课程贯穿教学全课程，以“主题+真实项目”培养学生服装款式设计、纸样制作与立体造型、民族服饰品、汽车内饰品、旅游产品等产品开发设计制作、服装营销（店面、网络）三个专业方向的专业技能。

（2）“开放式”设计思维与技能训练相融，创意开发少数民族侗绣、壮锦制作，汽车内饰品制作，服装款式设计，服装结构设计，服装纸样与工艺制作，服装实体店与网络营销等关键能力，内化为校企共享课程项目，构建新型课程体系。

（3）精建创新创业人才孵化基地，建设4门优质核心课程“服装款式设计”“服装立体造型”“服装制版与放码”“服装结构与工艺设计”。其中“服装款式设计”“服装立体造型”分别与其他两所中职学校按国家级精品课程标准共建，开发“广西民族服饰品制作”“汽车内饰品制作”两本专业方向课程特色教材。本专业课程结构是以理实一体，构建基本素质课程 + 专业基础课程 + 专业方向技能（核心、拓展）课程 + 顶岗实习的专业课程体系，实现专业课程由学科知识体系向工作技能体系的转变。

五、完善课程体系的保障措施

（一）大力建设校外实训基地

我校在建设校外实训基地的过程中，开展服装设计与工艺专业学生顶岗实习。在校外实训中着力培养学生的职业素质、道德和能力，以弥补校内实训基地无法达到的培养效果。挑选优质企业，在原来已有的4个校外实习基地（柳州红裳服饰有限公司、柳州兰雅服饰有限公司、柳州五星、柳州白莹）的基础上，拓展2个拟合作的校外实习基地［特步（中国）有限公司、九牧王服饰有限公司］，使所建设的实习基地与校内实训中心和企业相配合，新建紧密合作型的校外实习基地，构建一个比较完善的校外实习基地网络。

（二）加强“双师型”教师培养

课程体系改革构建优化需要一批素质高、多能多专、理论实践结合的“双师型”教师骨干。只有依靠他们，才能把理论知识和企业实践培养有机结合，有效、快速地建立起理论和实践对接的一体化教学课程体系。在培养“双师型”教师方面，我校鼓励和安排专业教师到相关企业挂职，邀请企业专家对教师进行培养指导并参与教改、课改等教研活动，优化专业部教师队伍结构，鼓励和奖励教师创新与研发。

参考文献

［1］黎孟雄．项目驱动法在“管理信息系统”教学中的应用研究［J］．计算机教育，2007.

［2］伍文庄．“任务驱动”教学法初探［J］．现代教育技术，2003.

［3］柯胜男．基于“项目驱动”的教学研究与探索［J］．计算机教育，2007.

浅议中等职业学校会计专业教学改革

李　阳

柳州市第二职业技术学校　广西　柳州

摘　要　伴随着经济体制改革浪潮的冲击，会计领域也发生了空前的变化，社会对会计人才的综合素质和能力的要求也不断提高。文章从现状出发，阐明会计教育薄弱的环节，并就改进会计教学提出了一些建议。

关键词　会计；会计教学；教学方法；改进措施

随着我国社会主义市场经济体制的确立、发展和完善，社会对会计人才的能力提出了更高的要求。如何培养出既具有一定的会计基础理论知识，又掌握会计核算原理和方法，还具有较强的操作能力的财会人才，是中等职业学校教育急需探讨和解决的问题。

一、中等职业学校会计教学现状及原因

1. 会计教学目标不明确，培养目标不一致

从不同中等职业学校会计教育的培养目标来看，不同学校以及同类学校培养会计型学生可谓“百花齐放”：有的是培养“会计师”，有的是培养“管理者”，林林总总，让人眼花缭乱，对到底培养什么样的会计人才缺乏科学的研究。因此，树立明确、符合实际需要的会计教学目标是当务之急，否则，整个会计教学系统就会茫然无措，甚至南辕北辙。

2. 教材的设置不适应中职学生的学习能力

有些课程的开设超越学生的理解和接受能力范围，且有可能在他们毕业之后并不能派上用场。职业学校的生源大多是初中毕业生。他们年纪小，缺少社会生

活经验，对于经济方面的常识知之甚少，且学习能力不是很强。有些课程对于大学生来说理解上都有难度，更何况职业学校的学生。课程设置呆板，模式长期不变，不能根据学生的情况和社会要求的变化进行调整，导致的结果就是课程是开设了，但学生学无所获，甚至产生厌学情绪。课程设置不够合理。

3. 专业课程设置陈旧、死板，课程设置缺乏理论依据

专业设置结构有失合理，体现为专业基础课和专业课的课时比例、各门专业课的课时比例、课堂教学与实习实训的课时比例等不尽合理，造成会计专业学生掌握的会计知识面宽而深度不够的局面。因此这种课程体系及教材内容已不能适应培养现代会计人才的要求，有待改革和完善。

4. 教学方式和手段落后，现代教育技术手段应用不多

学校存在“教师念讲义，学生记笔记，考试背笔记，考后全忘记”的现象。现代教育技术手段应用不够，实验室建设与实践基地建设严重滞后，甚至没有实验室与实践基地；产学研结合不够紧密，教学方法和教学手段简单化；只注重书本知识传授，不能很好地培养学生的动手动脑能力；注重职业教育，却忽视对学生综合能力的培养。

二、改进中等职业学校会计教学的措施

1. 设立中等职业学校会计教学目标

会计教学目标应该与学校培养人才的类型结合起来。会计教学的培养目标应以满足社会需求为导向，培养面向市场经济中的企业和非营利组织所需求的具有开拓精神、创新意识、良好职业道德、相关专业知识并掌握学习技能，能够成为合格的会计人才。合格的中职会计专业毕业生应该是留得住、用得上的管理型、通用型、外向型和开拓型的财会人才。这种会计人才应具有掌握本专业继续学习的能力。现代教育已经不能囿于将书本知识灌输给学生，知识和信息暴涨使学生应该学习的知识呈几何增长，传统的教育模式不能适应知识变革和发展的需要，因此，我们不仅要为学生打开已有的知识大门，更重要的是教给他们寻找打开未来新知识大门钥匙的方法并教会他们开门的技巧。

2. 改进教学方法，树立“以学生为主体”的新型教学理念

现代教育观念认为，学生是学习的主体，教学的一切活动都必须以调动学生主动性、积极性为出发点，引导学生主动探索、积极思考，培养学生的创造性思维和综合分析问题的能力。简而言之，就是要树立“以学生为主体”的新型教学观念，在教学过程中充分尊重和发挥学生的主体地位和作用，使学生积极主动地参与会计教学；通过与教师的交流、沟通，不断探索新的知识领域，真正实现

课堂上教与学的互动。

3. 让学生从做中学，在学中做

我国伟大的教育家孔子说过，“闻之我也野，视之我也饶，行之我也明”，意思就是“讲给我听，我会忘记；指给我看，我会记住；让我去做，我会理解”。只有更多地给学生自己做的机会，他们才能更好地消化理解。而要想使学生出了校园后马上就能上岗操作，也必须让他在学校就能做、会做。所以在教学中要重视学生的动手情况，让学生从做中学，然后在学中做，先知其然，然后知其所以然，从而真正会学。这其实就是人类认识发展的一般规律：实践—理论—实践。会计工作中最主要的是以下三步骤：填制和审核凭证—登记账簿—编制会计报表，其中填制和审核凭证是会计工作的基础，尤其是现在进行会计电算化的企业，对填制和审核凭证更加重视。

4. 优化教学内容、调整课程设置

为实现课程体系和教学内容的科学化、合理化，我们必须更新教学内容，合理设置专业课程。首先，笔者认为，新会计学科体系的主干专业课程的教学内容主要是基础会计学、财务会计学、成本会计学、财务管理学、管理会计学、会计电算化，并要拓展会计相关学科教学，如经济学、金融学、法学、管理学以及数学，同时为了适应未来经济发展的需要，还应增设诸如网络会计等新兴课程，使学生拓宽知识口径，扩展学生的基础知识范围，以适应知识结构多元化的人才培养目标。其次，在教材内容上，增加基本理论、基础知识的比例，便于学生从源头上理解会计学，从而在学习中不仅知其然，而且知其所以然。另外，会计教材应当注重实践和理论相结合，增加案例和实务模拟内容的比例，以培养学生的分析能力和决策能力。

5. 积极采用现代化的教学手段

在教学中借助先进的教学设备，不但可以增强教学效果，还可提高学生对会计专业领域的最新技术与发展趋势的认知水平。面临教学内容不断增加而课时却不能增加、有时还得减少的情况，也可以借助现代教学设备，通过提高课堂效率的方法来解决。在会计教学中，经常需要画很多表格，若采用多媒体技术，就可以大大提高教学效率。因此在会计教学中，借助先进教学设备，教师利用多媒体课件，可以较好地克服教学中出现的矛盾，提高课堂教学的效率；而且可以使学生专注于对教学内容的理解，避免既要做课堂笔记、又要理解教学的矛盾，从而提高学习效率。

6. 强化会计实践，建立模拟实践教学系统

必须将理论教学活动与实践有机结合起来，不断发现问题和解决问题，在实践中掌握理论，并用理论指导实践，达到较好地掌握理论知识的目的。没有足够

的实验室练习或实践教学，会计专业学生很难透彻地掌握会计的基本理论、原则与技能。因此，很有必要加快会计课程的实验室建设，不断完善实验室的信息资源、软件资源、项目资源、技术资源，提高学生的实践能力。例如，通过学生在会计实验室中模拟企业的会计部门，分成不同的小组，分别循环扮演会计部门中的不同角色，按会计工作程序进行综合模拟练习，这样可以大大缩短学生毕业后适应未来工作的时间，并在一定程度上满足企业单位对就业者有工作经验的要求。

7. 高度重视实训教学

职业学校的学生文化知识可能不如普通中学的学生，但动手能力一定要多加锻炼，使学生毕业就能很快“顶岗”，这也是会计专业实训课程开设的目的。在开设理论课的基础上，必须同时要求进行实训。因此学校应该克服“重理论，轻实践；重书本，轻实训”的教育观念。首先，学校应该建立专门的会计实训室，既有手工会计模拟实训室，又有会计电算化实训室。再次，应该为实训室配备专门的实训人员。同时，为了保证会计实训的正常进行和实训教学水平的不断提高，还应该有相应的会计实训经费。只有这样，才能培养出满足社会需要和用人单位要求的合格的会计人才。

参考文献

[1] 熊守春．提高会计实践教学质量的思考 [J]．财会通讯：综合版，2005 (12).

[2] 杨贞斌．改进会计实验教学方法，培养会计学生综合素质 [J]．九江学院学报：自然科学版，2005 (03).

[3] 王丽花．实践教学在高职会计教育中的应用 [J]．太原大学学报，2006 (01).

[4] 中华人民共和国财政部．企业会计准则 [M]．北京：经济科学出版社，2006.

广西中职休闲体育专业学生语商的培养研究

吴地固

柳州市第二职业技术学校　广西　柳州

摘　要　当下毕业生面试找工作，因为“不会说话”而与心仪的工作失之交臂的情况屡见不鲜，而中职学校休闲体育专业的学生情况尤为突出。本文分析了广西中职休闲体育专业学生语商培养现状，探讨了语商培养原则和具体路径，旨在提高广西中职休闲体育专业学生语言能力，从而增加就业筹码，为广西休闲体育事业的发展培养更多有用之才。

关键词　语商；休闲体育；人才培养

语商（LQ）是指一个人学习、认识和掌握运用语言能力的商数。它是一个人智商、情商、德商等方面的外在体现，是促进一个人德、智、体、美全民发展，成为综合型、高素质、应用技能型人才的重要环节。

为适应广西现代化体育产业发展以及广西区内休闲体育服务与管理专业人才的需要，培养具有较高的职业素养，具备一定的创新和创业能力，能熟练运用所学的专业知识与技能且“懂服务、懂教、懂管理”的综合性、高素质、技能型人才，对学生语商的培养应贯穿于中职休闲体育专业人才培养的始终。休闲体育专业学生无论从事教练员、救生员、体能训练师、社会体育指导员，还是运动康复理疗师、礼仪培训师、销售员、素质拓展师等工作，语商都起到至关重要的作用。

就目前的广西中职学校休闲体育专业现状来看，以柳州为例，柳州市第一职业技术学校和柳州市第二职业技术学校两所职校，一方面 90% 的学生是农村的孩子，存在着文化水平普遍较低、普通话水平较差、方言较重、语言能力弱等问题；另一方面在教学上偏重书面作业和笔试，外语考试只考听力不测口语，课堂上教师普遍采用讲授型课型等，这些都没能重视对学生语言能力的培养。在阶段实习期间，休闲体育班的学生普遍说带有广西音的壮话方言，在语言表达上存在很多不足，经常在与顾客沟通过程中发生顾客不理解或者是让顾客不舒服的情况，所以在职校里尤其是对中职学校休闲体育专业的学生进行语商的培养是相当重要的。

一、提高语商应具备的基本能力

1. 说的能力

说话是语言表达能力的最直接体现，是语商的最核心要素。只有多说，并在实践中不断纠正与完善，语商能力才会迅速提高。休闲体育服务专业的学生普遍存在不敢说话、不愿意说话、不会准确表达等情况，因此在校内学习中就要锻炼“厚脸皮”的习惯，大胆地与同学沟通，大胆地与陌生同学沟通，大胆地与老师沟通，大胆地站在讲台上和全班同学沟通。只有这样不断地训练，才能提高自己的说的能力。

2. 听的能力

听是说的基础，善于聆听才能获取丰富的知识与讯息，大脑才能不断整合、汲取养分，形成语言智慧丰富的源泉。休闲体育服务专业的学生要认真听老师上课的内容、校园广播、演讲比赛、会议论坛、校园歌唱比赛、乐器表演等，培养良好的听力习惯，从而为良好的语商形成奠定坚实的基础。

3. 看的能力

在美好的校园生活里，去图书馆看书，到大礼堂观看演出，在宿舍用电脑观看电影和电视剧，这些活动都有助于提高学生的阅读能力、陶冶学生的情操。丰富学生的校园文化生活，提高学生课本以外的知识面。看多了，才能理解里面的奥妙，懂得万物的客观规律，在适宜语境下自然而然也就能够说得出来。说话内容含义的深浅，也取决于所了解知识的多少，只有不断地观看学习，才能达到与不同层次的人群进行自信交谈的程序。

4. 背的能力

语商不同于智商，只有后天的不断学习才能提高，没有人天生就是能说会道的天才。要“站在巨人的肩膀上”学习，其中一个重要的阶段就是模仿，通过模仿和背诵别人说话的方式、说话的词汇，不断形成自己的风格和人格魅力。背诵不但可以提高记忆力，还能训练自己形成良好的语感。建议休闲体育专业的学生多背诵一些经典的名著、电影台词、演讲稿等，并将这些优美且富有哲理的话熟记于心，并在适合的语境下运用，同时要不断思考，加以创新，形成自己独特的语言风格。

5. 想的能力

想是一个加工创造的过程，将获取的知识、经验，通过不断思考形成自己的观点，它是思维条理化的必经之路。休闲体育专业的学生常有说话不经过大脑思考、说话没有条理、思维跳跃大的问题，导致这些问题最主要的原因是缺乏思考。只有心里清楚，头脑想明白了才能将话说清楚。有了比较条理化的思维，才会让自己的语言更加条理化。

6. 编的能力

会编善说是想象力超群、创造力强的标志。建议养成善于编写的好习惯，这样对提高语言思考和说话能力有着积极的作用。创编不一定是在说和写方面，校内艺术节尤其能体现学生的自我创新能力。学生要学会编写剧本和编排舞蹈、小品、戏剧等节目，能力更强的学生还可以自己编歌曲、自创微电影等，这些有创意的节目都有利于提高自己编的能力。

二、提高语商的具体方法

学生提高语商，可以从以下几个方面着手。

（1）与同学和老师之间说话不要太粗俗，这样会影响你在班级里和老师面前的形象。要养成尊重他人、关心他人、帮助他人的好习惯，这样有助于提高自己说话的水平。

（2）平时与同学在沟通中，语言中可多使用数字，这样可以让别人更简单明了地理解你说话的内容，而且显得你说话的内容更有趣和生动。简单易懂是社会上大部分人喜欢说话方式，尤其是作为班干部的同学上讲台说话时，必须在短时间内让全班同学听懂所说的内容，这样才会有助于提高自己的领导能力。

（3）回到家里，多看点有意义和积极向上的电视节目，不仅要观看最新的电影和电视剧，还要观看有意义的综艺节目、访谈类节目、纪录片等，这样会提高你的知识面、陶冶你的情操。说话内容可以听出一个人的知识渊博程度，了解一个人的阅历，只有不断地获取新知识，才能够在说话的内容上增加色彩。

（4）学生在与同学和老师的交谈过程中，必须说话方向很明确，这样可以让他人更容易地加入到与你的说话中去。拐弯抹角是中国人特有的一种说话方式，很多时候让人难以理解，最后说了半天完全不明白说点什么；指桑骂槐的事例更是让很多人吃了不少亏。唯有在与人交谈中直截了当地指明说话方向，话题才能说到一块儿去，交谈起来才不费劲。

（5）在课余时间里，让学生多学一些新语种，这样可以丰富学生的校园文化生活，还可以让学生了解多国的语言意境和含义。很多国内外电影都有不同的情感表达方式，多了解国外的语言含义，有助于提高自己的语言感染力，还可以提高自己对国外语言的理解能力，对自己语商的提高也有着促进作用。

（6）培养学生的合作探究精神。校园内学习过程中，学生要努力探寻身边各种新事物的客观规律，让自己更加了解这个世界，并且对于所学知识加以更深的探究学习，知识面广了，语言层次也会更高。

（7）增加一些创业或者社会实践活动，以此来训练学生的语言判断力，从创业和社会实践中与校外人员进行各方面业务上的交谈，在交谈过程中，训练学生判断客户语言内的含义，从而提高其语言判断力。

（8）提倡学生和老师说话都要使用正能量的语言，用正面的话语来激励更多的人做积极向上的事情，同时也能锻炼学生在班级里乃至校园内公开说正面话语的水平。作为即将走向社会休闲体育服务岗位的学生，必须要有正能量的表现，尤其是在平时的工作岗位和说话方式上，必须展示一种正能量的态度，这样对于以后的岗位晋升有着很大的促进作用。

（9）多交朋友，多认识高层次的朋友，多认识良师益友，这样既能扩大自己的交友圈子，也能提升自己的朋友圈层次，与这类朋友经常交谈，自然而然说话水平会提高。新时代网络用语中有一句话："朋友圈决定命运。"这句话虽然不一定完全正确，但是在一定程度上显示了朋友对于自身的重要性，朋友的层次也在一定程度上决定了自己的某方面命运。

三、语商培养的原则

1. 真诚实在原则

"以诚学习则无事不克，以诚立业则无业不兴。"说话和办事一样，都得讲究真诚实在，不要形式大于内容，更不要哗众取宠。诚恳的态度是交流的制胜法宝。

2. 通俗易懂原则

说话要避免深奥，尽量使用大众化的语言，像俗语、歇后语、幽默笑话等，尤其在面对文化层次不同的听众时，要让更多人听明白、能接受，这样办起事来才能事半功倍。

3. 言简意赅原则

说话要简明扼要、条理清楚，不要长篇大论；应言之有物，言之有理，主题明确，时下流行一段歌词："简单点，说话的方式简单点，递进的情绪请省略，你又不是个演员。"不兜圈子才会让别人听懂你说的话和愿意接受你的观点。

4. 谦虚低调原则

越是强者越是低调。例如，生活中有人“摆架子”，即使说的内容再怎么感人至深，辞藻再怎么华丽，倾听者都会十分反感。有一种说法反映了倾听者的想法：“你说得对，但我不能接受！”这就是因为说话的态度倨傲，不但达不到说话的目的，反而影响听话人的情绪。

参考文献

[1] 黄天宇．我国体育院校休闲体育专业开设现状及对策研究［J］．体育科技文献通报，2016，03（23）：113－115.

[2] 王玉杰．休闲体育人才需求与培养［J］．文体用品与科技，2015，06（35）：34－35.

[3] 温晓媛．成都市休闲体育人才需求状况及对策研究［J］．西南师范大学学报：自然科学版，2016，06（25）：89－92.

[4] 王海军，王玉扩．休闲体育专业人才培养思考［J］．合作经济与科技，2016，8（24）：132－134.

[5] 戴菊伟．探究培养高职学生语商的策略［J］．教育论丛，2014，10（49）：73－74.

如何进行中职服装实训基地流程设计

陈　超

柳州市第二职业技术学校　广西　柳州

摘　要　服装实训基地操作流程设计应尽可能地接近现实企业生产的真实情景，能模拟出完整的服装设计流程实训环境。我校通过对服装企业进行调研考察，对企业生产流程加以分析，对本校服装专业实训基地的环境、硬件设施、人员分配、生产流程、模拟订单等方面进行了精心设计和规划，通过不断实践和邀请专家指导，探索了服装专业实训基地操作流程的设计方法。

关键词　服装实训基地；操作流程；设计

近年来国内服装行业竞争激烈，企业单位对服装专业毕业生的要求越来越高，每家企业都希望获得一进单位就可进入工作状态并带来效益的即用型技能人才。如果学校仍然使用“讲解 + 黑板 + 粉笔 + 基本的练习”实训模式是培养不出现代企业所需要的人才的。随着现代教育的发展、国家对教育的重视、企业对人才越来越高的要求的压力，越来越多的学校开始根据自己学校的现有情况和特点对实训基地进行优化改革。我校积极开展企业调研，研究服装生产线上每个岗位的特点，邀请企业参与实训室建设和学生实训教学，把企业文化和管理模式带入学生实训中。使企业要求和实践要求融入日常的教学中，成功模拟出极为真实的服装企业生产环境，而且结合了学生年龄、学习特点、中职教学目标等元素。所以我校的服装实训基地既有现实企业生产场景的真实性，又有培养中职服装专业技能、动手能力的教学平台的作用。

一、中职服装生产线实训基地操作流程的设计

服装企业中，生产操作流程涉及设备配置、人员安排、生产工序、组织形式、技能操作要求等因素。这些因素设置是否合理，直接影响到生产效率和效益。服装实训基地要发挥教学和模拟的作用，学校必须对操作流程进行精心的设计。

（一）操作流程组织形式的设置

学生入学第一学期主要是学习基础课程，以理论学习为主，变通性不需要太大。这一阶段适合采用程序照搬制，要求学生严格按照生产流程和要求操作。这样有利于加深学生对理论的理解和学习，重在培养学生的团队意识和质检要求，使学生了解企业生产的方式和流程。第二、三学期，学生理论达到一定水平，开始注重培养动手实践能力，这一阶段则使用模块式任务法，让学生轮流参与各个模块的实践，生产一些常用的款式，使学生知识实践化，牢固实践能力，培养学生的动手能力和全面性。第四学期，则使用比较自由的分组协作模式，对学生进行分组，按照学生知识、动手水平以及其他特点进行岗位分配，可要求学生在规定期限内生产批量的、多款式、高质量的服装，此阶段重在培养学生的适应力、应变力、协作能力、执行力等。

（二）操作设备的配置

我校按照学生的学习进度和课程安排，将实训基地设置为两个模块：岗前培训模块和顶岗实习模块。岗前培训模块用于学生了解生产情况、强化技能所用，顶岗实习模块则是学生模拟企业生产所用。

1. 岗前培训模块设置

（1）设备配置。

为了模拟生产线的逼真性，我校采购了和企业极为相似的先进设备。配置了 50 台普通模板高速平缝机（电脑直驱微油）、10 台单针中厚料综合送料缝纫机、1 台刀车、5 台五线高速包缝机、2 台断布机、2 台自动磨刀裁剪刀、2 台吸风式熨烫台、4 台半自动模版缝纫机、1 台全自动模版缝纫机、1 台绣花机等。

（2）设备排列。

设备排列采取并列式，共 10 个工作台，一个工作台配置 3 名学生，这 3 名学生在此进行完整的服装生产流程练习。学生把每个流程的半成品交给老师检验，对不合格的产品进行返工，老师对流程出错学生进行及时纠正和指导。

（3）实训内容。

实习顶岗前，学生需要了解服装设计的理论知识，质量评定要求，生产线顺序、结构、工序、设备作用、设备操作等，最主要的是掌握每个环节的服装部件的制作方法、质量达标要求，明白整个流程的布局、原理、作用、关系等。

2. 顶岗实习模块设置

（1）设备配置。

主要有全自动拉布机、倒缝机、压条机、验布机、高速平缝机、电脑平车、平双针、平三针、锁边机、打结机、绱腰机、花边机、锁眼机、三线包边机、五线包边机、钉扣机等。

（2）实习区域设备排列。

实习区也是我校的企业式服装生产基地，此区域设备排列为流水线串联式，一名员工负责指导一位实习生。实习生从观摩学习阶段向实践动手阶段过渡。学生只有在这个岗位实训合格，得到师傅的认可后，才可进入下一阶段岗位实训，直到经历完每个岗位为止。每个岗位利用传送带进行连接和运输。如图 1 所示：

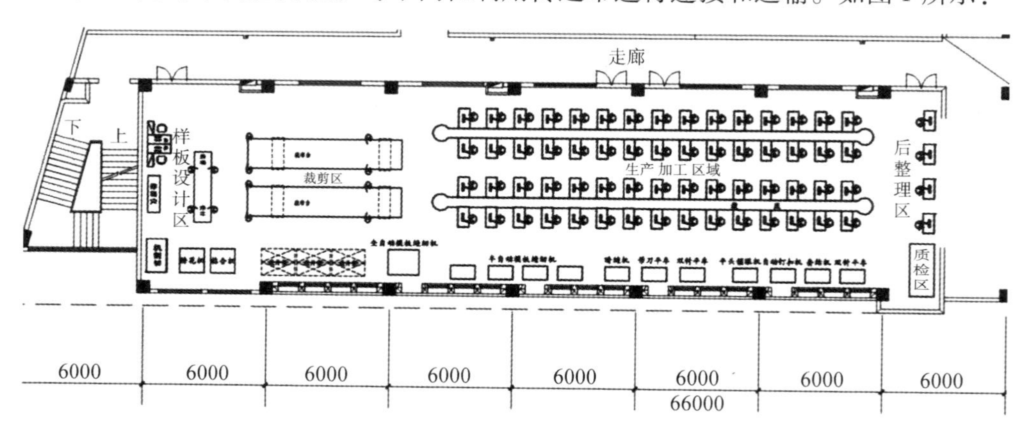

图 1　实习区域设备排列

（3）实训内容。

在这一模块，学生需要熟悉生产流程和制作技术、保持高质量和速度、有较高的应变能力、解决问题的能力、较高的协作和执行力。

（三）操作流程人员设置

1. 岗前培训模块人员设置

在这个模块，学生就是动手操作，要求自己不断熟练和协作。老师就是师傅和质检员角色，一方面向学生传授、指导、解惑知识和操作，另一方面监督学生的自觉性、流程规范、产品质量，协调学生分工。与技艺、生产质量较差的同学进行沟通并对其予以指导，对优秀学生加以嘉奖和鼓励，从整体上提高学生的认知能力和实践能力。

2. 顶岗实习模块人员设置

在这个模块中，把班级师生模拟为三类：流水线工、岗位辅助工、管理人。指导老师根据学生的技术和特点来进行岗位安排，按照规定流程进行顶岗和轮岗实践。流水线工由普通的、低年级学生担当。岗位辅助工由优秀的或者高年级学生担当，他们相当于师傅，带着一位新生。老师则是管理者角色，记录和评定各个学生操作的情况，必要时从整体上给予理论和实践的指导，对错误予以纠正。其中流水线工负责流水线上的基本操作，岗位辅助工负责裁片修正、烫印、运输、仪器辅助操作等，管理人负责协调和监督、解决突发事件等。

（四）实训岗位的区域设置

每个同功能岗位作为集团集中在一起，不同岗位之间利用传送带作为衣片或半成品的传输工具，同时配合推车协助运输，以保证生产的连贯性。

（五）操作流程设计

学生在岗前培训模块按企业标准进行剪裁和制作服装部件的练习，训练时间和强度根据学生的学习能力和水平进行调整。实训目标是要求所有学生按时按质按量地进行生产。

对达标的学生，给予去顶岗实习模块继续深造实践的资格；对不达标的学生，继续留在岗前培训区接受训练，可以采用程序照搬操作方法，强化他们的基础知识和手艺训练，直至达到训练目标为止，使这类学生跟上正常的水平和要求。

学生实训中，每个流程都要制定质与量的考核要求，要求学生既要跟上流水线速度，又要保持一定质量水平。学生达成某个工序的要求后，才可以进入下一个工序的实践，工序依次由易到难，循序渐进，使学生在每道工序工作中达标，不断完善提高自己的技能水平。老师则对学生实践的每个过程进行把关和鉴定。对学生成绩数据进行分析，得出问题所在、规律、解决方法，以便今后对教学指导经验进行总结。

二、分析学校实训基地与现实中的企业生产车间操作流程的差异

（1）目的不同：企业生产操作流程以追求经济效益为主，以生产完成订单

为目标；实训基地以培养学生上岗能力和专业素质等教学目的为主。

（2）方式不同：实训基地中学生要在各个岗位轮换，参与每个岗位的实践和学习每道岗位的知识；而企业的员工就固定在同个岗位上，只需要做同一道工序。

（3）考评不同：企业以员工的生产效率和质量作为绩效考评；而学校实训基地以学生的学习成绩和实践能力作为成绩考评。

（4）流水线的编排方式不同：企业生产车间每个操作流程的重要性和连续性一样；而学校服装实训基地操作流程、重要性、持续时间可以根据学生学习情况由学校系部自己修改。

（5）人员素质不同：企业生产车间每个操作流程的工作人员要求技能和操作熟练，能够独立运作和解决突发问题；而学校服装实训基地对象是在校学生，学生技能水平参差不齐，需要老师和专家的指导。

（6）结果不同：学生经过每个岗位的培训，综合素质得到提高，就业选择面大；而企业员工工作单一，实践和知识面单一，就业选择面小，前景差。

三、学校服装专业设计实训基地操作流程注意事项

1. 认清企业用人现状、充分发挥实训基地功能

服装企业是劳动密集型企业，服装生产流程环环相扣，流水线速度基本保持固定的较高速度，以此跟上机器运作速度和保持效率和效益。一旦某个岗位的学生技术不足，跟不上节奏，整个流水线生产效率就会被拉低或者出现生产事故。因此，企业一般不会给实习生布置生产线上的任务。为了使学生上岗之前具备企业要求的实践能力，学校应该充分、及时地利用服装实训基地功能来模拟企业岗位工作，给学生充足的实践、监督和指导，使学生一毕业即可适应企业的生产要求，从而提高学校的就业率和学生上岗对口率。

2. 重视学生的生产数量、质量、速度

与真实的企业工作不一样，由于学生在实训基地模拟实践，工作真实感、报酬、责任担当等因素使部分学生出现懒散、不在乎质量、数量和速度跟不上机器运作等不良现象，若老师学校不重视和纠正学生的这些行为，对学生今后就业将会产生很大的负面影响，所以老师在实训中要严抓学生的生产数量、质量、速度，避免出现消极、谎报成果现象，对学生的实习记录要客观公正。

3. 老师制定公正合理的奖罚制度、以身作则

学生在实训基地实践时，老师应及时指导监督，应制定出合理的奖罚制度。例如，某阶段的优秀生可以加分、获得奖品、休息时间、奖状等奖励；不达标的

学生则要接受加班实训、减分等惩罚。奖罚制度，给予了学生学习的动力和压力。老师应在实训演示指导中规范操作，不要让自己在实训室无所事事，要注意自己的一举一动，严格要求自己，成为学生的榜样。

4. 把学生视为正式员工

虽然学生还没毕业，尚未正式步入工作岗位，但既然在实训基地顶岗实习，就必须把学生当作企业的正式员工或准员工对待，按照企业的管理模式进行要求和管理。千万不要把传统的姑息纵容态度带入实训当中。对学生实习过程中存在的问题要客观、公正地对待，对学生的各项测试记录要全面、翔实、完整。

参考文献

[1] 王良春. 学习车间——校内生产性实训基地建设探索 [J]. 中国职业技术教育，2008.

[2] 刘国联. 成衣生产技术管理 [M]. 北京：高等教育出版社，2003.

教学改革

谈职业学校教育的信息化建设

陈　超

柳州市第二职业技术学校　广西　柳州

摘　要　信息化对教育各个领域的影响极其迅猛和深远，它使教育模式发生了质变。教育信息化已成为全世界教育步入现代化和与科技接轨的重要标志之一。各类院校必然会面临教育信息化的挑战和洗礼。

关键字：信息化教学；信息技术；师资素质；教学资源

当今信息技术飞速发展和普及，全球正在发生信息化的重大变革，信息化对教育的各个领域的影响极其迅猛和深远，它使教育模式发生了质变。教育信息化已成为全世界教育步入现代化和与科技接轨的重要标志之一。担负着知识普及与文化传承、素质人才培养摇篮的各类院校，必然会面临教育信息化的挑战和洗礼。

教育系统和各院校信息化是必然的、必需的。历史发展和实践证明，科技信息化将促进教育的飞快进步与发展。各类院校教育信息化是一个直接关系到整个教育改革和教育现代化的庞大系统工程，它要求建立以现代信息技术为基础的全新教育体系和方式，因而必然涉及诸如教学目标与任务的制定、学校决策与管理的理念、教育学生的模式与评价、教学环境与资源的分配、教学手段与技术的改进、科研与实践等各个方面的问题。这些问题对于之前的传统的教育教学模式来说是一个全新的课题，是发展中的一个新的领域。因而，对于各类院校教育信息化这个过程必须逐步、积极、大胆地进行探索，主动交流和积累经验，及时总结，教育系统要抓住机遇和挑战，提高教师的素质和能力。

笔者根据自己的工作环境和工作经验，结合国内教育系统的特点和实际情况，谈一谈对教育信息化建设和发展过程的一些体会和看法。

一、信息化教学使得原有教学环境发生改进和重建

信息化教学环境需要相应的信息技术化的软硬件和人文支持。没有教育信息技术化相应的软硬件和人文支持以及合适的环境，很难甚至无法实现教育信息技术化的目标。信息化教学环境不仅是硬件系统，而是硬件、软件和人文环境三者有机的综合系统。与之前的传统的教学环境相比，具有明显的优势：①各类教育信息和数据实现共享和具有快捷有效的交流平台；②实现了教学设施的网络化和教学的方式灵活多样化；③多媒体和远程学习环境的逐步完善、成熟和普及。我国紧跟国际教育发展趋势，根据我国的国情，审时度势，耗巨资合理、分步骤地对教育系统的信息化进行建设。各高校应从逐步满足学生信息化学习的需要出发，建立多媒体计算机教室、宽带校园网、电子阅览室、远程教学信息网络系统。各个院校也正在积极想办法，多方筹集资金，加紧多媒体教室的建设，致力于建设用于信息化教和学的各种支持系统及用于各种教育资源、教育设施管理的信息管理系统等。

二、教学资源由原来的纸笔化转变为信息化，交流性和传播性更中便捷灵活

原来的教学资源多使用纸张笔墨进行书写、记录、传播，有制作速度慢、传播性不强等缺点。信息化教育资源可以依靠计算机和电子信号存在，制作简单，传播快而广，可以真正实现资源共享，真正达成广泛交流的目的。如学科教案、电子教材、各类素材、试题、百科知识、教研论文、教育新闻信息及各类教育统计数据等。信息化教育教学过程的开展与控制有赖于通过对各类教育信息资源的传播分析、处理、加工、利用等手段来进行。换句话说，离开了教育信息资源，信息化教育的教学活动便难以开展，教育信息化更是无从谈起。

另一方面，不少院校跟形势耗巨资建立起了信息技术化的硬件设施，但由于缺乏教育教学信息资源，难以发挥硬件在教学、科研和管理上应有的作用与效益，造成设备的闲置和浪费，并且随着时间的推移和信息技术的高速发展，硬件设施面临着急速贬值的尴尬境地。造成这种局面的根本原因是教育教学信息资源的严重缺乏，这一问题也成为制约各院校的教育信息化发展的“瓶颈”。针对这一现象所形成的“瓶颈”，我们已充分认识到了其中的利害关系，及时设计、引进和购置了大量的各学科电子教材教案，各类共享软件、试题，从国内知名的有规模的教学资源网络或考证中心引进大量的教育教学资源，弥补了由于教育教学资源不足形成的“瓶颈”，并且与其建立了长期的合作升级关系，以适应信息技

术和教育信息化建设不断发展的需求。

三、师资素质提高和培训是体现教育信息技术化效果的关键

现代信息技术已经进入整个人类世界，逐渐与人类的发展密不可分，两者更加有依赖性，使整个教育界都受到了巨大的冲击，促使传统的教育思想、教育理念、教育体制、教育模式、教育内容和学生学习方式都随之发生前所未有的深刻变革。理所当然地，被视为课改之关键所在的教师，其职能、角色的定位也将逐渐由传统的“纯知识传授者”转变成“设计者、指导者、组织者、帮助者、学习资源的创建、管理、传播者及研究、升级者”。教师的职能转变对教师的素质提出了新的、更高的要求，也使教育信息化重心指向现代化师资素质提高和培训。

对于师资素质提高和培训，培养出适应教育信息化的新型教师这项工作，各所院校应当成基础、紧迫、重中之重的任务去实施。不少院校已经不惜重金初步建成了能适应学生信息化学习的信息化教学环境，并且引进和完善了信息化教育教学活动所需的教育信息资源，在教育信息化所需的两个基本条件都基本具备的情况下，要走好、走远教育信息化建设的前提工作便是转变教师职能。如果这项工作不能及时有效地解决和实施，将会严重制约教育信息化建设。对此，教育系统当务之急就是立即启动和加强教师队伍的培训工作，从头、从快、从优开展教师教育信息技术的培训工作，切实地转变教师职能，这项工作已刻不容缓，也只有这样才能将我国的教育信息化建设推向一个新的高度，为我国现代化教育的快速发展奠定坚实的基础，才能在世界新一轮的基础教育改革中走在前列。

四、教育信息化与新型教学模式的建构

教学模式是指在一定的教育思想、教学理念和学习方式指导下，在某种环境中展开教学活动进程的稳定结构形式。从目前某些学校教育信息化的实施情况来看，有些领导和教师还存在着片面的模糊认识，只关注建机房、购设备、网络布线等硬件设施的建设，片面地追求学生的升学率，仍停留在“黑板＋粉笔”的传统教学模式上，而对与信息化教育相匹配的新型教学模式的构建不甚重视甚至根本不去考虑。具体表现在：一些教师根本不去或者很少主动地去学习计算机，掌握信息技术方面的知识；不用或者很少用学校已有的教育信息资源；一些领导也不重视信息技术课的开展情况，不重视培养教师掌握信息化教育教学的能力，对教师能否用现代教育教学手段开展教学活动及是否使用现代教育教学手段开展教学活动的情况不重视或不作要求。

如果是这样，我们便会步入一个“矛盾”：一方面叫喊投资教育信息化建设的经费短缺；另一方面花费了大量资金建设起来的计算机机房、多媒体计算机教室、电子网络教室、电子阅览室、电子备课室、远程教学信息网络系统、校园网等现代化教育教学设施和大量的教育信息资源却闲置在那里，对一线的教学改革却起不到多大的实质性作用，仅成为供检查、参观、炫耀的奢侈品，并且随着时间的推移，又将面临升级换代贬值的风险，严重阻碍教育信息化建设的进程。

要彻底走出这个“矛盾”，就必须更新教育观念，重视新型教学模式的探索与建构。信息化硬件环境是死的、被动的，而新型教学模式中的交互作用过程和学生学习新知识的认识过程却是活的、主动的、有选择目的性的。因此，各院校和教师必须重视新型教学模式的构建，通过具有现代教育理念的人（对教师与学生的培养和影响）的主观能动性，来充分发掘教育信息化的最大潜力，也让这些耗巨资建成的信息化教育硬件能够物有所值、物尽所值、物超所值。所以，在教育信息化的前提之下，促进教师改变传统的教学方式，建构新型教学模式，既能充分发挥教师在课堂上的主导性作用，又能充分体现学生认识的主体性地位，也是我们当前教学改革的重点所在。

我国各层次教育系统对教育的信息化建设十分关心、重视和严格指导、监督、投入，在全国各教育系统的共同努力和带动之下，我国教育信息化的发展近年来已取得了显著的成效，并对传统的教学方式发起了变革：在保持传统教学方式优势的同时，逐步地将现代教育技术的优势融入教学。以计算机辅助教学为龙头，促进信息技术与各学科课程的有机结合，继续深化改革课堂教学模式、教学方法和教学手段，提高课堂教学效率。

在我国各级教育系统和广大教师的共同努力下，我国的教育信息化建设一定能朝着正确的方向持续、快速、有效地发展。

参考文献

［1］周宏．研究性学习［M］．北京：中央民族大学出版社，2002.

［2］程胜．新课程课堂教学探索系列——合作学习［M］．福州：福建教育出版社，2005.

［3］张婧．中国教育发展面临四大挑战［J］．半月谈，2005.

［4］王晓芜．坚持科学发展观　开创我国教育技术研究工作新局面［J］．中小学信息技术教育，2006.

［5］吴应良．教育信息化与管理信息系统的需求及支持关系［J］．管理信息系统，2001（1）：2.

［6］刘成章，等．信息技术教育学［M］．北京：高等教育出版社，2004.

基于工程机械运用与维修专业中高职衔接人才培养模式的实践与研究

卢友彩

柳州市第二职业技术学校　广西　柳州

摘　要　中高职教育是职业教育的重要组成部分，拓展中职升学通道、加快中高职有效衔接是我国职业教育协调发展的关键环节，是我国建设现代职业教育体系的重要组成部分。本文基于柳州市第二职业技术学校工程机械运用与维修专业中高职衔接的实践研究，对该专业中高职衔接实践中存在的培养目标不明确，课程重复、断层现象严重，师资力量薄弱等关键问题进行了详细的分析，并提出建议：建立基于国家职业标准的中高职培养目标衔接；构建一体化课程体系及人才培养方案；完善评价方案；开发校本教材及建立中高职师资常态交流机制。

关键词　工程机械运用与维修专业；中高职衔接；人才培养模式研究

【课题项目】　2015年度广西职业教育教学改革立项项目重点课题“中高职衔接在工程机械运用与维修专业人才培养模式的研究与实践”，项目编号：XZZJG2015A025。

引言

中高职衔接是构建现代职业教育体系、培养高技能人才、实现职校学生可持续发展的重要路径。那么，如何准确把握中高职衔接中的关键问题，是破解中高职衔接不畅的关键。本课题以工程机械运用与维修专业为例，探索中高职衔接中人才培养的关键问题，并提出对策。

一、研究综述

《国家中长期教育改革和发展规划纲要（2010—2012）》明确将中等和高等职业教育协调发展作为建设现代职业教育体系的重要任务。中、高职衔接是指按照建设现代职业教育体系的要求，推动中等和高等职业教育协调发展，系统培养适应经济社会发展需要的技能型特别是高端技能型人才而纵横贯通，可持续发展，能产生巨大吸引力的职业教育。中等职业教育是高中阶段教育的重要组成部分，重点培养技能型人才，发挥基础性作用；高等职业教育是高等教育的重要组成部分，重点培养高端技能型人才，发挥引领作用。

现阶段，国外主要有以下几种中、高职衔接的人才培养模式。

（1）以英国为代表的文凭等值衔接模式。该模式的特点是国家出台职业资格制度，认可不同层次职业资格与相应学校教育文凭的等值关系，并使二者具有升学与就业的同等效力，职业资格的获得者由此取得接受高等教育的权利。

（2）以德国为代表的预备教育（专门补习或工作经历）衔接模式。该模式强调中职学生除了具备高中毕业的文化程度外，还要参加专业补习或积累一定时间的从业经验等才能获得高职教育的入学资格。

（3）以美国为代表的教学大纲与内容的衔接模式。该模式认为中高职教育的教学内容和课程结构具有延续性和连续性，它们之间通过系统衔接的方式接轨；中职与专科层次职教大纲或课程呈现系统性，通过大纲与课程的对接保障这两个层次的职业教育的顺利衔接。

而在国内，中、高职衔接人才培养模式的研究还处于起步阶段，目前大多采用"对口招生""分段贯通""五年一贯"的模式。2014 年，广西高职院校开始自主对口招生，在实践过程中，中职与高职院校一直在不断探索高技能人才选拔培养机制，以提高高端技能专门人才的培养质量，促进中、高职教育协调发展。

此外，随着我国基础建设的大力发展，我国已经成为全球最大的制造和使用工程机械的国家之一。并且，随着科技的进步和发展，设备对人才的要求也越来越高。传统中职工程机械运用与维修专业的学生已经不能满足社会的需求。但是，在工程机械专业中高职衔接领域中，无论是课程体系衔接还是师资队伍的培养、教材的开发以及评价体系等，都缺乏系统的研究和实践反馈。

柳州市第二职业技术学校的工程机械运用与维修专业历史积淀深厚，是柳州市唯一开设此专业的中职院校。2014 年起，我校陆续与柳州市铁道职业技术学院、柳州职业技术学院等区内高职院校签订中高职合作协议，工程机械运用与维修（中职）与铁道工程技术、铁道工程施工、城市轨道交通控制（高职）等专业紧密结合，形成“1+3”及“2+3”两种中高职衔接办学模式，为开展工程机械专业中、高职衔接人才培养模式实践与研究提供了条件。

二、研究措施

1. 与高职紧密合作，开设工程机械专业中高职衔接实验班级

签订《柳州铁道职业技术学院、柳州第二职业学校合作办学“共同体”》协议，成立合作办学“共同体”工作小组，形成3个中高职衔接班级，其中工程机械专业设2个班级，为课题的实施开展搭建了良好平台。

2. 合理定位中高职人才培养目标

根据调研结果及《教育部关于推进中等和高等职业教育协调发展的指导意见》（教职成〔2011〕9号），中职学校主要培养操作型、技艺型，定位于掌握专业技能的操作人员，高职院校主要培养技术型、管理型和指导型，定位于从事经营管理和技术指导第一线工作的高端技能型人才。因此，在工程机械专业中高职衔接人才培训目标的定位上，我们既要保证中高职人才培养目标的一脉相承、层层递进，又要兼顾不同学段对应职业能力特点及学生特点。

3. 构建中高职一体化课程体系

通过完善的市场调研，根据工程机械专业中高职一脉相承的培养目标，我们对工程机械专业中高职课程体系进行了一体化设计，将高职课程的部分基础内容精简或下移放入中职，而中职课程内容围绕提高学生的基本技能合理划分课程结构和层次，充分体现课程的梯度和层次。

4. 开发中职学段校本教材

我国中高职衔接尚处于起步阶段，工程机械专业中高职衔接的教材尤其是中职学段的教材极度匮乏。为了解决这一问题，我们根据中高衔接一体化课程体系的设置，积极组织教师开发适用于中职学段的校本教材。如编撰完成的工程机械专业中高职衔接中职学校校本教材有《语文》《机械制图》。

5. 加强教师队伍建设，为中高职衔接提供保障

教师是教育质量的关键因素，教学团队是教育改革的核心力量。要实现中高职教育有效衔接，彼此的了解、理解和信任非常重要。为加强工程机械专业中高职衔接班级教师队伍建设，提高教师业务水平，我们采取搭建QQ群等中高职对口专业教师沟通平台，组织相关教师参加专题研修培训，与兄弟学校开展学术交流、与高职院校对口专业教师组建教学团队等方式让中高职院校教师互相参与专业教学团队活动，甚至让别校教师成为彼此团队的成员，在共同学习、探讨和教育教学实践中提升能力素质。

三、研究结果及分析

（一）人才培养模式“一体化”设计是工程机械专业中高职衔接的基础

笔者通过研究发现，中高职的工程机械专业在人才培养目标、课程标准、课程设置、教学评价等方面存在大量“脱节”或“交叉重复”现象。以“培养目标”为例：在中等职业教育学段，工程机械专业的人才培养方向从以“就业”为主转变为“就业”和“升学”的双重方向，但是人才培养方案的调整相对迟缓，“升学”和“就业”方向的人才培养目标没有明确区分，更谈不上与高职对口专业人才培养目标保持一贯衔接。而大多数高职院校由于办学条件、办学模式和师资力量的不同，各校对口专业的人才培养目标也不尽相同。此外，高职院校普遍缺乏对中职工程机械专业的人才培养模式的了解。在此情况下，工程机械专业中高职的培养目标很难形成有效、有序、逐级提升的理想培养目标层次，从而实现中高职的有效衔接。此外，在对工程机械专业中高衔的研究中，大多教师仅针对课程体系的衔接与构建开展研究与探索，涉及其他方面的内容很少。

笔者认为，人才培养模式的各个组成部分是密不可分的，彼此影响，彼此制约。因此，本课题立足中职工程机械专业，力图从培养目标、课程体系、校本教材开发、教育教学评价等方面，全面、系统地对工程机械专业中高职衔接人才培养模式进行实践研究与探索。2016 年 4 月，我们在充分调研及教学实践的基础上，制定了《工程机械专业人才培养方案（适应于对口升学班）》。该人才培养方案的制定，是工程机械专业中高职衔接人才培养的总体设计蓝图和实施方案，是落实学校办学指导思想、体现学校办学定位、实现人才培养目标、确保人才培养质量的主要保障，为今后工程机械专业中高职衔接安排教学内容、组织教学过程、开展教学改革、配置教学资源提供了理论依据，也是学校进行教育教学质量监控与评价的基本依据。

（二）课程体系“一体化”设计是工程机械专业中高职实现“内涵”衔接的保障

研究发现，课程体系衔接是中高职衔接的重点、难点问题。在工程机械专业中高职课程体系衔接中，同样存在内容重复、缺乏教材等难题。

首先，工程机械专业中高职课程自成体系，缺乏整体设计的状况一直没有得到改善。在中职学段，由于缺乏教学指导和配套教材，工程机械专业大部分采用中职“就业”班级的课程设置，仅相对增加考试科目的课时数。而高职院校则大多采用将中职升学的同学打散编入高考升学班的形式，将中职对口升学学生与高考升学学生等同对待，并未针对中职升学学生特点对课程进行调整。不同学段课程自成体系，必然会导致工程机械专业中高职衔接缺乏内涵的支撑。

其次，中职学段课程标准不明确。在中高职衔接过程中，中职课程标准必须与高职院校保持在“一个目标的不同发展层次”上，这就意味着中职课程标准要接受高职的制约。然在实践过程中，不同的高校培养目标存在差异，对中职学段的课程标准提出不同的意见，同一所高职学校的意见也存在前后不一、多次反复的现象。因此，中职学段仍缺乏明确的课程标准。

在工程机械专业中高职衔接相关管理人员、专业骨干教师、专业建设指导委员会的共同参与下，以国家行业标准为指导，我们制定了以中高职有效衔接为前提的中职工程机械专业衔接模式课程标准，重构工程机械专业中高职衔接课程体系。同时，与合作高职相关专业骨干教师对高职专业课程标准的修订进行探讨。

（1）加强公共基础课程模块衔接。

公共基础课程不仅是工程机械专业中高职课程衔接的基础课程，也是对口升学考试的重要部分。因而，在中职学段，我们根据高职招生考试中的文化基础课程“考试大纲”标准，对照中高职文化基础课教学课程体系，保持教育部规定的中职原有教学体系，增大语文和数学的课时量，采用学科模式教学，构建文化素养课程衔接模块。

（2）构建职业素养课程衔接模块。

根据“高职专业基础课考试大纲”标准和“职业技能专业能力要求”标准，对照中高职专业基础课教学课程体系，减少两门专业性强且中职教学难度较大但不影响专业技能课的学习，并且在高职课程体系中而不在升学考试科目范围内的专业基础课，避免课程的简单重复；增加一门在升学考试科目范围内的专业基础课，采用学科模式进行教学，以完整的工作过程为导向设计教学情境，将“工作过程（技能获得）”与“学习过程（知识获得）”整合为一个整体，构建职业素养程衔接模块。

（3）构建职业技能课程衔接模块。

根据“就业岗位技能”标准，采用任务模块教学，建设以工作过程为导向的任务课程，培养学生的岗位技能，增加中高职重叠开设的专业技能课程课时，提高学生技能基础，一方面满足学生因升学失败就业所需的一定职业岗位技能，一方面和高职院校真正实现专业技能对接，一方面解决学生在高职招生中的面试考核；减少需要到企业实践才能掌握的企业实习课程和工程机械维修特定岗位技能的两门课程。

总之，要解决中高职教育课程体系衔接中所存在的问题，实现有效衔接，必须以整个中高职教育为出发点，制定统一的培养目标、教学计划、教材，统筹课程内容，在职业能力培养方面积极推行国家职业资格证书制度，由低到高与中高职教育相匹配，使中高职教育充分发挥整体效能，为社会培养更多的不同层次的技能型人才。

2. 开发工程机械专业中高职教育衔接中职校本教材

我国中高职衔接尚处于起步阶段，工程机械专业中高职衔接的教材，尤其是中职学段的教材极度匮乏。为了解决这一问题，我们根据中高职衔接一体化课程体系的设置，积极组织教师开发适用于中职学段的校本教材，如编订的《语文》《数学》《机械制图》《电工基础》四本校本教材，其中《语文》《数学》为公共基础课教材，《机械制图》《电工基础》为专业基础课教材。这四门学科均为工程机械专业对口升学考试内容，为目前对教材需求最迫切的学科。

公共基础课程《语文》教材分语文基础知识、古诗文阅读、现代文阅读、文选及模拟题五个模块，侧重对学生语言文字基础知识的训练。

《机械制图》教材侧重对学生进行专业基础知识及操作技能的训练。

目前，《机械制图》和《语文》课程教材已经编写完成。

（三）加强工程机械专业师资队伍建设

1. 加强校企合作，引进企业优秀人才

通过与广西柳工机械股份有限公司等企业的密切合作，从企业聘请了大量的技术骨干来校担任兼职教师，有效地补充了学校专业教师队伍。这部分兼职教师不仅承担了该专业相当数量的专业技能课的教学任务，而且他们本身的高技能也足以满足中高职衔接模式对于实践技能教学的需要。他们还对中高职衔接模式的课程开发任务和教学任务提出了有效的意见和建议。

2. 加大政策保障力度，建立健全的师资管理机制

（1）坚持“引进来，走出去”的培训方针，稳步进行教师培训工作。搭建中高职教师交流合作平台，定期选送教师到外地培训、学习及到企业挂职等方式，努力打造具有高素质、高技能的专业带头人、“双师型”骨干教师等优秀教师群体。

（2）建立教师自我进修和提高的管理制度。学校通过建立完善的制度，采取报销部分学费和给予其一定补助等方式，鼓励教师攻读更高层次的学历以及参加各类职业培训，考取相关职业资格证书，以此提高中职教师的整体学历和综合专业素质。

（3）青年教师承担着学校相当数量的教学任务，因此对于这一队伍的培养就尤为重要。学校应集合人力和物力资源，加强对初入校的年轻教师的教学指

导，使新教师尽快适应学校的教育教学工作，教学业务能力得到快速提升。

（4）做好教师激励机制，建立合理和完善的职称评、聘、考核以及收入分配机制，适当向专业带头人、骨干教师，高学历、高技能一线教师倾斜。

实践证明，以上这一系列人性化的师资管理措施，极易增强教师对于学校的认同感和归属感。只有当教师真正做到爱校如家、以校为荣，学校各方面的工作才能顺利地推进。

四、研究成效

1. 对工程机械专业中高职衔接人才培养模式进行了完整的研究

本课题从培养目标、课程体系、校本教材开发、教育教学评价等方面系统地对工程机械专业中高职衔接人才培养模式进行了实践研究：项目负责人卢友彩完成论文《工程机械专业中高职人才培养方案衔接实践研究》，并发表在《课程教育研究》刊物上；课题组成员先后撰写论文《工程机械运用与维修专业中高职衔接语文课程教学问题探究》（蒋柳佺）、《工程机械专业中高衔接现状及对策研究》（张剑曦）、《广西中高职衔接人才培养质量保障体系的构建研究》（周澜）、中高职工程机械专业课程体系衔接探索（薛文灵）、《中高职工程机械专业师资队伍建设研究》（吴冰），并发表在《广东教育》《广西教育》《教育观察》等刊物上。

与目前普遍单一研究工程机械专业中高职衔接课程体系构建的项目相比，本课题更系统、更全面，研究成果更可靠。

2. 制定中高职衔接中工程机械专业课程标准及人才培养方案

在工程机械专业中高职衔接相关管理人员、专业骨干教师、专业建设指导委员会的共同参与下，我们先后制定了“1+3”“2+3”两种工程机械专业中高职衔接模式课程标准，同时对相应的高职专业课程标准进行了修订。在此基础上，结合工程机械专业中高职衔接培养目标、课题体系一体化构建、师资队伍建设等内容研究成果制定了《中高职衔接中职工程机械专业人才培养方案》。该课标和人才培养方案的制定，是工程机械专业中高职衔接人才培养的总体设计蓝图和实施方案，是落实学校办学指导思想、体现学校办学定位、实现人才培养目标、确保人才培养质量的主要保障，为今后工程机械专业中高职衔接安排教学内容、组织教学过程、开展教学改革、配置教学资源提供了理论依据，也是学校进行教育教学质量监控与评价的基本依据。

3. 丰富了中高职衔接工程机械专业在中职学段的教学资源

长期以来，工程机械专业中高职衔接人才培养都处在“摸着石头过河”的阶段，教材、教辅、实习实训指导等教学资源极度匮乏。本课题在总结实验班的教学经验上，在中高衔接中工程机械专业课程标准及人才培养方案的指导下，积极开发校本教材、建立教学资源库。目前，已经开发了《语文》《机械制图》两本校本教材。而相关课题“工程机械专业中高职衔接教学资源库的开发与建设”已在学校校级课题中立项。

五、结语

总之，要解决中高职教育课程体系衔接中所存在的问题，实现有效衔接，必须以整个中高职教育为出发点，制定统一的培养目标、教学计划、教材，统筹课程内容；在职业能力培养方面，积极推行国家职业资格证书制度，由低到高与中高职教育相匹配，使中高职教育充分发挥整体效能，为社会培养更多的不同层次的技能型人才。

参考文献

[1] 孙爱武．高职本科机械电子工程专业人才培养模式实践探索——以南京工业职业技术学院为例［J］．职业技术教育，2015（35）：12－15.

[2] 于星胜．汽车检测与维修技术专业中高职衔接的人才培养方案的研究［J］．读书文摘，2015（14）：96.

[3] 张红岩．高职院校多元化校企合作模式的创新与实践——以工程机械运用与维护专业为例［J］．辽宁经济管理干部学院（辽宁经济职业技术学院学报），2014（06）：78－79.

[4] 于星胜．中高职衔接的汽车检测与维修技术专业课程体系衔接的研究［J］．科技展望，2015（13）：282.

[5] 郭春梅．从中高等职业学校专业教学标准看中高职课程衔接——以中职化工机械与设备专业与高职化工设备维修技术专业为例［J］．技术与教育，2015（02）：38－40，51.

[6] 高素琴，刘勇兰，高利平．基于职业能力发展的中高职衔接人才培养方案研究与实践——以数控技术专业为例［J］．职教通讯，2017（02）：25－28.

以企业需求为导向的中职“汽车销售实务”课程改革探析

韦江彬

柳州市第二职业技术学校　广西　柳州

摘　要　随着我国家用汽车的普及，全国各地汽车4S店的销售业务急速发展，不仅对汽车销售岗位的需求越来越旺盛，也对汽车销售人员的素质能力要求越来越高。本文根据笔者多年从事中职汽车营销专业教学的经验，结合中职学生的实际情况，有针对性地对汽车销售实务课程进行研究，逐步摸索出一些面向汽车4S店汽车销售顾问工作岗位需要且适用于中职学校的汽车销售实务课程改革方法。

关键词　中职；汽车销售实务；课程改革

【课题项目】“以企业需求为导向的中职‘汽车销售实务’品牌课程建设”，批准号：GXZZJG2015B079。

当今社会汽车产业发展迅猛，家用汽车的普及程度呈急速上升趋势，汽车4S店作为家用汽车销售的重要渠道，对汽车营销人才的需求越来越大，因此全国许多中职学校针对这一形势纷纷开设汽车营销专业。汽车营销专业主要面向汽车4S店培养汽车销售顾问、汽车售后服务顾问、市场专员、客户服务代表、展厅前台接待员等汽车营销类人才，其中汽车销售顾问是中职汽车营销专业人才培养的主要岗位。

一、“汽车销售实务”课程地位和培养目标

“汽车销售实务”作为中职汽车营销专业的核心课程，立足于汽车4S店的汽

车销售顾问岗位，旨在培养学生的汽车销售实际应用能力，内容包括面向汽车销售顾问岗位所需的知识和技能。该课程的前置课程有“汽车市场营销”“汽车文化”“汽车构造”等。在前置课程学习的基础上，“汽车销售实务”课程开设时间通常安排在二年级上、下两个学期，总学时数不少于120节，并以实训课程为主、理论课程为辅。

课程的培养目标主要有以下几点：①了解汽车营销人员应具备的职业操守与职业态度；②了解汽车销售工作流程；③了解各类一线车型的基本情况，如价格、配置、性能特点等；④了解不同类型车辆的销售特点，如轿车、SUV、MPV等；⑤掌握与客户沟通、销售话术、谈判话术、分析客户心理的技巧；⑥掌握商务交往中的礼仪以及待人接物的技巧；⑦掌握汽车保险知识、金融信贷知识。

二、传统“汽车销售实务”课程教学中存在的问题

（一）课程设计不合理、教材不适用

传统“汽车销售实务”课程在内容设计中偏重于营销理论，缺乏对销售流程和销售业务技能的描述，不贴近实际。很多中职学校所使用的“汽车销售实务”教材内容宽泛、结构复杂，大多定位于高职汽车营销专业，并不适合中职学生学习。如人民交通出版社于2008年出版的《汽车销售实务》、清华大学出版社2012年出版的《汽车销售实务》等，教材内容主要着重于介绍汽车营销知识以及汽车营销管理知识，内容上虽涵盖了汽车营销、汽车文化、汽车构造、配件营销、汽车租赁、汽车保险、二手车交易等众多方面，但没有突出汽车销售岗位工作的实践内容。

（二）教师专业不对口、无实践经验

中职学校汽车营销专业教师大多是从其他专业转行过来，来源主要有两个：一是市场营销专业教师，虽然具备管理、经济、法律、市场营销等方面的知识和能力，但对于汽车产品、汽车行业相关的知识缺乏相应的了解；二是汽车维修专业教师，虽然熟悉汽车构造与原理、汽车检测设备使用、汽车故障诊断、汽车机电维修技术等多方面的知识技能，却对营销知识不甚了解。由此导致这两类教师在实际教学中不是“重营销轻汽车”，就是“重汽车轻营销”，没有能够根据工作岗位实际情况把二者有效地结合起来。而“汽车销售实务”作为实践性较强的课程，如果教师缺乏工作经历，上起课来就会非常吃力，也容易在教学过程中脱离实际，向学生传导错误的信息。

（三）实训条件无法满足教学需要

“汽车销售实务”作为一门以实训教学内容为主的专业核心课程，对实训场地依赖性很高。但目前很多中职学校仍以教室为授课地点，过度依赖 PPT、视频等教学方式授课，甚至只根据教材照本宣科，造成学生在技能上得不到有效的锻炼，汽车销售流程中的“展厅接待”“六方位绕车”“试乘试驾”等教学内容更是无从谈起。

三、“汽车销售实务”课程改革建议

（一）要从岗位工作实际出发进行课程设计

在开展课程设计工作时，通过到汽车 4S 店对汽车销售工作岗位进行实地调研或对往届汽车营销专业毕业生的追踪调查，组织企业专家和汽车销售业务骨干对课程设置进行论证，确定汽车销售岗位典型工作任务以及相关能力要求，为课程确立人才培养目标。为贴合企业用人需要，“汽车销售实务”课程设计应以实际工作过程为主线，以真实工作中所需的知识、技能为出发点，以学生掌握汽车销售的手段和方法，培养学生运用专业知识解决实际问题的能力，让学生逐渐形成汽车销售及相关服务所需的职业能力。

课程内容编排需从汽车销售岗位实际工作过程出发，按照售前准备、展厅接待、需求分析、产品介绍、试乘试驾、异议处理、洽谈成交、新车交付、售后服务这八大销售流程分别设计学习项目，每个项目下又可细分子项目，如产品介绍项目下的子项目可设为 FAB 话术、6 方位绕车介绍、汽车产品知识、竞品话术等，做到课程结构明确，教学主线清晰。

（二）教材选订应围绕学生实情突出实用性

在教材征订上要尽量选择适合中职生的教材，根据中职生的能力基础和学情，所选择的教材应更倾向于实践应用。如有条件可针对学生的实际情况编订校本教材，总之要使课程和教材不仅能满足企业的需要，更要适合学生的实情。

（三）通过“走出去”“引进来”，优化教师队伍建设

（1）“走出去”。学校应创造条件，让专任教师利用业余时间“走出去”，多到企业中走访调研，或是参加企业培训、在企业里挂职锻炼，只有让教师经历真

实的工作场景，才能够提高其实践教学能力，在教学中做到有的放矢，教给学生真才实料的知识。

（2）“引进来”。学校可从企业中引进优秀人才，让具有丰富一线汽车销售工作经验的汽车 4S 店业务精英到学校里担任兼职教师甚至全职教师，让其参与到汽车销售实务课程教学中来，这样一来学生就能按照真实的工作要求学习，并吸取到优秀的汽车销售实战经验。

（四）建立校企合作关系，加强课程实践锻炼

（1）学校可与本地汽车 4S 店建立校企合作关系，将课堂搬到汽车 4S 店中，这样，学生就可通过在店里观摩学习汽车销售业务活动，在真实的环境下实地体验学习，将学习中遇到的问题在销售现场解决。这种教学方式增强了学生学习的主动性，学生通过实践、思考、探讨锻炼了销售能力，未来更可实现零距离上岗。

（2）定期邀请企业专家或业务骨干到学校开办讲座，向学生介绍企业文化、岗位工作要求、岗位能力素养等知识，是强化技能型人才培养的有效措施。通过这样的方式，可为学生提供最直接的就业指导，解读专业知识在企业岗位中的应用，帮助学生了解企业管理模式，以提高其核心竞争力。

（3）笔者所在学校经常与本地各大汽车 4S 店联合举办校园车展活动，由汽车营销专业学生担任见习销售顾问参与到车展销售活动中，学生不用走出校门即可把课堂上学到的汽车销售知识技能拿来应用。这样的实战演练锻炼了学生的销售能力、提高了销售技巧。

（五）建设符合汽车销售工作情境的实训场地

汽车销售是一项对实战技能要求较高的工作，为更好地开展“汽车销售实务”课程教学活动，汽车营销专业应模拟汽车 4S 店展厅建设实训教学场地，为课程的实训教学提供良好的实训条件保证。为使学生尽快地从学生角色转换到员工角色，在实训教学中要通过销售任务布置、模拟训练等环节引入真实的销售活动情境，让学生身临其境地进行学习，真实地感受汽车销售岗位工作，激发学生情感、帮助学生理解重难点，从而提高教学效果，为学生进入企业打下坚实基础。

参考文献

［1］陶安．以企业需求为导向的网络营销课程改革［J］．电子商务，2012（12）．

[2] 毕荷. 谈中职汽车营销专业课程的设置 [J]. 辽宁师专学报：社会科学版，2011 (3).

[3] 唐赛. 浅析中职汽车营销专业课程设置的几点思考 [J]. 中国科技新闻数据库，2016 (09).

[4] 程艳. 基于工作过程的高职汽车销售实务课程设计 [J]. 辽宁高职学报，2011 (09).

曙光初现路漫漫

——中学乐高机器人教学的实践与探索

涂　俊

柳州市第二职业技术学校　广西　柳州

摘　要　本文反思了当前中学机器人教学的现状。我校通过开设试验课，针对乐高机器人的教学模式和方法，根据相关的教育理论，展开了实证性研究，用四点具体实践加以论述，提出了中学乐高机器人教学应注意的三个问题和遵循的三个原则。乐高机器人促进学生全面发展的优势是以往普通学科无可比拟的，要积极尝试、归纳、总结和丰富中学乐高机器人教学的模式和方法。

关键词　乐高器材；机器人教学；整合

一、中学机器人教学的现状

中学机器人教学的目标是：培养学生对智能机器人的兴趣，让学生了解和掌握以智能机器人为载体的通用技术与信息技术的基本知识和技能，了解技术的发展及其应用对人类生活和科学的深刻影响；通过智能机器人课程培养学生良好的信息素养、创新精神和实践能力；教育学生正确认识和理解技术与文化、伦理和社会等问题，树立正确的技术观。

只有达到上述目标，形成信息素养，并内化为自身的思维习惯和行为方式，培养学生学习机器人的意识和兴趣，培养学生的创造精神和实践能力，才能真正发挥智能机器人对学生全面协调发展的推动作用，使学生适应未来社会的学习、工作和生活的需要。

反观目前机器人教学的现状，部分教师存在一些不正确的认识和做法，具体表现在以下三个方面。

（1）部分教师认为教学手段先进了，教育思想便先进了，于是课堂上虽然应用了实物展台、多媒体设备，但依然采用传统的教学模式，教师是讲解的中心，讲授全部的搭建，学生是被动的接收者，无法体会创造性拼装的乐趣。

（2）仅仅把智能机器人作为比赛的工具，竞赛辅导成了知识、程序的简单灌输。学生也只是听、看，没有实际操作的机会，仍是被动型的学习，没能真正发挥主动性。

（3）忽略了教师与学生的互动关系，忽视了教师与学生人文交流，课堂上出现教师围绕机器人套材，单纯操作、拼装、编程，以机器为中心的情况。

因此，机械的机器人教学是一种现代化的“注入式”教学，是旧瓶装新酒。

二、中学机器人教学的改进目标

为了改变现状，实现中学机器人的培养目标，我们有必要开展真正意义上的机器人教学，即不是简单地把机器人作为参加比赛的工具用来获奖逐名，而是要实现信息技术与机器人教学的“融合”。在建构主义学习理论的指导下，把以学生全面发展为核心的培养目标与机器人教学整合，作为促进学生自主学习的认知工具与情感激励工具、丰富教学的创设工具，并将这些工具全面地应用到课堂教学过程中，使各种教学资源、各个教学要素和教学环节，经过整理、组合、互相融合，在整体优化的基础上产生聚集效应，从而促进传统教学方式的根本变革，也就是促进以教师为中心的教学结构与教学模式的变革，体现学生是学习发展的主体，从而达到培养学生信息素养、创新精神和实践能力的目标。

三、中学机器人教学的实践

建构主义认为：知识不仅仅是通过教师传授获得的，而是学习者在一定的学习环境下，借助他人的帮助，如人与人之间的协作、交流，利用必要的信息等等，通过有意义的建构而获得；理想的学习环境应当包括情景、协作、交流和意义建构四个部分。学习者是学习的主体，学生自主探究，主动学习；学习过程是学生自主建构的教程；教师是意义建构的设计者、促进者和引导者，主要是激发学生的学习动机，引导和帮助学生的意义建构。

基于建构主义的现代教育技术理论真正实现了对学生学习的设计，应用现代教育技术手段组建多媒体教学网真正实现了建构有效的学习环境。以此为契机，几年来，我们尝试利用我校信息技术的优势，在机器人教学中，进行了积极有效的实践和探索，以下是我们的思路和做法。

（一）优化学生的学习情境

智能机器人集合了计算机、声、光、电等多种技术，可以让学生全面接触传感器、计算机软硬件、人工智能、自动控制等高新科技知识，营造出虚拟现实情景，使学生闻其声、临其境、入其情，创设了良好的学习情境，为学生全面协调发展奠定了基础，能够激发学生的兴趣，培养学生的综合思考与动手能力、团队合作精神、创造能力和进取精神，也便于学生主动探索，积极进取，使学生愿学、乐学和会学。

在教学活动中，首先，利用学校拥有高速宽带网络和我校学生计算机水平普遍较高这个优势，引领学生在互联网上大量浏览形形色色的机器人图片、文字、视频资料。通过这些形象直观的材料，再加上课堂上展示的声控机器人、灭火机器人、跳舞机器人等实物，声光电综合运用，营造出虚拟现实情景，让他们在脑海中建立起一个“模糊”的机器人概念。

其次，选拔和成立多个兴趣小组，让兴趣浓厚、能力较强并且自愿参加、家庭支持的学生以 5 ~ 8 人组成小组进行有特色的小组活动。学生通过自身的实践，对机器人形成了具体的感知和操作。在平时的教学过程中，让这批骨干力量作为老师的小助手带动其他同学共同学习，以“点”带“面”，逐步提高教学质量，同时这些“小老师”也有一种成就感。我们还将各级、各类比赛、观摩都视为开阔眼界、增长见闻的契机，不但努力借鉴同级别选手的设计方案，也不放过向其他学校学习的机会。

再次，充分主动地向学生家长讲解、介绍乐高机器人的知识，定期开展机器人亲子活动，邀请学生家长与孩子共同学习及共同完成作品。这样不仅加深了家庭成员之间的亲情关系，还提高了学生的思维能力、动手能力及合作能力，得到了家长的普遍认可，许多家长成了孩子学习机器人的积极支持者。一位家长的发言代表了大多数家长的看法：“我是做电脑程序的，一直以为编程在大学才学，小孩子怎么会呢？机器人只不过是个玩具罢了，现在看来，智能机器人的形象直观，孩子从中学点编程，对他们今后的学习是有好处的，这样把机器人的课堂研究延伸到课外，延伸到家庭中，为孩子家庭化学习创造了条件，从而构建起学校社会、家庭三个维度的立体的学习空间。”

学校和教师通过优化学习情境，激发了学生的学习兴趣；让学生动手做一做，跟同学赛一赛，巩固并扩展了课上所学的知识，并使学生的合作能力、实践能力等得以提高。正像布鲁纳所说：“学生的最好刺激乃是对所学学科的兴趣，它是推动学生学习的内部动力。”

（二）优化学生的自主探究

自主探究学习是教育理论界积极倡导的学习观，也是教育实践者苦心追求而未至的境界。受传统教学手段的制约，自主探究学习始终是水中月、镜中花，而利用以机器人教学为代表的新型教学，可促使理想变为现实。

智能机器人教学强调对个体教育的关注，这种教育的教学设计和教学方式避免了传统教学不能充分适应个性差异、无法照顾每个学生的兴趣的现状，可以为每一个学生定制适合他的教育方式，正如服装设计的量体裁衣，更好地体现了教育的人文关怀。

（1）教师预先收集相关资源，建立“电风扇的发展”主题网页，从搭建风扇的样子到搭建能手动的风扇，再到能电动的风扇，最后到能自动温控电动风扇，图文并茂，影音动画，一应俱全。要求学生在网站上自由地浏览，再根据“自主学习任务卡”上的内容，小组合作，由浅到难，从构思、设计、搭建到编程、调试，循序渐进地自主探究。

（2）小组成员分员分工协作完成教师布置的思考题，在班上汇报本小组的学习成果及发现的问题。

（3）在各组汇报的基础上，师生共同交流，探究问题的实质，想出解决问题的办法。任务中四个题目层层推进，让学生经历了一个完整的思维过程，起到了非常好的效果。现在很多经历过这样训练的学生也已经熟悉了用模块设计并层层推进的方法来完成他们自己构思的大课题。

这样，学生自己上网浏览、观察、分析、讨论，将所需的相关知识总结了出来，自主地将生活知识系统化，低时高效地完成了学习任务，自信心受到很大鼓舞。加之多媒体网络的刺激让学生对已有的知识已不再满足，学生们兴奋地提出问题：怎样设计能够吹出睡眠风的机器人？电风扇能否自动摇头呢？……而对学生们要求不一、纷繁的提问，教师指指电脑说：“请自己到网上查询，网站上提供了丰富的资源和答案，你们一定能解决这些问题的！”这样，学生各取所需、自由自在地在主题网站上畅游，满足了他们不同的需要，然后小组合作，动手拼装，更快、更好地完成任务。优等生从被动等待中解放出来，差等生从被动压抑中释放出来；智能机器人课堂教学呈现出多边互动、轻松愉快、生动活泼的场面，每个学生都在自觉地寻求知识、发展自己。于是主动性、积极性、趣味性由于机器人技术的介入而融为一体，学习效率和教学方法相应得到了提高。

智能机器人具有集声音、感光、电力、触感等多种功能于一体的特点，它可以利用视觉、听觉效果方面的独特优势，为学生提供丰富的资源，这远比单调的教学手段要更具吸引力和感染力，提高了学生的自主探究兴趣。

（三）优化学生的主体地位

新课改精神凸现了学生的主体地位。在机器人教学中，教师的作用由知识的授者、灌输者转变为学生主动建构知识的帮助者和促进者。学生取得学习的自主权。每位学生的能力不同，他们可以根据自身的情况有选择地学习。学生在学习内容上可以有针对性，自己认为难的，多看多想和同学们多讨论；而自己觉得容易的，则可少花时间。在动手拼装时，学生可以根据自己的实际情况选做不同难度的任务，甚至可以根据喜好选做不同的题型。

例如，教师在辅导学生的时候绝不会手把手教学生，或者自己做好，让学生来模仿。学生遇到问题来时，教师只给思路不给方法。表面看起来似乎教学有偏差，不热心为学生解决问题，但其实机器人的项目训练并不是做题目，没有标准答案，解决的手段多种多样，最有价值的解决思路往往在不断改进。作为教师，同时也训练自己的反应能力和知识迁移能力，扩展了知识面。教师给出思路后，应该由学生自己来完成。机器人项目中很多是需要编程的，教师不能直接讲解，因为指导太多反而会限制学生思路，导致学生缺少思考实践的经验，让学生在自己的实践中把思路和制作方法融会贯通，成为自己的直接经验是教学的最终目的。

这个思路是在一定的教学实践基础上结合建构主义理论所确立的。从建构主义的观点来看，学习是学习者主动的意义建构过程，学习是否发生，关键在于学生是否学，而不是在于教师是否教。获得知识的多少取决于学习者根据自身经验去建构有关知识的意义的能力，而不取决于学习者记忆和背诵教师讲授内容的能力。教学实验研究表明，在教学中以学生为中心的方式更有利于依赖型学生的学习。机器人教学需要的是拥有独立思维能力的学生，而不是只会模仿的学生。要让学生明白从机器人这里只能得到思路，而所有的加工调试都要靠自己，比赛成绩不好没关系，重要的是过程中所得到的经验。

（四）优化学生的协作学习

在传统的教育行为中，我们非常重视知识的传授与继承，在教学方式上也经常是教师与学生之间的单项交流，而忽视了学生与学生之间的互动、交流、合作，造成许多学生不会处理在与他人沟通时发生的人与人之间的“行为问题”。对学生之间发生的“合理冲突”，教师经常提前介入，表面上看起来，教师及时消灭和处理了学生之间的“问题隐患”，实际上是当事人推动了一次“情境式”学习的机会，而教师也将非常好的身临其境的“情境教育”机会给破坏掉了。

对学生来说，学会自我处理人与人交流合作的过程中发生的矛盾与冲突，是其成长的必由之路，没有人能够替代他学习、感悟、体会与人之间的沟通奥妙。

许多当代的科学家都认为自己的“电脑知识”是“玩”出来的，“机器人学问”是“组装与拆卸”出来的。我校的机器人科学课程就是一个教学生“玩”的课程，在课堂里学生不仅仅学习和“玩”有关的知识，还要学会如何与他人合作、交流，愉快地分享成果，共同承担责任，处理与他人之间的分歧与矛盾。

通过智能机器人可以提高学生团队精神，简单来说就是协作学习。其核心是协同合作、善待他人，乐高器材改变了孩子们的交往观念，学生们找到了自我表现的舞台，这是其他学科的教学很难实现的团队精神培养。

四、中学机器人教学应注意的三个问题和三个原则

创设智能机器人的教学是教育信息化的一个伟大实践。作为教师更应抓住机遇，在实践中不断总结经验，提高专业水平，同时应该注意到智能机器人本身有着一个巨大的开放空间，它会给教学实践带来一些负面影响，在以下几个方面，须加以努力。

（1）机器人提供了丰富的资源，但由于中学生的动手能力、处理能力还比较有限，学生容易迷航，教师要加以正确的引导，另外学生计算机编程能力有待加强。

（2）智能机器人教师起导航作用，因此教师在编程水平、教学方法乃至教学理念等方面都有待提高。

（3）机器人课堂不可控制的因素太多，学生上课时随意性很大，我们绝不能忽视思想道德建设，要帮助学生建立正确的信息技术道德规范，减少带来的负面影响，引导学生形成健全的人生观、世界观。

为此，中学机器人教学应遵循以下三个原则。

1. 科学性原则

机器人教学必须注意将中学课堂教学的组织形式与教材贴近，与教材的科学性结合，切忌牵强附会，表现手法和形式上也要严谨周密，紧扣教学目标，避免让学生产生错误的理解。

2. 实效性原则

机器人教学设计的任务要考虑效果是否达到预期目标。属于“画蛇添足”或效果不明显的就干脆不用或少用。为了实现教学目标，可灵活地选择恰当的教学方法和手段。运用现代教学媒体教学不是越多越好、越复杂越好，过多过滥就变成了玩耍，费时费力，又不利于教学效率的提高。

3. 最优化原则

教师要深钻教材，充分了解课堂教学目标内容的重点难点，了解传统的教学缺少什么（或者说要补充什么），设身处地地从机器人教学实际出发，在现代化教学理论指导下，使智能机器人的教学经验和最佳教学策略有机结合起来，体现最优化原则。

实践出真知，只有经过实践才能得到经验与教训，只有总结才能提高。中学智能机器人教学实践正处于起步阶段，难免存在这样或那样的问题，开展起来也会有这样或那样的问题，但是乐高机器人促进学生全面发展的优势是以往普通学科无法比拟的。教师要在现代教育理论的正确指导下，努力探索，大胆实践，认真总结，不断提高自身的能力和水平。

参考文献

[1] 徐爱平．让智能机器人教育进入中小学 [J]. 机器人技术与应用，2002 (7).

[2] 鹿慧君，李鹏．怎样开展电脑机器人活动 [J]. 中国科技教育，2002 (3).

[3] 彭绍东．论机器人教育 [J]. 电化教育研究，2002 (6).

[4] 张立杉．思想素质教育问题初探 [J]. 当代教育论坛，2003 (1).

中高职衔接背景下对口单招中职语文教学模式探索

陈　君

柳州市第二职业技术学校　广西　柳州

摘　要　随着高职对口招生规模的逐年扩大，选择就读“2＋3”或“3＋2”的中职生也在逐年增多。作为对口单招考试的文化基础课——语文，其教学不同于普通中职语文教学，而是比普通中职语文教学的要求更高了一个层次。因而有必要根据对口单招中职生的语文学习情况、教师教学现状、对口单招语文考试要点等进行分析，从而转变中职语文教学模式，调整教学内容、改进教学方法，为对口单招中职学生量身定做语文课程，以期探索出适应中高职衔接的对口单招中职语文教学模式。

关键词　中高职衔接；对口单招；语文；教学

国家教育部在《关于推进中等和高等职业教育协调发展的指导意见》中明确提出，要实施中高职衔接，系统培养高素质技能型人才。随着教育部改革方向的明确，高职对口招收中职学生的人数在逐年扩大，选择就读“2＋3”或者“3＋2”的中职生也逐年增多。近年来，语文作为中职文化基础课，因其成为对口单招考试的重点科目，而越来越被中职学生重视。但从广西区内对口单招考试结果来看，语文科目往往成为学生在文化基础科目考试的绊脚石，因此如何扭转现状，探索出一条适合中高职衔接的对口单招中职语文教学的道路势在必行。

一、对口单招中职学生的现状

为帮助对口单招的中职学生更好地进行文化基础课的学习，根据学生的自主报名，按照报名的学生人数，学校成立了4个“2+3”中高职衔接班。四个班级成立之初，以学生的中考成绩进行了排序，以了解学生的学习基础程度，但未根据成绩的排序来进行分班，因此四个班学生的学习基础参差不齐。通过近半年的教学发现对口单招学生语文学习情况如下。

（1）语文基础薄弱。通过平时语文教学及语文测试来看，学生字音发音不准、字形记不住、错别字多、对词语含义吃不透、语感较差。对课文的解析尤其是文言文的释译仅仅通过课本的注释无法完全明白大义，还需要借助工具书逐句逐字翻译才能明白文章的大致内容。只有少部分学生因为初中时期语文基础较好，能跟得上老师的授课进度。

（2）语文学习陋习明显。对口单招中职学生虽然一心想要升入大专进行深造，也在为这个目标而努力，但是语文学习的不良习惯难以改正。多数同学认为，语文作为母语，可以听得懂，老师上课当下记住即无须做笔记，同时学生没有开口读书、预习、复习知识的习惯。此外，学生学习主动性不强，需要老师千叮咛万嘱咐地强调背诵以及记住知识要点，才会拿起课本进行背诵、复习。

对口单招中职学生的语文基础薄弱、学习陋习多，直接导致了在语文考试上的挫败，一再在考试中挫败容易让学生产生自卑心理，如此更难融入语文学习当中，学习主动性和学习热情就会大打折扣，久而久之对语文学习失去了信心，语文学习也会进入一个“死循环”。

二、对口单招中职语文教师教学现状

教师在上普通中职学生时，语文教学注重配合专业课进行调整，例如，市场营销专业，教师注重该专业学生的口语表达能力；室内设计专业，教师注重该专业学生的文字表达能力；文秘专业，教师注重该专业学生的应用文写作能力；工科专业，教师注重该专业学生的阅读理解能力。因此，普通中职语文教学应作为一种应用型工具，通过让学生掌握语文这一工具，提高学生的文化素养，以达到育人的效果。普通中职语文应始终配合专业的需求更改教学模式。

中高职衔接背景下，对口单招中职语文教学要求语文教师不仅要注重为了配合专业课而凸显语文的应用性，还需要让对口单招中职学生掌握日常生活和职业岗位需要的现代文阅读能力、写作能力、口语交际能力，从语文基础知识、阅读与欣赏和表达与交流等三大方面进行语文教学，以此凸显对口中职学生语文教学中的语文学术性。加之中高职对口招生近两年来才在广西兴起，并无前车之鉴，这就对已经具有中职语文教学习惯的老师提出了新的挑战。语文教师需要边教学边总结经验边积累教学素材，还要在不断提高自身综合素质能力的基础上，提高思想素质和专业素质、具备多元教学方法、提升语文教科研能力。

三、对口单招考试考点简要分析

广西区对口单招考试已经进行了两年。对这两年的对口单招语文考试科目卷子进行分析，可以发现对口单招中职生考试着重考查学生的现代文阅读能力、初步的文学鉴赏能力和阅读浅易文言文的能力。

近两年，对口单招考试语文科目注重语文的工具性用途，基础知识部分涵盖了字音、字形、修辞等，偏重词语辨析、语感、语病题；阅读题涵盖了现代文阅读、诗文阅读和文言文阅读，偏重对文章的理解以及对文学常识的积累。例如，有一年古诗文阅读的考题为：在苏轼的《饮湖上初晴后雨》作品中，“欲把西湖比西子”中，“西子”指的是什么？这个就是对文学常识的积累，考的是学生的阅读量。

四、探索适合对口单招的中职语文教学模式

针对对口中职学生阅读量少、语感差、基础薄弱等学习现状，中职语文教师从普通中职教学模式转型到对口单招语文教学模式，打破了原有的教学思维定式。通过对对口单招考试考点的简要分析，可以发现对口单招中职语文应调整教学内容、改进教学方法。

1. 在语文教学内容上，开发对口单招语文教材

对口单招中职语文教学内容上要改变普通中职语文教学注重辅助专业课、对学生语文基础要求偏低、对口语表达及应用文写作偏高的现状，要针对学生情况进行分层分模块教学。在教学案例设计上，可以从学习内容的处理、学习活动的开展、评价方式的创建三方面结合具体的教学内容进行设计。例如，上现代诗歌课通过诗歌意象、诗歌意境的解读创设教学情境，让学生感悟诗歌的韵律美、画面美、建筑美等美感，享受学习诗歌的过程。

由于目前缺乏针对性强的中高职衔接语文教材，教学内容除紧跟文本（课本）之外，还需要对口单招语文教师将语文考点知识分成模块，有序整合开发出适合对口单招考试学生用的语文教材，为对口单招学生打造专属的语文课程，侧重基础知识、基本篇目、“阅读与欣赏”、“表达与交流”等，在这些方面提高对口单招中职学生的语文能力，从而提升语文素养。

2. 在语文教学方法上，注重分层分模块教学

在教学实践中，根据不同层次的学生采取不同难易程度的分层教学法，按照

不同的基础知识模块和阅读模块进行分模块教学法。对口单招语文课程应逐步形成相应的教学特点，即立足文本（课本）、重视基础知识、突出实用性、注重模块精讲精练。此外，在评价标准方面，强调夯实基础，突出能力、改革方法，享受过程、关注学习情感的三大评价标准，让学生享受语文学习的过程。

随着国家越来越重视职业教育的发展，中职升入高职继续深造成为当下的学生升学的又一热门渠道。而语文则是这条路上必须通过的一道关卡，打通这一关卡，让对口单招的中职学生能够在中职阶段的语文学习更具针对性，更凸显实用性。这就需要对口单招中职语文教师不断探索适合高职对口招收中职学生的语文教学模式，为学生今后的可持续发展打下坚实的基础。

参考文献

［1］刘红伟．中高职衔接问题初探［J］．湖北成人教育学院学报，2012，18（3）：6－8．

［2］张琳．中高职课程衔接初探［J］．科教导刊，2016，（20）：111－112．

基于创业工作任务模式的“软文推广”课堂教学实践

曾　春

柳州市第二职业技术学校　广西　柳州

摘　要　随着互联网的普及和新零售模式的发展，企业在品牌推广中已越来越离不开互联网，软文推广在借助网络这股东风之后，也上升到了一个新的高度，成为万千企业塑造品牌、提升知名度的重要途径。本文基于创业工作任务模式的“软文推广”课堂教学实践，针对新闻媒体软文推广、论坛推广、博客推广和事件推广进行课堂教学活动设计，将创业工作任务情境、工作任务目标、工作任务要求、工作任务分析、工作任务的实施和评价融入教学，提升学生的创新创业能力。

关键词　工作任务；软文推广；电商；创业

电子商务专业的课堂教学中，教师可通过精心设置工作任务情境，引导学生主动探究完成工作任务的形式与方法，激发学生的团队合作意识以及学习的兴趣和热情。工作任务的设置不仅需要联系企业实际，还需要使学生明确任务的知识目标、技能目标与情感目标，明确具体的工作要求，以及完成工作任务所需要的工具、材料、设备、资料和相对应的工作岗位，明确劳动组织方式，进行工作任务的分解，团队合作完成工作任务，并且设置任务评价，对工作任务进行评价和总结。

一、基于创业模式的“软文推广”的工作任务设置

（一）工作任务情境

爱创电商公司成员龙劲松、李博程、欧阳幂、王思纯和韦贝宁经过前期的市

场调研、选品，引入物流等一系列活动策划及筹备，万事俱备，只欠东风。公司开业之前必须进行宣传。如何提升爱创电商公司的知名度？如何提高爱创电商公司的影响力？客户只有先认可了爱创电商公司，才能认可爱创电商公司销售的产品。早会上爱创团队经过讨论后决定针对丑苹果产品进行创业活动宣传推广。

（二）工作任务目标

1. 知识目标

（1）理解创业活动宣传推广的具体要求。

（2）学习创业活动软文主流推广方式的不同特点。

2. 技能目标

（1）熟练处理软文图片。

（2）熟练撰写软文并进行编辑。

（3）熟练制作宣传小视频。

（4）熟练操作后台管理与发布。

3. 情感目标

（1）养成诚信宣传推广的良好意识，具有创新意识。

（2）养成审美意识，拒绝低俗媚俗的作品。

（3）养成规范意识，避免违规操作。

（三）工作任务要求

（1）熟悉互联网各种平台。

（2）具有一定的文字功底，熟练掌握新闻媒体软文推广、论坛推广、博客推广和事件推广的方法。

（3）熟悉推广及其他网络推广方式；具备一定的线上线下活动策划能力。

（4）负责撰写软文，包括营销广告、招商资料等的推广。

（四）工作任务分析

工具：Photoshop 软件、已注册的微信公众号、博客账号、论坛账号。

材料：公司信息、商品信息及卖点。

设备：电脑、网络、智能手机。

资料：软文推广的专业书籍和网站。

工作岗位：文案策划、美工。

劳动组织方式：组成小组共同完成任务。

二、基于创业模式的“软文推广”的工作任务分解

（一）新闻媒体软文推广（公众号、社群推广）

1. 工作任务背景

因爱创电商公司的丑苹果产品在市场上还没有知名度，创业之初，经团队讨论后落实了微信公众号推广方案，确定了丑苹果甜脆无渣、果核小、不施农药的产品特点，搜集了最新的热点事件、热词和经典软文案例来助力这次软文宣传推广。以讲故事的形式进行策划，突出丑苹果的稀缺和绿色美味，吸引消费者的关注。

2. 工作任务的实施

王思纯和团队成员经过讨论，整理完成表 1、表 2 和图 1。

表 1　新闻媒体软文推广的特点

负责人	任务内容	软文要求	推广效果
欧阳幂	负责软文撰写	新品推广以讲故事导入	故事的合理性、趣味性
李博程	软文图片处理	构图美观	具吸引力和营销力
韦贝宁	软文排版	图文混排，简洁美观	可读性强
王思纯	后台管理与发布	及时发布，每天更新	精彩呈现
龙劲松	审核软文	避免出现负面影响	避免硬广告植入引反感

表 2　“丑苹果”新闻媒体软文推广方案

目标媒体	公司微信公众号、客户 QQ 群、“美食汇”社群		
推广方法及要求	软文策划和发布	具有新闻语言	具可读性和分享功能
推广效果	吸引客户关注	提高产品影响力	塑造产品的美誉度

确定推广方案后，大家讨论最终以“苹果去哪儿了”策划软文故事，故事描述了主角富二代和二胎孩子们为寻找丑苹果一个月的历险记，历险记中有惊喜有惊吓，有悬疑有奇葩，尝遍各类苹果后，最终发现 2017 年 11 月本市农优名品推广会引入了丑苹果，圆满的结局与公司的推广会无缝对接。每天发布一篇软文，保持故事的延续性。

3. 工作任务评价

如期完成任务后进行团队总结会。师妹韦贝宁开心分享：写软文就像游戏通关，就当作与客户在联合玩游戏，实现了双赢。李博程信心满满地表示销量大增就

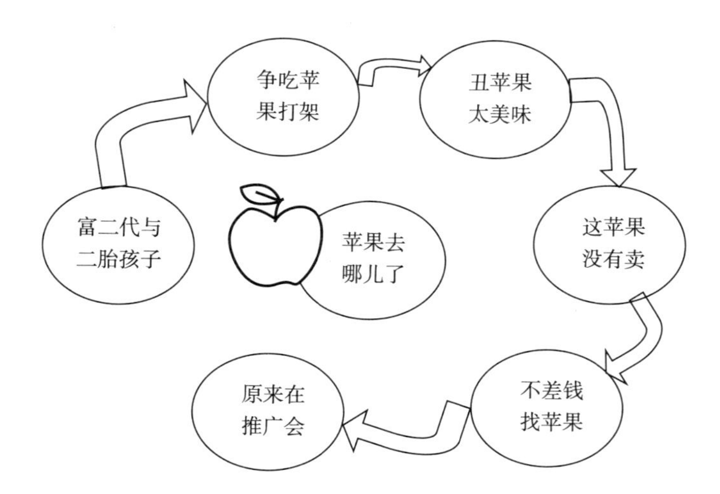

图 1 "丑苹果"软文故事策划

是对我们最好的奖励。龙劲松鼓励大家拓展思维，软文也可以提炼用于促销广告。

（二）论坛推广

1. 工作任务背景

为了在春节前促销丑苹果，成功吸引客户关注，爱创电商公司的运营团队选择了热门论坛进行发帖、跟帖和回帖互动，打造精华帖并制造话题，每天发帖。

2. 工作任务实施

王思纯和团队成员经过讨论，整理完成表 3、表 4 和图 2。

表 3 论坛推广的特点

负责人	任务内容	帖子要求	推广效果
欧阳幂	负责帖子撰写、跟帖	以情感式导入	打造精华帖引共鸣
李博程	帖子图片处理、跟帖	具欣赏性和对比性	辅助说明，吸引客户
韦贝宁	图片签名档、跟帖	构图美观有创意	令人印象深刻
王思纯	发布帖子、回帖、顶帖	及时发布、优质顶帖	外链被收录
龙劲松	审核帖子	避免使用同一 IP 回帖	避免出现垃圾帖及作弊

表 4 "丑苹果"论坛推广方案

目标媒体	人气论坛、相关论坛		
推广方法及要求	帖子策划和发布	符合论坛语言风格	遵守论坛板块规则
推广效果	吸引客户关注	宣传企业产品	提高市场认知度

论坛推广方案有了，如何将丑苹果巧妙无痕地植入帖子，如何打造精华帖，团队讨论的第一帖内容策划如图 2 所示。

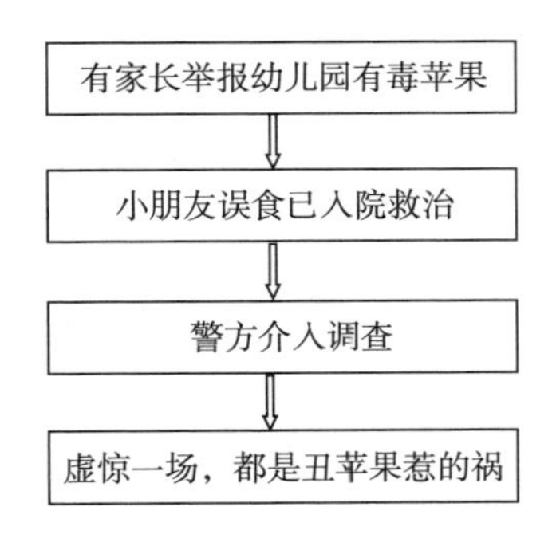

图 2 “丑苹果”论坛帖子内容策划

3. 工作任务评价

龙劲华点赞团队成员集思广益，顺利地完成了任务。王思纯与大家分享：生活中的很多故事都可以成为帖子的案例，关键是运用论坛语言结合热点和实事巧妙加工。欧阳幂开心地表示，没想到第一帖就成了精华帖，很多人顶帖和转帖。

（三）博客推广

1. 工作任务背景

博客也是影响读者和消费者的思维和购买行为的一种营销方式，王思纯带领的团队通过专业性知识的分享、热点事件的评论，提前一个月用公司的博客促销丑苹果。

2. 工作任务实施

博客推广，即博客营销，是通过博客网站或博客论坛接触博客作者和浏览者，利用博客作者个人的知识、兴趣和生活体验等传播商品信息的营销活动。博客营销的本质在于通过原创专业化内容进行知识分享，争夺话语权，建立起个人品牌，树立自己“意见领袖”的身份，进而影响读者和消费者的思维和购买行为。

王思纯和团队成员经过讨论，整理完成表 5、表 6 和图 3。

表 5 博客推广的特点

目标媒体	公司博客、个人博客		
推广方法及要求	博客策划和发布	原创专业化内容	知识分享型
推广效果	吸引客户关注	引导消费	提高市场认知度

表 6 “丑苹果”博客推广方案

负责人	任务内容	任务要求	推广效果
欧阳幂	撰写公司博客、个人博客	适量原创、内容为王	争夺话语权
李博程	处理图片、撰写个人博客	图片新颖，可加视频	吸引眼球
韦贝宁	收集资料、撰写个人博客	加外链要自然	增加博客权重
王思纯	管理和发布博客	内容专一、信息完善	提升用户体验度
龙劲松	审核博客内容	博客内容每天有规律更新	避免发布违规内容

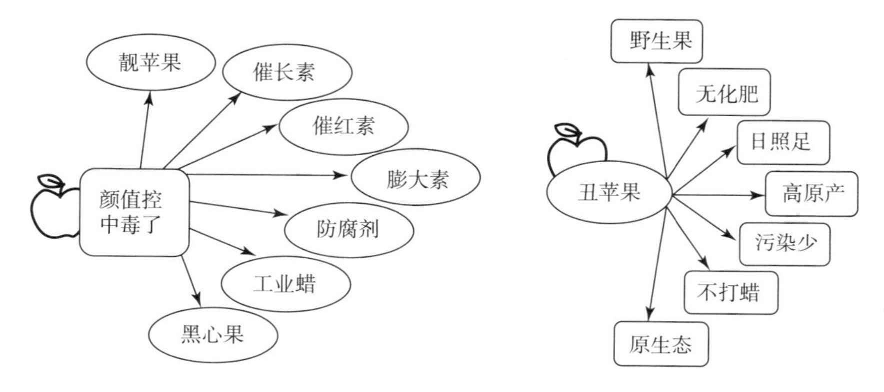

图 3 “丑苹果”的首个博客内容策划

如何通过博客吸引客户呢？首先要有一个吸引眼球的标题。团队通过激烈的讨论，以“颜值控中毒了”为标题切入，经过对比分析得到结论：选购苹果不能只看颜值，更要注重苹果的内容，健康的苹果才是好苹果。

3. 工作任务评价

欧阳幂坦言此次博客软文以对比图的形式进行推广，效果很棒，非常感谢韦贝宁收集的资料，感谢李博程提供的创意视频。王思纯鼓励大家每天坚持更新个人博客，增加公司博客的权重。

（四）事件推广（爆炸式营销）

1. 工作任务背景

王思纯带领的团队为了高效传播丑苹果的美誉度，实现春节前的旺销，特意选用了事件推广的营销方式。

2. 工作任务实施

由于事件推广利用的是用户口碑传播的原理，在互联网上形成一种高效的信息传播方式，是用户主动参与营销的一种推广形式。因此事件的营销是重中之重。

王思纯和团队成员经过讨论，整理完成表7、表8。

表7　事件推广的特点

目标媒体	能以新闻的形式发布的各类媒体		
推广方法及要求	事件的策划和发布	符合新闻价值规律	事件营销风险控制
推广效果	吸引社会关注	高速传播	受众面广

表8　“丑苹果”事件推广方案

负责人	任务内容	任务要求	推广效果
欧阳幂	撰写软文	符合新闻价值规律	双赢
李博程	处理图片	图片、视频具真实性	获取关注
韦贝宁	收集资料	公众关注的社会热点话题	具传播价值
王思纯	管理和发布软文	事件真实、必须正能量	高速传播
龙劲松	审核软文内容	事件营销风险控制	树立企业的良好形象

事件推广既可以节约企业的宣传成本，又能达到病毒式营销的高速传播，那么该如何策划事件内容呢？团队经过讨论立刻就有了3个方案。方案一：新闻事件，“丑苹果”论坛的推广方案进行编辑后就可以作为事件推广。方案二：制造舆论，“十面霾伏”更要吃“丑苹果”。方案三：制造事件，某校的品牌活动“校园好声音”捧红了“丑苹果”（赞助商的公益活动刷屏）。

3. 工作任务评价

这次的事件推广比计划的效果还要好。总结会上，韦贝宁感慨以后不仅要关注热点事件，还要联系公司产品进行事件推广。李博程因自己精心编辑的图片和视频能够助力推广感到自豪，王思纯笑言团队合作真是太强大了！

三、小结

基于创业工作任务模式的电子商务专业教学不应拘泥于课堂教学实践，还可以挖掘县镇的农产品推广，与县镇的电商创业园区合作，为地方扶贫工作贡献力量，同时可以拓展到地方的旅游资源在线推广、本土企业产品的在线推广，实现校企合作创收共赢，拉动地方经济发展。在创业实践的过程中，师生可以大胆地试错和试验，积累创业经验，提升专业技能，提高学生的创新创业能力。

参考文献

[1] 吴瑕．“新媒体软文写作”教学任务的信息化教学课程设计与探索 [J]. 产业与科技论坛，2017：190－191.

[2] 张春明．软文营销在建立企业品牌形象中的应用 [J]. 办公自动化，2016：57－59.

微课在中职英语教学中的应用

袁 婧

柳州市第二职业技术学校 广西 柳州

摘 要 在我国，英语对于大多数的中职学生来说都是一个“硬伤”，学英语对于他们来说就像一场灾难，这源于他们的英语基础薄弱，语言运用能力较差，因此对英语学习毫无兴趣，这让很多的中职英语教师十分困扰。随着信息技术的不断发展，一种新的教学方式——微课已悄然进入了我们的教学领域中。本文主要探讨，如何在这样的一种教学新趋势下，运用微课提升中职英语教学的质量，同时也能提高我们中职英语教师的教学能力。

关键词 微课；中职；英语教学

在我国，英语对于大多数的中职学生来说都是一个“硬伤”。学英语对于他们来说就像一场灾难，这源于他们的英语基础薄弱，语言运用能力较差，因此对英语学习毫无兴趣，这让很多的中职英语教师十分困扰。随着信息技术的快速发展以及视频技术的广泛应用，一种新的教学方式——微课已悄然进入了教学领域。学生可以使用手机或电脑随时随地学习或复习教师在课堂上传授的重点内容；教师可以改变自己的教学方式，通过录制微视频将教学的关键环节（教材的重点难点）做成微课，让学生能够在课前或课中自主学习，教师在课堂上主要帮助学生解答问题，师生互动讨论，或者给予不同层次的学生个性化的辅导。

一、什么是微课

（一）微课的定义

“微课”这个概念由胡铁生在国内第一次提出。从2010年开始，他就在全国对“微课”进行了研究和推广，随着研究的深入，“微课”的概念也经历了不同的版本。华南师范大学的焦建利教授认为，“微课是以阐释某一知识点为目标，以短小精悍的在线视频为表现形式，以学习或教学应用为目的的在线教学视频”。南京师范大学教育技术学院教授、博士生导师张一春教授认为，“微课是指为使学习者自主学习获得最佳效果，经过精心实务信息化教学设计，以流媒体形式展示的围绕某个知识点或教学环节开展的简短、完整的教学活动”。

（二）微课的主要特点

微课有以下几个特点：①教学时间较短：一节微课一般是一段5 ~ 8分钟的教学视频，最长不宜超过10分钟。②教学内容较少：微课的主题突出，主要是为了突破某个知识点（如教学中的重点、难点、疑点内容）。③资源容量较小：微课一般是用支持网络在线播放的媒体格式制作的几十兆字节大小的视频，它可以选择在线观看或下载保存到终端设备（如笔记本电脑、手机、MP4等）上实现移动学习。④主题突出、内容具体：一个微课就一个主题。⑤制作简便：手机、电脑等简单设备就可以完成制作。

二、中职学生的英语学习现状

当前，中职学生的文化课基础都比较薄弱，英语尤为突出。英语成绩不理想是绝大多数中职学生在初中的共同点，它直接影响了学生对于英语学习的热情。英语单词量少，实际运用能力较差，英语学习动机较弱，不肯或是不敢开口说英语，这些都是如今中职英语教学中学生存在的问题。作为中职教学的一门必修课程，中职英语教学大纲明确指出，英语教学的任务是让学生掌握一些基本的英语技能，在日常生活和职业情境中培养学生的英语应用能力；为学生的职业生涯、继续教育以及终身发展奠定基础。因此，如何提高英语教学的效果就成为英语教师们头疼的问题。相对于传统教学来说，融入信息化手段的微课更生动有趣，不失为一种激发学生学习兴趣的好方法。

三、如何将微课应用到中职英语教学中

（一）翻转课堂——运用微课让学生进行课前自主学习

先教后练是传统教学的一种基本模式，而在信息技术快速发展的今天，先学后教，即学生自主学习与教师个性化辅导相结合的个性化教学模式使得课堂教学结构发生了变革。翻转课堂就是这样的一种模式，它适用于知识点难度较大或者分信息点较多的课堂教学。老师可以把自己制作的或是在网上收集下载的微课在课前通过 QQ 群或学校的学习平台共享给学生，并设计好配套的习题、任务或测试。同学们在自主学习后，通过记录问题、讨论问题和自主解决问题这一过程，培养自主探究学习和独立解决问题的能力。回到课堂后，教师必须要有针对性地对同学们碰到的疑难问题进行讨论讲解，在师生互动的过程中突破重点、难点问题，以达到本节课的教学目标。例如 How to Attend an Interview，这一课从面试礼仪、面试用语及面试技巧三个方面介绍了参加面试需要掌握的知识，这需要学生掌握比较多的信息点，因此教师可以在课前把相关的微课发送给学生进行自主学习，并设计好学习任务，使不同基础的学生都能够根据自己的情况进行学习。

（二）运用微课在课堂中梳理和总结重点、难点

在课堂上只有 8 ~ 15 分钟的专注力是大多数中职学生的特点，5 ~ 8 分钟的微课视频恰好能够利用学生的这一特点在有效的时间内进行教学。同时结合中职学校一个知识点一节课的特点，设计一个立体、形象、生动的微课视频，能更好地让学生理解课本上枯燥的知识点。

在英语教学过程中，词汇和语法学习是中职学生的一个难点，但这两部分是英语学习不可缺少的一部分。因此，教师可以利用生动、立体、趣味的微课视频来提高学生的学习兴趣，如动画、歌曲等。在介绍食物名称的单词部分，笔者就尝试过运用一首 *Supermarket* 的动画歌曲做成微课视频，通过卡通的声音、易于上口的歌词以及简笔动画，同学们快速并轻松愉快地记住了几十种常见的食物名称。在情景交流的教学过程中，教师也可以让学生参与到微课的拍摄中示范对话范例。这不仅可以将课本上呆板的对话融入表演，看起来更形象生动，学生自己的表演也更能引起大家的关注，提高同学们的学习兴趣。

（三）运用微课进行课后巩固及知识的拓展学习

对于中职学生课后相对自主学习能力较差的现象，5 ~ 8 分钟的微课视频能

从行为上引导学生利用课余时间自主学习。传统的教学模式中，学生如果在课堂上接受能力较差或是请假错过了上课的时间，学习就会受到一定的影响。而微课的运用就解决了这个困扰，学生可以通过微课随时随地选择课堂上错过的知识进行自主学习。

同时，教师还可以通过制作微课分层次进行课堂教学的延伸。例如，对于基础和接受能力较差的同学，通过微课提炼重点、难点，供他们进行巩固学习。而对于基础和接受能力较好的同学，可以通过制作微课拓展新的知识点。

换而言之，微课学习资源既能满足基础好的学生自主学习新的知识点，又能满足基础差的学生轻松温习旧的知识点。

四、中职英语教师在教学中应用微课的意义

首先，制作微课可以提高教师知识讲解与总结的能力。语言简洁，逻辑性强，易于理解，这是对教师进行微课制作的要求。如果想拥有一个有吸引力的课堂，教师必须在备课的时候就考虑到班级的实际情况。

其次，制作微课可以开阔教师的视野。为了准备好一堂精彩的课，教师必须查阅各种资料来丰富课堂内容、拓展知识点。在这个过程中教师不仅拓展了学生的知识，也拓展了自己的视野。教师实现了教学观念、技能的迁移和提升，从而可以迅速提升自己的课堂教学水平，促进自己的专业成长。

最后，制作微课可以促进教师学习和掌握现代信息技术，与时俱进。制作微课，老师需要学习和掌握很多相关的软件，如 PPT、录音屏、截图等，这些都要求老师具备相应的技能和知识。

参考文献

[1] 潘清华．微课在中职英语教学中的应用 [D]. 山东师范大学学报，2016.

[2] 金捷．微课视角下“翻转课堂”在英语教学中的应用 [J]. 现代交际，2016 (04)：210－211.

[3] 金捷．浅议基于微课的“翻转课堂”教学模式在英语教学中的应用 [J]. 出版与印刷，2016 (01)：43－45.

[4] 李峰．微课在高职英语词汇教学中的应用研究 [J]. 湖北经济学院学报：人文社会科学版，2015 (06)：209－210.

浅谈中职学校“汽车销售实务”课程的教学改革

卢柳梅　韦江彬

柳州市第二职业技术学校　广西　柳州

摘　要　近年来，我国汽车行业发展日新月异，消费者对汽车的需求也呈井喷式增长，汽车行业的大力发展注定社会对汽车人才的要求会更高。如何培养满足市场所需的汽车销售实战型人才，如何让学生学以致用，如何让学生零距离就业，如何提升学生对工作岗位的适应能力等是中职学校汽车营销专业面临的问题，本文就此对“汽车销售实务”这门课程的教学改革做了初步探索。

关键词　中职；汽车销售实务；教学改革

【课题项目】“以企业需求为导向的中职‘汽车销售实务’品牌课程建设”，批准号：GXZZJG2015B079。

一、汽车销售实务课程教学改革的必要性

纵观如今的全球经济产业格局，汽车工业的发展程度被视为衡量国家经济实力的重要标准，汽车产业在我国社会经济中的地位也在逐渐提升。目前，我国的汽车保有量发达国家相比，还有一定差距，但从近几年的发展规模来看，业已成为国民经济的重要支柱产业。根据国家相关部门调研的数据显示：截至2016年年底，全国机动车保有量达2.9亿辆，其中汽车1.94亿辆；机动车驾驶人3.6亿人，其中汽车驾驶人超过3.1亿人。国内民众对家用汽车的需求日益飞涨，汽车行业也迎来了前所未有的可喜局面。在此基础上，汽车行业对汽车类人才的需求也日渐增大，特别是针对汽车整车销售的人才要求方面也越来越高，而中职学

校的汽车营销专业如何培养出符合企业需要的汽车营销人才，是目前亟须解决的一大问题。

为培养适合汽车4S店需要的汽车销售顾问岗位，中职学校汽车营销专业普遍开设了“汽车销售实务”课程。该课程不仅是专业必修课，而且占据核心地位，但在教材的选取上大多选用面向高职院校的“汽车营销实务”教材，但“营销”不等同于“销售”，“营销”更强调经营、管理、策划等理论型知识，缺乏销售实践性。因此，“汽车销售实务”这门课程如何突出其实用性，如何让学生易于掌握，实现与工作岗位的无缝对接，已成为中职学校汽车营销专业所面临的重要问题，我们有必要对这门课程的教材以及教学内容、教学手段、教学方法等方面作出适当的改革。

二、“汽车销售实务”课程教学改革的几点措施

（一）教学内容的改革

以往的“汽车销售实务”课程教学内容基本上涵盖广泛、包罗万象，大多包括汽车市场营销、汽车构造、汽车行业历史、汽车市场策划、汽车营销管理等汽车营销相关知识，看起来范围很广，实则“面面俱到、华而不实”，缺乏针对性与实用性。因此笔者建议，汽车销售课程应该从汽车销售顾问岗位真实的工作情境出发，按照汽车销售的规律和流程对教学内容进行设计，内容上可分为汽车商务礼仪、潜客开发、售前准备、进店接待、顾客需求分析、汽车产品介绍、试乘试驾、客户异议处理、报价成交、新车交付、售后跟踪十一个学习项目。对每一个学习项目再进行单元设计，根据实际情况和认知规律安排理论与实践的内容和比重。例如，在汽车产品介绍学习项目中，先学习FAB产品介绍法则，再引入六方位绕车法，最后根据客户需求作出有针对性的灵活绕车介绍法。

（二）教学手段的改变

由于没有专门的实训室，传统的“汽车销售实务”课程普遍在教室中进行教学，受到教学场地的限制，教学手段无外乎黑板板书、PPT文字图片演示等。而汽车销售作为实践性较强的课程，需要在教学手段上进行改变，可在以下方面实现：①销售案例讲述。通过不同的销售案例，以真实客观的情境让学生体会知识的重要性。②动态视频和微课演示。通过建立教学资源库，搜罗4S店培训视频、各院校网络教学视频或是自行制作微课视频，对学生进行动态演示，生动的、贴切的内容更容易让学生了解和掌握知识点。③实景演练。建设汽车营销仿

真实训室，在模拟真实工作场景的环境中进行实车演练，对于进店接待、产品介绍、试乘试驾、新车交付的教学效果有很大帮助。

（三）教学方法的改进

1. 行动导向教学法

通过任务驱动的方式，以工作任务为导向，根据4S店销售的情境案例，向学生提出任务要求，例如，某周六上午，张先生与朋友李先生一同到店看车。张先生40岁，李先生42岁。张先生计划购买一台价位在20万元左右的B级轿车，比较关注车辆的动力性、操控性和空间。张先生刚考到驾照，对车辆不熟悉；而李先生拥有一台丰田凯美瑞。作为广汽本田4S店的销售顾问，你如何完成进店接待、需求分析和产品介绍等流程？通过这样的情景设计，让学生根据任务要求和任务内容进行思考，围绕客户的特点和需求寻找相应的解决方案。这样不仅可以培养学生主动学习的良好习惯，还能使其对汽车销售工作业务有更加真实深刻的认识和理解。

2. 分组合作探究教学法

运用分组合作探究教学法，将全班学生分成各个小组，在教学过程引入竞争性和团队协作，对于学习汽车销售实务课程来说非常必要。各小组接受相同或不同的任务，在团队模式下，集思广益、集中讨论、分工明确、团结协作，不仅可以激发学生参与学习的主动性，还能锻炼学生的逻辑思维能力、组织协调能力以及团队合作能力。在完成任务后通过小组之间的互相学习和评价，有益于加深学生对知识的理解，同时促进学生的表达能力和沟通能力，对学生思维的拓展也很有帮助。

3. 视频录制回放教学法

在学生进行实操演练时，使用摄影器材对学生活动进行录制，过后进行回放点评，让学生观察到自身的行为表现，有利于纠正学生在实操演练时的错误，并能够进行及时的提醒和帮助学生解决自身问题。视频录制回放教学法是一种集合信息化、可视化，通过技术手段生动、真实地提高教学效果的有效教学方法，还可以应用在项目考核、期中考核、期末考核中，有别于传统教师学生一对一的考核，学生可以利用课堂、课余时间录制作业、考核视频，节约了学生等待和教师评价的时间和精力。

4. 多媒体辅助教学法

教师应利用各种现代化信息技术手段，通过多媒体技术辅助教学。在汽车销售实务课程教学中，可先由企业规范视频资源展示各个知识点以及操作流程，再过渡到实训演练，这样可弥补教师自身进行展示的不足与限制。同时还可以采用

“演示—模拟—检验”模式。该模式适合于实训课、操作课。首先由视频简要介绍实训的基本方法和步骤，通过视频演示优秀销售人员实战的过程，然后学生对这一过程进行模拟，反复检验自己的销售流程和销售术语是否出错。

5. 网络互动教学法

教师可以通过网络学习这一新兴的技术手段提高教学效率。课前，通过网络发布学习资源或学习任务；课后，通过网络收集作业，实时批改后再通过网络进行反馈。这样可以充分利用课堂外时间，拓展教学的时间与空间，不仅能提高教学效率，还能养成学生主动学习的习惯。

6. 销售实战教学法

通过与当地汽车4S店建立校企合作关系，积极服务于4S店的各类销售活动，比如在车展活动中让学生参与，担任见习销售顾问，或定期带学生到4S店开展校外课堂学习，零距离接触企业，学习观摩真实的汽车销售业务。这种方法有利于锻炼学生的社会适应能力，并提高学生的销售实战技能。

三、结束语

为能够更好地服务于飞速发展的汽车行业，向企业提供更多优质的汽车营销人才，中职学校汽车营销专业应积极进行自我调整以适应当前市场需要，特别是对于“汽车销售服务”这一实践性强的专业核心课程，更应及时走出传统教学模式并根据真实的企业需求作出相应的教学改革。本文中所提到的几点措施建议希望能够抛砖引玉，为各中职学校汽车销售实务课程的教学改革提供参考。

参考文献

［1］刘亚杰．汽车销售实务课程教学改革的研究与实践［J］．辽宁高职学报，2008，10（6）．

［2］教育部，财政部．关于支持高等职业学校提升专业服务产业发展能力的通知［Z］．教职成〔2011〕11号，2011－08－25．

［3］应力恒．基于工作过程的课程项目化教学改革［J］．中国职业技术教育，2008（22）．

浅谈职高数学分层教学的实践与探索

马燕兰

柳州市第二职业技术学校　广西　柳州

摘　要　职高学生生源明显下降，学生的知识水平差异尤为突出，特别是数学这种文化基础课差异更大。对此，我们尝试运用分层教学、因材施教教学、生活化教学、多元化评价机制教学方法来提高学生的学习兴趣，发挥学生的想象力，激发学生的创造力，培养学生终身学习的新理念。

关键词　职高数学；生活化；分层教学；因材施教

职高学生数学基础较差是当前普遍存在的现实，且多数学生对数学学习缺乏兴趣。职高教师在教学时，必须根据学生身心发展和数学学习的特点，关注学生的个体差异和不同的学习需要，尝试教学方法改革，以充分激发学生的主动意识和进取精神，达到提高数学教学的有效性。下面笔者对如何提高数学教学的有效性谈自己的一些体会。

一、新课导入生活化，激发求知兴趣

“良好的开端是成功的一半。”诱发学生产生与学习内容、学习活动本身相联系的直接学习兴趣，使学生从新课开始就产生强烈的求知欲望。新鲜而又切合学生实际的导入能激发学生求知的兴趣。

在“抛物线”这一节的教学导入中，我根据不同的专业设计了不同的导入。其中在汽车修理与装潢这个班，我紧紧抓住他们的专业特色设计了这样的导入：在屏幕上展示出一张非常漂亮的轿车图片并说道：“同学们，你们是学汽修的，老师有一个问题想请教你们，汽车的车灯为什么能由亮变暗呢？你们知道它是根据什么原理设计的吗？”学生自行展开讨论，最后我说：“这个原因，数学能够告诉你，我们一起学了今天的内容‘抛物线’就能知道为什么了。”又如在学习指数、对数函数图像及性质这一节时，结合平时生活中的例子，即存款利息及购买汽车分期付款、等额还款数额的计算，告诉学生学过这一节后，他们自己也会计算，使学生意识到学好数学对于学习专业的重要作用。

二、开展多元评价体制，提高数学课堂效益

职高生自卑心理较强，总觉得自己学习不如别人，老师和同学看不起自己，对前途不抱或不敢抱太大的希望，有的甚至得过且过，对学习产生抗拒感。这种消极心理给他们接受教育形成了一定的障碍，不能很好地接受老师所传授的知识。特别是前后联系紧密的数学学科，有些学生前面没学好，后面的知识就更难掌握了。作为职高班数学教师，我们必须采取多元化评价体制以提高学生的学习兴趣。根据职高教育的特点并结合实际，将过去单纯的理论考试改为过程考核、理论考核两项，一改过去那种一张考卷定成绩的做法，将传统评价中“重结果轻过程”改为“过程与结果并重”的评价体制。过程考核又包括课堂学习状况、作业、平时测验等，其中课堂学习情况分用来奖给课堂发言积极、自律性强、参与度高的个人和小组；作业分用来奖给作业完成得好、作业清楚的学生；平时测验分用来奖给考核优秀、进步快的学生；最后教师在期终将各项过程考核分汇总折算成分数，这样就为期终综合评价学生成绩奠定了基础。理论考核的命题原则是7∶2∶1，其中基本题约占70%，全体学生必做；提高题约占20%，让优秀生与中等生做；拔高题约占10%，这种题有较大难度，供优等生做，当然拔高题也可作为中等生、困难生的附加题，这样就可让班中不同层次的学生都有自己施展才能的空间。教师在评价学生时，还始终必须做到公正、公平、合理，同时要注意对不同层次的学生应用不同的标准。因为评价一个学生最重要的一点就是看学生的进步情况，而不是只看结果。这种多元评价体制既重视结果评价又注重过程评价，注意挖掘学生的闪光点，充分鼓励学赶超先进，从而提高整体水平。

三、转变观念，分层教学，提高课堂教学的有效性

大部分职高生基础知识薄弱，知识层面参差不齐，往往感到数学比较抽象、枯燥、难理解，不能灵活地解决与之有关的实际问题，渐渐地对数学产生厌烦之心，产生了挫折感，使自我效能感普遍降低。陶行知说：“培育人和弄花木一样，

首先要熟悉花木的特点，区分情形给以施肥、浇水和培育教育，这叫‘因材施教’。”按照学生的情形采用分层次教学，教师要因材施教，有的放矢。这样既能帮衬优等生，又能带动后进生。备课中拟定分层的教学方法把学生分为优、中、差三个层次。我从实际出发，准确地把握练习的梯度和针对性，而不是“一刀切”。对困难生，设计简单基本题，让其巩固基础知识、力争当堂消化；对中等生，除练习基本题外，还设计与基本题结构相似、但难度有所增加的变式题和少量力所能及的综合题，使他们的智能得到逐步发展；对于优等生，则设计一些灵活度较高、富于联想的发展题，使其智能再上一个新台阶。在教学中多考虑学生的现实情形，实施分层教学，能够使后进生“吃得了”、中等生“吃得好”、优等生“吃得饱”，从而提高他们的学习数学的兴趣。

总而言之，作为职中数学教师，在平时教学工作中，我们要全面细致地掌握学生的情况，不仅要了解各个学生的数学基础及薄弱环节，还要分析各个学生的薄弱点形成原因。在此基础上有针对性地采取合适的教学方法。同时，每隔一段时间，要及时地和学生一起总结学习效果及存在的问题，做到教师和学生不断改进教学、学习方法，真正使学生的数学成绩不断得到提高。

参考文献

[1] 傅绍培．加强师生合作教学提高数学教学课堂效率 [J]．中等教育探究，2006.

浅谈中职航空英语教学

蒋恒馥

柳州市第二职业技术学校　广西　柳州

摘　要　在现代社会随着科技的发展，人们出行有了更多的选择。为了节约时间，人们更愿意选择飞机出行，故航空业的发展日新月异，而英语已然成为航空服务从业人员必不可缺的一项工作技能。笔者根据自身教学实践，就如何进行有效的航空服务专业英语教学提出了自己的见解，认为在课堂中应极大地结合未来职业，将课堂教学运用于航空服务实践，以培养学生的航空服务英语技能。

关键词　航空服务；英语教学；学业结合

一、中职航空专业英语教学现状分析

职业学校是培养实用性人才的学校，随着航空业日新月异的发展，职业学校纷纷开设了航空服务专业来适应社会的需求。航空业日趋国际化，航空公司对于航空一线人员除了在身高方面有所要求外，更是对英语有较高的要求，基本上是熟练、流利、音准，甚至是精通，还有的要求具备正规的英语等级证书。但中职生的文化基础十分薄弱，英语底子就更不言而喻了。很多学生对英语不感兴趣，没有自信，只希望自己能够在职校随便混日子，将来靠其他关系为自己谋取一份轻松的工作。纵观航空专业英语教学，因受学生的学习目标不明确、学习积极性不高、学习环境受限等因素的制约，教学效果不佳。另外，学生在航空英语方面实践机会太少，语言环境也受限制，无法及时将课堂所学知识进行融会贯通，很容易造成在工作中语言表达的脱节，不利于学生的长远发展。

二、航空英语的特点

（一）航空英语具有很强的实践性

学生学习航空英语的主要目的是在工作中能与外国友人进行友好的交流，换句话说就是以口语为主，只要学生学习的航空英语外国友人能听得懂，就可以有效地沟通。因此，航空英语具有很强的实践性。教师应在教学中充分地把握这一特点，创造学习环境，让学生在实践中学习航空英语。

（二）航空英语具有很强的专业性

航空英语课程主要是以口语为基础，具有很强的专业性，学生必须对每个单词、短语乃至句型充分掌握。只有这样才能有效地提高自身的英语水平。而教师则需要根据学生的实际情况，制订符合航空英语的教学计划，逐步培养学生的航空英语专业素养，提高学生英语沟通能力，促进学生在航空工作方面更好地发展。

三、中职航空英语有效教学的思考

对于教师如何进行有效的航空英语教学这一问题，我们应该牢牢地抓住中职学生的心理特点，将航空英语的教学目标与学生的职业发展相结合，激发学生的学习兴趣，调动学生的学习积极性，掌握有效的学习方法来解决实际工作中的问题。笔者认为，可以从以下几个方面着手。

（一）实景教学

在航空英语教学中，教师可以运用直观道具，有条件的可以在航空实训室内进行授课，使学生身临其境，融入教学情境中，更好地练习航空英语。例如，我校航空英语专业学生都购买了专业的航空服饰，在上课时，学生穿着航空服饰进行航空英语口语对话练习，“Can I help you?”“Anything I can do for you?”等，让学生感受到自己现在就是一名空乘人员。感到有一种作为空乘人员的责任感，在学习时更能提起兴趣，更能认真地练习。

（二）多媒体演示

航空服务随着社会的进步而更新，所以航空英语教程不能故步自封，一成不变，应随着社会的发展而有所变更。网络更新的速度是最快的，教师可以通过网络上的一些图文、视频，激发学生的求知欲，调动学生的学习兴趣。学生通过看听说，逐步纠正了自己的语音、语调，使自己的英语口语更加标准。而教师在选择方面有了更多的自主权和主动权，不用担心教给学生的东西会落伍，师生之间也能进行沟通。例如，可以给一些航空服务的对话配音；针对一些突发事件，给出自己的解决方案；等等。

（三）小组合作学习

小组合作学习就是利用学生与学生之间的合作，对具体的事件或环境的发展变化过程等内容进行模拟或者重现，让学生通过合作，准确恰当地理解教学内容。在合作之前，先给学生分配内容，然后学生通过网络、书籍等手段对老师布置的任务进行预习，同时要求学生以课外知识为辅、课本为主进行练习，鼓励学生尽可能地还原对话发生时的情景，包括人物表情变化、语音语调及肢体语言等。

例如：可以把学生分为几个小组，每一个小组给出相应主题，让一名学生进行填字，另一名学生进行朗读。

1. 在飞机起飞时学习机长的广播

Good morning/afternoon，Ladies and Gentlemen：This is the captain speaking，Welcome aboard China XX Airlines flight KN ________ from ________ to ________ airport. Now，the FL is ________ meters. Except arrive time is ________ am/pm. According to the weather forecast，the temperature at ________ airport is ________。During this flight，our cremenber will be at your service. Thanks for choosing XXX flight. Have a good trip!!!

2. 在飞机遇到紧急情况需要返航时

Ladies and Gentlemen：This is the captain speaking. ①because of the mechanical problem that needs correction；②as there is a passenger that needs urgent medical assistance；③due to bad weather，we have decided to make an additional stop and land at ________ airport at ________ am/pm. Further information will informed to you as soon as possible. We apologize for the inconvenience caused. Thank you very much for your support and cooperation.

3. 紧急情况

在小组合作的过程中，会遇到许多问题，老师需要在学生学习时进行相应的引导，在小组合作演示完了以后，及时进行评价，让学生更深刻地掌握航空英语知识，达到教学目的。

四、结语

目前，中国航空业面临巨大的挑战和冲击，航空从业人员的竞争会更加激烈。因此，培养既掌握航空乘务知识，又精通英语的乘务及地勤人员成为当前中职空乘专业发展的方向和必由之路。航空英语教学应对学生的形态、表情、语言等进行探索，激发学生的学习兴趣，提高学生航空英语的应用能力，从而为我国的航空运输业输送优秀的空乘服务人员。

参考文献

［1］马琳琳．浅谈情景教学法在航空英语教学中的应用［J］．边疆经济与文化，2009（8）．

［2］谢青松，彭丽．基于专门用途英语理论的商务英语教学法探究［J］．重庆广播电视大学学报，2009（3）．

教研课题

柳州市职业教育集团发展模式与对策研究

韦弢勇

柳州市第二职业技术学校　广西　柳州

摘　要　通过对柳州市职教集团化发展的SWOT分析，找出柳州市职业教育集团化办学存在的问题及原因，提出了柳州市职教集团发展的四种模式及对策建议，试图在当前全国大力发展职业教育，构建现代职业教育体系的现实背景下，以柳州市职业教育集团化发展为例，探寻具有西部少数民族地域特色的职业教育集团化办学路径。

关键词　柳州市；职业教育集团；发展模式；对策研究

【基金项目】2014—2015年度柳州市哲学社会科学规划重点课题"柳州市职业教育集团化发展研究"（项目编号：14ARL05）。课题组长：姚尹意；课题副组长：韦弢勇。

随着科技进步和社会发展，开展集团化办学是职业教育发展的一种必然趋势。党的十八大以来，我国职业教育迅猛发展，已经把建设现代职业教育摆在经济与社会发展更加突出的位置，推进职业教育集团化办学成为构建现代职业教育体系的重要举措。2014年出台的《国务院关于加快发展现代职业教育的决定》明确提出"鼓励多元主体组建职业教育集团"。新时期西部民族地区如何统筹职业教育资源，激发全社会开办职业教育活力，推进职业教育集团化办学，是职业教育发展中一个重大的现实课题。本课题以柳州市职业教育集团化发展为例进行探讨。

一、柳州市职教集团发展的内部条件分析

（一）优势

（1）柳州职业教育品牌效应增强，职教集团实力在广西处于领先地位。按照服务重点产业发展的要求，以示范性院校为龙头、行业企业为依托、专业为纽带，组建了中国（南方）现代林业职业教育集团、广西林业职业教育集团、广西轨道交通工程职业教育集团、柳州市物流职业教育集团、柳州市工程机械职业教育集团、柳州现代服务业职业教育集团和广西汽车职业教育集团。例如，中国（南方）现代林业职业教育集团，由广西生态工程职业技术学院牵头，包括全国林业战线上的35所院校、90家企业，以及政府、行业协会40家，成员单位达165个，形成了服务全国的跨区域的行业性职业教育集团。

（2）校校合作、校企合作经验丰富，工学交替、产教融合成果丰硕。校校合作、校企合作实现职业教育资源共享，促进院校和企业优势互补和集约化发展，在政府统筹指导下，各职教集团按照“共建、共享、共赢”原则，构建完整的生源链、师资链、信息链、研训链和成果链，打造柳州职业教育实验区发展新优势，开创了广西职教发展新路径。

（3）行业企业资源丰富，专业－产业发展良性互动。柳州现有三千多家工业企业，形成了以汽车、冶金、机械为支柱，化工、制糖、造纸、制药、建材、日化等门类齐全、配套完善、技术先进的工业体系。发达的地方经济、丰富的产业集群、大量的行业企业资源为职业院校创新校企合作模式搭建了良好的平台。同时，职业教育服务地方经济转型和产业升级发展，专业－产业进入良性互动发展，使学校和企业、专业与产业紧密联系在一起，院校和企业都能够获得双赢。为进一步推进职业教育集团化发展打下了良好的基础。

（二）弱势

（1）集团组织结构与内部管理有待健全。柳州职教集团一般是在校企合作关系上发展起来的。有的集团成员只有一所学校与几家企业，成员单位偏少，组织结构欠合理。有的职教集团内部管理机构缺位，有的挂靠在学校的某个部门。同时，有的集团内部常态化协商机制没有健全，集团内成员单位之间沟通不畅，教育教学资源共享不够，合作仍然处于低层次状态。

（2）集团主体地位未确立。办学集团有别于企业，也不同于单个学校组织，在发展过程中其相对独立的组织地位必须得到确立。但是，目前柳州的职教集团

多数仍然处于完全依附于集团牵头单位的状态，属于“三无”集团：没有独立的机构，没有专职的人员，没有专项的经费。因此，集团没有独立的运营管理权力，也无法承担相应的责任，与政府和社会对其发挥职业教育作用的期盼不相称。

（3）行业协会在集团中的作用发挥不够，企业参与职业教育的内生动力不足。目前已成立的7个职教集团的理事长均由牵头职业院校的校领导担任，一些企业参与职业教育的积极性不高。调研结果显示，不少企业认为安排学生顶岗实习、教师到企业锻炼等活动影响了企业的日常运作。而在经济相对发达的国家，企业、行业协会往往参与有关职业教育和培训的决策，制定职业岗位的行业标准与操作规范，甚至直接参与职业院校的管理等。但是，在我国不同企业参与职业教育的程度差异较大，企业、行业协会在职业教育中的作用还有待进一步发挥。

二、柳州市职教集团发展的外部环境分析

（一）机会

（1）国家高度重视西部少数民族地区职业教育发展。2010年7月，国务院出台了《国家中长期教育改革和发展规划纲要（2010—2020年）》，提出“大力发展民族地区职业教育，加大对民族地区中等职业教育的支持力度”。2014年出台的《国务院关于加快发展现代职业教育的决定》（国发〔2014〕19号）指出“鼓励多元主体组建职业教育集团。研究制定院校、行业、企业、科研机构、社会组织等共同组建职业教育集团的支持政策，发挥职业教育集团在促进教育链和产业链有机融合中的重要作用”。作为少数民族聚集区的西部城市——柳州市高度重视职业教育发展工作，始终坚持“抓职业教育就是抓工业经济”的指导思想，职业教育的优先发展战略地位得以确立，为西部少数民族地区职业教育发展探索提供了政策支持。

（2）建设北部湾经济区，发展西江经济带，为产业集群发展为职教集团提供了广阔的市场空间。据统计，近五年来，北部湾经济区与西江经济带外贸呈现高速增长趋势，分别进出口5 600.3亿元人民币和4 358.5亿元人民币，年均分别增长24%和20.7%，分别比同期广西外贸总体增速高出3.7个和0.4个百分点，“北部湾经济区”和“西江经济带”双核驱动战略引领广西区域经济发展。这正是职教集团发展千载难逢的良机。

（3）广西经济，特别是柳州经济的快速发展为职教集团提供了强大的动力。广西职业教育适应经济和社会的转型升级发展，对高级应用型人才的需求迅速发

展和提高，为职业教育发展提供了强大的动力，初步形成了规模适宜、布局合理、特色鲜明的职业教育发展格局。截至 2014 年年底，全市共有职业院校 17 所，在校生 4.5 万人。其中，中等职业学校 13 所，在校生 1.79 万人；高等职业院校 4 所，在校生 2.71 万人。“十二五”期间，职业院校累计输送了十多万名毕业生，成为柳州市中高级技术技能人才的主要来源。

（二）困难

（1）职业教育领域竞争激烈。根据统计，2015 年全国有高职院校 1 297 所，中等职业教育学校 12 663 所[3]；广西有 85 所高职院校，在校生 59.91 万人。广西中职学校有 703 所，在校生 238 万人[4]。虽然柳州市作为广西职业教育改革示范区，对广西职教领域具有一定的引领作用，但与南宁市乃至珠三角其他地区相比，柳州职业教育无论是示范性高职院校的数量还是办学质量都存在一定的差距，这就使柳州在广西乃至全国职业院校的竞争版图中面临不小的竞争压力。

（2）运行环境有待完善。发达地区职教集团发展的经验表明，职业教育集团化办学新模式的探索与发展需要当地政府的大力支持，需要完善的政策环境来支撑。柳州市职业教育集团化办学的政策环境不够完善，直接影响职教集团的组织管理与功能的发挥。同时，柳州职教集团办学过程中存在管理与监督不到位的问题，对职教集团办学成效缺乏评价考核，难以对集团化办学进行统一规范管理，引导和监督不力，最终导致办学集团发展良莠不齐。

（3）其他职教模式对职教集团化发展的影响。国内外职教模式主要有：①CBE 模式，即以能力为基础的教育（Competency – based Education），它产生于“二战”后，现在广泛应用于北美地区（美国、加拿大等国家）的职业教育中；②“双元制”模式被誉为德国战后经济腾飞的秘密武器，是一种国家立法支持、校企合作共建的办学制度；③澳大利亚的 TAFE（Technical and Further Education）模式，核心是“以职业能力为本位”。国外这些职教模式经过多年的发展，办学制度和体系相对成熟，必将对所开展的职教集团化建设带来一定的积极影响。

三、柳州市职业教育集团发展模式

柳州第二产业发达，汽车、工程机械、机械装备制造、冶金工业在广西乃至西南地区都占龙头地位。企业作为职教发展的“后花园”滋润着职业教育的发展，与柳州职教的发展相得益彰，城市职业教育实力不断增强，职教集团的组建和发展要体现柳州的职业教育发展的环境条件，打造具有柳州特色的职教集团。

（1）行业依托型。发挥柳州市行业企业资源丰富、专业－产业发展良性互动的优势，以行业和企业为依托，职业院校为龙头，以重点企业为骨干，以行业、企业职业教育资源为基础，实现资源共享，如现有的广西轨道交通工程职业教育集团和柳州市工程机械职业教育集团。

模式特点：在行业内不断整合利用现有的教育科研资源优势，深化教育体制改革，形成多渠道、多形式、多元化的办学格局，提升办学水平，多创效益。

（2）项目依托型。抓住建设北部湾经济区，发展西江经济带，大上项目、上大项目的发展机会，以行业的项目为依托，职业院校为龙头，以重点企业为骨干，整合行业内职业教育资源，可以考虑围绕柳州市“一枢纽一基地——三中心”建设中的支撑项目，实现以项目为依托，与产业共发展。例如，柳州现代服务业职教集团以柳州“打造区域性现代服务业中心”的支撑项目为依托发展，柳州市物流职业教育集团以柳州“打造区域性现代化综合交通枢纽物流中心”的支撑项目为依托发展。

模式特点：一是依托项目实施教育资源调整重组；二是围绕产业整合教育培训体系；三是“联合高职”提升集团技术服务能力；四是做优中职以扩大集团规模；五是强化职业培训扩大服务面向。

（3）园区依托型。服务柳州市汽车城与职教园“产城融合发展”战略，以园区经济发展为平台，实施汽车工业园区与职教园区零距离、全方位、大深度交融发展，如广西汽车产业职业教育集团的发展。

模式特点：探索职校、行业、园区共同合作发展职业教育的模式；建立跨区域、跨系统、校企结合、中高职衔接的职业教育集团；以鲜明的产业特色、完善的设施和功能、先进的职业教育教学水平为柳州的汽车支柱产业服务。

（4）城乡联动型。按照国家高度重视西部少数民族地区职业教育发展与职业教育扶贫战略，面向三农，以城市涉农职业院校为龙头，以县职教中心和科技服务中心为主体，在以乡镇技术学校和村办教学点为依托的职业教育和成人教育网络的基础上吸收企业加入，初步形成以城市品牌示范院校为龙头，各县职业学校、职教中心为成员单位的职业教育集团，如中国（南方）现代林业职业教育集团。

模式特点：依托职业教育名校，充分发挥国家级重点职业示范院校的品牌效应，面向“三农”服务，通过强校扶助弱校、建立连锁分校等做法，将城市优质职业教育资源向农村、山区辐射，以职业教育开发农村人力资源，服务当地经济快速发展，带动农民脱贫致富。

四、柳州市职业教育集团发展对策建议

（一）政府层面

（1）加强规划，突出重点。职教集团实际上就是一种半官方形式的教育联合体。政府的角色十分重要，对职业院校及其他职业教育资源的全面了解，为企业参与集团进行合作策划，提供决策参考；政府参与集团发展的规划，把社会经济发展目标与职教集团目标很好地结合起来；政府还可以利用政策和制度，规范职教集团办学行为。

（2）构建机制，明确导向。职教集团如果缺乏正确的导向，集团就会处于一种松散、茫然的状态。由于受到自身地位、目标和直接利益的限制，职教集团受到自身调控能力、办学自主权、自有资金等影响，如果没有政府引导建立集团运行机制的支持，对集团整体和长远利益进行把握，将直接影响集团的运行效率和发展成效，甚至生存和发展。

（3）配套政策，奖补结合。教育行政部门及经济主管部门应该主动参与制定地区职教集团的发展政策，认真研究职业教育规划与区域经济发展的整合方案，研究职教集团的发展规模、运作方式。制定职业教育资源的市场配置法规和政策，努力扩大职教集团的办学自主权，调动和发挥校企合作的积极性，协助职教集团开辟或拓展自筹资金的渠道，构建集团共享型实训基地、推动产学研一体化进程、搭建信息平台。

（二）市场层面

（1）确立主体地位，依法经营管理。职业教育集团是由若干具有独立法人资格的实体组成的联合体，集团本身不具有法人地位，目前将主要以托管经营、长期优惠合同等为联结纽带，职教集团不具有法人资格并不意味着不能成为市场主体。由于集团在日常运行管理中需要与其他经济主体（如公司、教育机构等）产生市场关系，确保职教集团的市场主体地位就变得非常重要，必须通过法制安排、共同投资等方式加以解决。

（2）促进校企合作，夯实发展基础。职业教育为广大企业提供人力资源，校企之间是互相联系和互相促进的关系。国外通常设立专门的组织机构，在校企之间搭建桥梁，例如，在日本和英国设有专门的组织机构：日本的产学恳谈会，英国职业资格委员会、商业与技术教育委员会等。职教集团中各成员代表自身单位的利益，在企业与政府、学校与企业之间发挥“桥梁”和“纽带”作用，向

政府提供行业发展、人才需求的情况，向成员单位宣传政府的发展规划、方针政策，推进校企合作，进一步促进职教集团这个平台的全面沟通，夯实职教集团的发展基础。

（3）深化产教融合，促进协同发展。由于缺乏企业的有效支持，或者没有摸准依托产业与市场的真实需求，学校与企业实体互动关系只停留在企业提供部分就业岗位、实训资源及学校承担企业的培训任务等浅层次上，产教融合形式单一。因此，职教集团内必须建立新型的产教融合纽带，引导企业参与教育教学过程，实现产教深度融合。企业的技术、岗位要求、企业文化要逐步渗透到职业教育之中。以企业的技术发展带动职教专业发展，企业的产品结构调整、技术创新、岗位设置变更，促进职教专业的设置、教学方案的改进更符合市场化发展。同时，产教深度融合，教育链对接产业链，进一步密切职教集团内部关系，促进职教集团紧密发展。

参考文献

［1］国务院关于加快发展现代职业教育的决定（国发〔2016〕19号）.

［2］广西壮族自治区政府工作报告（2016年1月24日）.

［3］中国职业教育集团化办学发展报告（2015）［R］. 北京：语文出版社，2015.

［4］2015广西统计年鉴.

基于现代学徒制的职业院校“双导师制”师资队伍建设

吴　冰

柳州市第二职业技术学校　广西　柳州

摘　要　“双导师制”师资队伍建设是现代学徒制职业教育模式的关键要素。本文通过分析当前职业院校“双导师制”师资队伍建设过程中存在的问题，提出了建立健全的师资管理机制，加强校企合作、实行校校联合等师资队伍建设的策略。

关键词　现代学徒制；职业技术教育；师资队伍

当前，我国现代学徒制改革正如火如荼地开展，师资队伍建设是现代学徒制得以有效推进的关键要素之一。2014 年 8 月，教育部在《关于开展现代学徒制试点工作的意见》（教职成〔2014〕9 号）中明确指出：要加强专兼结合师资队伍建设。校企共建师资队伍是现代学徒制试点工作的重要任务。现代学徒制的教学任务必须由学校专任教师和企业师傅共同承担，形成双导师制。但是，在实际开展工作时，各试点院校都发现有许多问题。综合柳州各试点院校开展此项工作时遇到的问题及处理方法，本文从发达国家现代学徒制对师资的要求、柳州市职教师资存在的师资问题及解决措施等方面详谈如何有效地建设一支具有较高专业理论水平和较强的实际动手能力的“双导师制”师资队伍，从而顺利地完成现代学徒制模式的职业教育人才培养。

一、发达国家现代学徒制对师资的要求

现代学徒制教育模式中的师资一般由两部分组成：职业院校的专任教师和企

业兼职教师（企业师傅）。

（一）职业院校的专任教师

在众多现代学徒制教育模式中，德国的“双元制”教育是比较成功和典型的，可以结合其整体教学目标来看它对于师资的要求。1991 年 3 月 15 日德国文化部长联席会议（KMK）通过职业培训框架教学计划，其中职业学校的整体教学目标为：

（1）传授职业能力。该能力是结合了人文和社会综合能力的专业能力。

（2）培养职业应变能力。其目的是适应行业领域不断变化的新要求。

（3）培养职业进修深造能力。

（4）强化个人和社会责任意识。

从教学目标（1）和（4）可以看出，德国职业教育要求专任教师必须接受过高等教育；从目标（2）可以看出，专任教师要具有一定的企业工作经历；从目标（3）则可以看出，专任教师还要具有终身学习的能力。

在 2016 年、2017 年，柳州市现代学徒制各大试点院校纷纷派送专业带头人、骨干教师等前往德国学习“双元制”教育模式，在学习中，通过德国教师的介绍及到各职业高中参观、交流，学习团成员不仅了解了德国的整体教育框架，还了解到德国职业院校专任教师的来源与我国职业院校专任教师来源的区别。与我国的职业院校直接录取高等院校毕业生不同，德国更注重的是教师的企业工作经历和实践能力。在德国，从事职业教育的人员需先在中学毕业后接受“双元制”培训，并在企业从业至少半年，然后进入综合性大学的技术师范学院学习 4 ~ 5 年，或在技术大学的教育学院学完规定课程之后再到对口企业工作一年，最后通过相关考试，方能取得职业教育教师资格。

其他实施现代学徒制教育的国家对于师资的要求也是大同小异，它们对于学徒制教育模式中职业院校专任教师的教学培训、执业资格、企业实践经历等的基本要求如表 1 所示。

表 1　部分职教发达国家对于现代学徒制模式中职业院校专任教师的要求

国家	教学培训要求	执业资格要求	企业实践经历要求
澳大利亚	接受大学教育，取得教育证书或教育学位；参加一年的新教师上岗培训	参加国家组织的按照职业教育考核方法进行的评估考核，通过后获取授课资格	国家规定，在校职教教师要定期去企业进行技术实践和培训，培训结束后，企业专家要依据其培训效果进行考聘，不合格者不予续聘

续表

国家	教学培训要求	执业资格要求	企业实践经历要求
英国	接受大学教育→接受一年的教育教学培训→获取教育硕士文凭	需具备教师资格证书	到企业或商业部门一线岗位工作，获得该行业最新的技术与管理技能
美国	接受大学教育→接受一年的教育教学培训→获取教育硕士文凭	需具备联邦各州政府规定的教师资格证	需参加实践环节的专业培训

从表1可以看出，职业教育发达国家的职业院校专任教师均受过高等教育，掌握较丰富的专业知识，具有丰富的企业工作经验、与企业、行业联系紧密。

（二）企业兼职教师（企业师傅）

实施现代学徒制教育的国家对于企业兼职教师的要求都比较高。例如，德国的高职院校聘请的企业兼职教师多是企业专家，具有较长的企业工作经历和丰富的工作经验。此外，高职院校在聘请兼职教师时会要求对方补修教育学、教育心理学等课程。澳大利亚职业院校的兼职教师主要来源于专业技术人员。被选聘的专业技术人员在从教的同时要接受大学教育学院1~2年的师范教育，并考取教师职业资格。

二、我国现存的职教师资问题

现代学徒制模式强调的是培养高素质技能型人才，这就必须要有高素质的师资队伍。笔者所在的项目组针对此问题制定调查问卷，对柳州市各大现代学徒制试点院校开展了专项调查。经过收集数据、归纳总结，得出结论如下。

（一）专业教师数量紧缺

近年来，职业院校的专业教师出现了紧缺的局面，原因有三。

第一，为适应不断变化的市场需求，中高职业院校增添了许多新专业，这就增添了新的专业师资需求；第二，就读职业院校的学生人数日益增长，班级数在不断扩大，原有师资难以满足教学要求的需要；第三，学校编制不足，只能对外聘请教师，但由于基本工资、课酬、交通等客观原因，学校很难请到充裕的师资人员。

以上这些原因都导致了中高职院校专业教师数量不足，柳州市现代学徒制试点学校之一——柳州市第二职业技术学校2014—2016年的招生情况、师资配备情况分析表就是一个很好的佐证。

表2尽管只反映了一个学校的情况，但是从中也可以看到：中职学校的师生比显然还是过低，大部分中职学校的热门专业的专业教师紧缺。

表2　柳州市第二职业技术学校2014—2016年的师资情况表

项目	时间		
	2014年	2015年	2016年
生师比	18∶1	23.8∶1	26∶1
专业教师总数/人	134	147	179
其中，聘用专业教师数/人	13	28	46
其中，兼职专业教师数/人	31	34	46

（二）专业教师素质堪忧

从表2可见，中高职院校聘请企业兼职教师的比例逐渐在扩大，不可否认，企业兼职教师的动手能力强、实际工作经验丰富，但是企业兼职教师毕竟不是科班出身，自身缺乏系统的教育教学理论及有效的授课方法。此外，从高等院校聘请的毕业生虽然具有较扎实的理论知识基础，但是缺乏企业实际工作经验，而且，由于没有编制，这部分青年教师很难安心工作，专心教研，或进行企业实践经验积累，一旦他们考取了其他单位的编制或者有更好的企业、学校抛出橄榄枝，就会毫不犹豫地离开。现在很多中高职院校面临的师资困境就是要不停地请老师，请来后又不敢大力培养，这就导致了专业师资水平良莠不齐。

（三）真正的“双师型”教师数量缺乏

无论是中职还是高职，都强调培养学生的专业素质和实际操作技能，这就要求职业院校培养同时具有扎实的专业理论知识和高超的实践操作能力的“双师型”教师。在现实中，这样的教师有，但是数量不足。目前的状况是：从高校毕业的专业教师理论知识强，但动手能力差；从企业、行业请来的兼职教师实践技能强，但教育教学经验欠缺。原因也很客观：职业院校的专业教师教学任务重，学生管理强度大，有很多专业教师作为专业的教学骨干，还身兼专业招生、专业规划制订、学生顶岗实习指导教师等数职，实在没有太多的时间和精力去提升自己。另外，企业的兼职教师由于原工作的劳动强度、自身责任感等原因，无法或不愿参加学校举办的各项教育教学培训。

三、"双导师制"师资队伍建设的有效策略

截至2017年6月，柳州市现代学徒制试点院校开展此项工作已有一段时间，亦取得了一定的成绩。本项目组针对"双导师制"师资队伍建设过程中各试点院校遇到的具体问题、采取的有效策略等制定了专项调查问卷，对试点院校、参与学徒制工作的50余名学校专任教师和企业兼职教师等进行了问卷调查。最后，在数据收集、分析数据及归纳总结的基础上探讨出了以下进行"双导师制"师资队伍建设的有效策略。

（一）加大政策保障力度，建立健全师资管理机制

从调查问卷中的数据看出，所有试点院校都在开展学徒制教育模式的过程中同时推进师资管理机制的健全和完善工作，主要做法有如下几点。

首先，完善教师自我进修和提高的管理制度。自开展国际示范性高等职业院校建设工作以来，大部分学校完善了提高教师学历层次和职业资格的相关管理制度，有效的做法之一就是：采取报销部分学费和给予其一定津贴补助等方式，鼓励教师攻读更高学历或考取更高级别的职业资格证书。

其次，建立科学合理的收入分配机制和激励制度。机制中要充分体现"多劳多得"原则，明确奖励制度，对在教学、科研等方面有突出成绩的教师要给予适当的物质和精神奖励，以提高其刻苦钻研教学业务和进行科研的工作积极性。

最后，重视企业兼职教师（企业师傅）队伍建设，做好企业兼职教师的培训和激励等工作。采取给予其适当的交通、伙食补贴等方式，调动企业兼职教师参加学校组织的各项教育教学培训的积极性。此外，学校每学期对企业兼职教师的工作质量进行严格考核，对于其中工作表现优异者授予"教学骨干""优秀教师"等称号，并颁发一定的奖金。再如，学校可聘请一些已在校授课多年，对学校情况比较了解且本身具有较强的企业实践能力的企业兼职教师担任学校的各项教育教学职务，如教学指导老师、实训室建设指导专家等，承认其工作量，给予其一定的补贴。

实践证明，以上一系列人性化的师资管理措施极易增强这两类教师对于学校的认同感和归属感。只有当教师真正做到爱校如家、以校为荣，学校各方面的工作才能顺利地推进。

（二）加强校企合作，共建"双导师制"师资队伍

现代学徒制模式中的教师既有学校的专任教师，又有企业的师傅；教学场地

既是在学校，又是在企业；接受学徒制教育的对象既是学生，又是学徒，这一切都决定了实施该项工作必须要有企业的大力参与。

实施现代学徒制工作以来，在国家政策的正确引导和大力支持下，学校加强了和对口企业的深度合作和交流。不同于以往的仅是领导层面的联系，现在的校企合作已经深入至工作细节。学校通过选派专业教师到对口企业进行脱产顶岗实践，支持专业教师参与企业科研项目开发，选送具有较好实际操作能力的学生到对口企业进行顶岗实习，解决企业部分用人荒等方式，与企业建立良好的关系。

在良好的校企合作的基础上，学校比以往更容易争取到具有真才实学的技术骨干来校担任“师傅”，承担现代学徒制教育模式中的实践教学任务。此外，企业也比以往更支持这些“师傅”参加学校组织的各项教育教学培训。

（三）增强了学校专任教师到对口企业实践的机会

由于职称评审的要求，专业教师每年都会设法到企业实践一个月，实践的企业不全然是本专业，甚至有部分教师为了完成任务，随便找一家企业开证明，这些做法都达不到实践的真正目的。与企业建立了良好的合作关系，学校就可以派送教学骨干带着教学任务到企业一线脱产顶岗，锻炼自身的实际操作能力。

（四）实行校校联合，促进学校、行业间的交流

实施现代学徒制以来，高职院校与中职院校、学校与企业、企业与企业之间的联系比以往更加紧密。例如，在柳州市职业技术学院的引领下，柳州市第一职业技术学校和柳州市第二职业技术学校同时开展了现代物流的学徒制项目。借助英国瑞尔学徒公司，三个学校的评估师团队共同接受了英国学徒制模式中对于评估师的职业标准、工作能力及综合能力等专项培训。在此期间，专任教师、企业兼职教师间经常相互交换学习心得和各校、各企业开展现代学徒制模式的实际情况和解决方法。大部分教师表示这样的学习方法最有成效，具体体现在如下方面。

第一，促进中高职衔接。中高职教师在一起培训，一方面中职教师可以从高职教师处了解高职院校人才培养的具体要求，从而调整中职的人才培养方案和课程标准等，以适应高职入学标准。另一方面，高职教师在与中职教师交流时亦可掌握中职学生现有的专业能力和知识水平等基本情况，帮助他们灵活地调整教学内容和教学方法等，以减少中职学生进入高职后遇到的专业知识严重脱节、学习跟不上等问题。

第二，提升企业兼职教师教育教学培训效果。各试点院校经常组织评估师团队在一起培训。当企业兼职教师遇到不理解的知识点时，可以立即与专任教师探

讨。他们的学习兴趣得到了很大的提高，学习效果增强明显。

第三，增强行业间交流，实现“双赢”。在一起学习和交流，专任教师更容易接触到企业的新技术、新工艺；企业兼职教师更容易掌握职业院校人才培养动态；学校间更容易掌握相关专业的发展情况；企业间更容易掌握行业发展态势。可以说，学校与企业之间、校与校之间、企业与企业之间均实现了“双赢”。

综上，实施“双导师制”师资队伍建设是现代学徒制模式中的一项重要内容，只有建立了教育理论基础扎实、实际操作能力强的“双导师制”队伍，才能更快地推进现代学徒制教育工作的开展！

参考文献

［1］教育部关于开展现代学徒制试点工作的意见［EB/OL］. 2014 - 08 - 25. http：//www. moe. edu. cn/srcsite/A07/s7055/201408/t20140827174583. html.

［2］薛文昕. 现代学徒制在高校师资队伍建设中的实践与研究［J］. 上海第二工业大学学报，2016，33（3）：244 - 247.

［3］邓明阳. 基于校企合作的“三位一体”双导师制人才培养模式探索［J］. 职业技术教育，2013，34（20）：57 - 59.

［4］贺文谨. 国外职教教师教育的特点及启示［J］. 职业技术教育：教科版，2006，2（47）：48 - 51.

［5］刘热. 论职业院校兼职教师队伍建设的难点与着力点［J］. 职业教育研究，2011，2（6）：147 - 150.

［6］李传伟、董先、姜义. 基于现代学徒制的师资队伍培养模式研究［J］. 高等继续学报，2015，28（2）：53 - 57.

浅析柳州龙舟习俗的保护与旅游开发的价值

兰丽丽

柳州市第二职业技术学校　广西　柳州

摘　要　柳州是一座国家历史文化名城，是自然美和人文美相结合的旅游城市，其龙舟习俗拥有悠久的历史。本文在介绍柳州龙舟习俗现状分析的基础上，提出了柳州龙舟习俗旅游的保护与旅游开发方面的建议，为柳州龙舟习俗的保护与旅游开发甚至国内同类民俗的保护与开发提供了参考依据。

关键词　柳州；龙舟习俗；保护；旅游开发

在我国，对传统节庆进行旅游开发的研究已经有一段时间了，节庆旅游活动的兴盛始于20世纪90年代。就目前来看，宣传富有特色的节庆旅游已经成为吸引游客的重要方式之一，许多地区通过举办节庆旅游来推动当地旅游业的发展，如青岛啤酒节、哈尔滨的冰灯节、广州美食节等。这些节庆活动是一个城市展示自己城市文化的主要途径，同时带动了当地的经济发展。这些节庆活动在我国城市的发展中扮演着非常重要的角色。

目前，柳州有许多节庆旅游活动，如三月三歌圩节、八月十五山歌节、五月初五龙舟赛、十二月国际奇石展等。当然，柳州下辖的六个县也有很多当地特有的传统节日，受到广大游客的喜爱，游客们可以从中充分领略到当地的民俗风情。但是在众多节庆旅游不断发展的同时，也存在着许多问题，如管理不善、缺少科学规划、节庆特色不明显、可持续性不强等。因此，如何有针对性地对节庆旅游开发和保护中存在的问题进行深入的探讨分析，是促进节庆旅游可持续发展必须考虑的问题。

一、柳州龙舟习俗传承的现状

（一）传承的主要方式

目前，柳州龙舟习俗的主要传承方式包括民间传承和教育传承。民间传承主要是以人民出于喜爱而自发观看、学习龙舟习俗的自然传承以及在一些家族传授中学习赛龙舟和跟随当地技艺精湛的赛龙舟好手拜师学艺的师徒式传承为主。作为一种古老的方式，民间传承承载了柳州地区的传统龙舟习俗，在传承中较好地保存了柳州龙舟习俗。

而教育传承主要是通过一些中小学生的课外实践教材中的关于龙舟习俗的内容进行传授为主的传承方式。教育传承方式能够借助教育者的知识促进和鼓舞传承科学性和规范性。

（二）传承的范围及对象

长期以来，柳州赛龙舟作为端午节的主要习俗，一直在柳州市及各县广为流传。柳州市作为全国知名的旅游城市，柳州龙舟习俗的传播范围也越来越广，但是更多的传播范围还是集中在一些县城及村镇。而传承对象自然以这类地区的人群为主，主要包括从小生活在柳州地区的民众和龙舟习俗的爱好者和工作者。

（三）传承的主要内容

柳州龙舟习俗的传承主要包括龙舟制作工艺、龙舟文化以及唱龙船歌等，还包括龙舟习俗所反映出来的柳州市及各县的民俗特色以及它所蕴含的柳州市及各县的祭祀和历史文化的内涵。但是就目前的情形来看，柳州龙舟习俗主要还是以划龙舟为主要形式，突显富有特色的民俗内容较少。

（四）传承中的问题

由于在传承观念、方法以及政策等方面的不足，柳州龙舟习俗在传承中也存在一些问题，主要体现在教育体系和传承机制不完善、传承断代这两个方面。任何习俗想要长久地发展下去就离不开教育。虽然柳州龙舟习俗在一些中小学生课外实践教材中有所提及，但它的教学体系始终不够完善。

据调查研究表明，在柳州市、县、乡村之间同样也缺乏健全的龙舟习俗传承体系，各政府职能部门、文化部门的分工协作以及在龙舟习俗传承中所承担的任务不明确，使柳州龙舟习俗在传承过程中缺乏引导。而传承人是柳州龙舟习俗非物质文化遗产的重要载体，他们掌握并承载着划龙舟以及龙舟文化的传统民俗。

目前，大部分龙舟习俗专职人员年事渐高，而柳州市的青年男女在现代文明和市场经济的影响下，外出打工、学习，留在家乡、喜爱和学习龙舟习俗的后辈为数不多，能够长久致力于柳州龙舟习俗学习和传承的接班人严重缺乏，传承断代较为明显，传承形势非常严峻。

二、柳州龙舟习俗的保护与旅游开发的建议

柳州龙舟习俗拥有悠久的历史，在当今社会，面临着现代文化和市场经济商业化的冲击，这使柳州龙舟习俗部分文化正在慢慢地消失。面对柳州龙舟习俗旅游开发与保护中存在的种种问题，应该做好以下几个方面的工作。

（一）建立“百里柳江”保护区，走生态道路

柳州市的柳江河具有独特的自然资源和水资源，是龙舟节庆活动存在和旅游开发的前提。要想使龙舟习俗长久留存，就必须以保护柳江河的生态环境为前提，走生态道路，实现柳州龙舟习俗的可持续发展。柳江河畔的自然资源和传统的柳州龙舟习俗文化为柳州建立“百里柳江”生态保护区提供了良好的基础。

（二）树立正确的柳州龙舟习俗保护观念

表 1 是调查问卷中关于“您觉得要发展柳州龙舟习俗可以通过哪些方式?”的答案的统计分析。

表 1　发展柳州龙舟习俗的方式

方式	提高民众热情	加强龙舟运动的专业化管理	继承与创新龙舟习俗	加强政府的支持
比例	69%	49%	70%	51%

从表 1 的数据中，我们可以看到柳州龙舟习俗的发展更多地需要提高民众的热情和继承与创新龙舟习俗。要想更好地继承与创新龙舟习俗，首要的任务就是要树立保护龙舟习俗观念。只有树立了保护观念才能谈得上继承与创新。也只有保护好了柳州龙舟习俗，才能谈得上发展柳州龙舟习俗。

观念的树立最基本的途径就是教育，所以为了使柳州地区人民树立正确的龙舟习俗保护观念，就需要在柳州地区推行龙舟习俗文化普及教育。在教育制度的教材中，设立龙舟习俗文化课程，加上一些讲座以及音像资料，对学生进行龙舟习俗教育。让柳州当地学生加深对本地传统龙舟习俗文化的认识和了解，进一步

培养他们的自豪感，从而使其能够自觉地接受和传承龙舟习俗。但是，只靠学校教育还远远不够，社会教育也得跟上步伐，使整个柳州地区自然形成一种保护龙舟习俗的氛围。

（三）政府部门在龙舟习俗保护中应发挥主导作用

政府部门应该建立健全龙舟习俗文化保护体制，加强管理力度，避免无人管理的现象，保证漓江生态环境不受破坏，进行科学合理的开发。在龙舟习俗不被破坏的前提下，可以尝试注入一些新的文化，使其不断发展和呈现新的生命活力，从而让柳州龙舟习俗更好地传承下去。既不能为了开发而破坏龙舟习俗，也不能只是为了保护而保护。政府还应加大资金的投入，改善一些龙舟习俗的基础设施，让龙舟习俗能跟上现代社会的步伐，成为柳州地区人民共同拥有的财富资源。

（四）认真办好龙舟节庆活动

柳州龙舟节庆活动是龙舟习俗文化向外界展示的一个机会和舞台。柳州龙舟节庆活动历史悠久，有深厚的文化底蕴和广大的群众参与作为基础，加上一些媒体的报道以及外地游客与本地居民的参与，为推广柳州龙舟习俗创设了条件。

这也要求举办方在举办柳州龙舟节庆活动时，突出柳州龙舟习俗的特色。同时，把龙舟节庆活动与柳州的旅游业相结合，既要使龙舟节庆活动成为柳州龙舟节庆活动的亮点，也要让逗留观看赛龙舟的人成为旅游者。

通过表 2 的问卷调查数据，我们可以看出人们知道的龙舟习俗中有 84% 的人们选择了龙舟竞渡。

表 2　人们知道的龙舟习俗

龙舟习俗	唱龙舟	龙舟竞渡	龙舟巡游	其他
比例	13%	84%	26%	10%

表 2 的数据说明，相关政府部门要认真办好龙舟节庆活动，让更多的人了解和喜爱柳州龙舟习俗。

（五）加大宣传力度

要让柳州龙舟习俗旅游开发与保护获得良好的效果，政府部门和旅游行业各部门就必须树立宣传意识，利用各种现代社会的主流传媒方法进行宣传。例如，在报刊上通过专栏进行宣传，在电视节目上做龙舟习俗专题节目，或者举办有奖征文比赛、知识竞赛等，营造有利于柳州龙舟习俗发展的氛围。特别是在龙舟习俗的特色方面，要加大宣传，以吸引游客们的眼球，当然，除了突出龙舟习俗，还可以开发与龙舟习俗相关的旅游商品或纪念品。

所以，与柳州龙舟习俗相关的商品也将拥有广阔的市场。开发者应在与龙舟习俗相关的商品上下功夫，如服饰、工艺品、特色食品等等，对于经济效益的提升有着重要的作用。加上现在国家将端午节列入了节假日，政府部门应该充分利用这一假期，在人流量较多的地方开展宣传龙舟习俗的活动，构建一个展示柳州龙舟习俗的平台，营造一种健康的节日氛围。目前，表3分析了人们获得龙舟习俗信息的途径。

表3　人们获得龙舟习俗信息的途径

途径	书刊	电视报道	龙舟比赛	展览
比例	37%	43%	80%	8%

由此可见，相关政府部门必须借助以上宣传途径加大宣传力度，让更多的人了解柳州龙舟习俗。

三、总结

本文以柳州龙舟习俗保护与旅游开发为例，分析了其拥有的良好区位优势、资源优势、市场优势及存在的机遇和问题。所以，相关部门必须采取有效措施，加强传统习俗文化的保护和传承，加强宣传教育工作，使其发展得更为科学和合理，使其在旅游经济中发挥更为重要的作用，带动相关旅游业发展。

参考文献

［1］阚波．试论旅游开发与民俗文化保护之间的辩证关系［J］．旅游纵览，2011（03）：154.

［2］孙向阳．民俗文化保护开发面临的问题与对策［J］．青岛行政学院学报，2010（03）：93－96.

［3］郭桂玲，杨莉．非物质文化遗产的保护与利用［J］．绵阳师范学院学报，2006，25（6）：15－19.

［4］苏韶芬，李肇隆．柳州民俗［M］．北京：中央文献出版社，2006.

［5］李少兵，齐丽华，郭艳梅．节日节庆［M］．北京：中国文史出版社，2005.

[6] 盖国梁. 节庆趣谈 [M]. 上海：上海古籍出版社，2003.

[7] 张明军. 龙舟历史文化与发展现状研究 [J]. 西北民族大学学报，2010.

[8] 钟声宏. 广西民俗文化与民俗旅游开发研究 [J]. 广西师范大学学报，2000.

浅谈扩孔方法的改进

朱经辉

柳州市第二职业技术学校　广西　柳州

摘　要　在指导职业学校学生加工批量套类工件中发现，当材料在实体状况下时，往往是先用钻头将轴类毛坯钻成通孔后，再用内孔镗刀进行扩孔加工。当所需扩的孔径较大时，通常会用传统的内孔镗车刀，对内孔进行逐步扩孔车削加工，这样每加工一件都需要花费较多的时间，从而影响工作效率。针对这种情况，笔者对加工方法和车刀同时进行了改进。通过一系列改进后，在保证加工质量的同时，加工时间大大缩短了，从而得到了较高的加工效率。

关键词　扩孔；刀具改进；加工效率；加工方法

一、问题的产生

图 1 所示是日常加工中的套类产品零件。该部件的技术要求如下：材料的材质为 45#，长度为 400mm，内孔直径为 ϕ100mm，外径为 ϕ120mm。

对该部件的生产安排如下：月产量为 100 件，属于小批量生产模式。在型号 CA6140 的车床上进行车削加工。

刚开始，该部件内孔采用传统加工方法。首先将毛坯两端车平，然后用 ϕ50mm 的钻头在其中一个端面钻入深约 200mm 的深度。然后调头在另一个端面进行钻削，直至钻通为止。最后用内孔车刀，分别从两头做扩孔车削。这样的加工模式存在着如下问题。

（1）工件需要多次调头进行装夹，因此所消耗的劳动量过大，同时消耗了

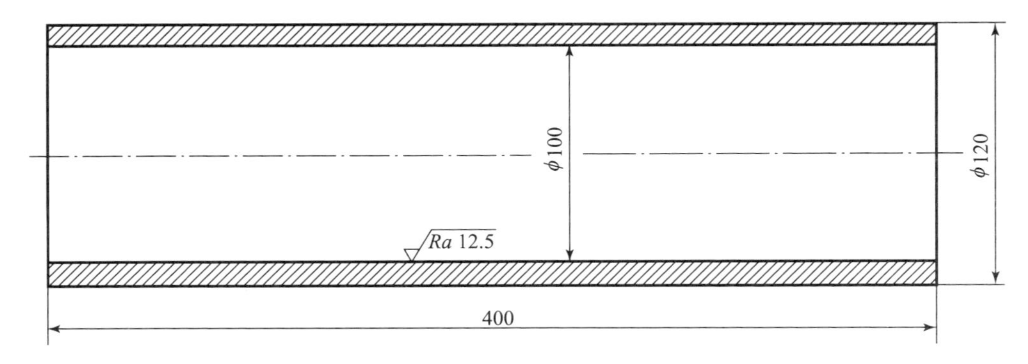

图 1

过多的辅助时间；

（2）在进行内孔镗削时，受内孔车刀刀杆几何形状和强度的制约，车削的背吃刀量也因此受到限制，每天加工量约为 5 件，效率过低，无法满足产品需求。因此该工件的加工需要解决的难题就是内孔加工效率偏低的问题。

（3）从两头分别做扩孔车削，如果最后一层余量的去除无法一刀完成的话，内孔必然会出现一定的接刀痕迹，这样同直径的内孔就会呈现出两端不应有的同轴度误差，对内孔加工质量有着不容忽视的影响。

二、加工方法的改进

针对该部件原有加工模式所存在的加工效率过低和一定的质量问题。笔者对加工工序和刀具进行了分别改进，其过程如下。

（1）加工工序的优化与改进。

改进加工程序如下：

工序一：首先用 ϕ50mm 的钻头钻其中一头深 200mm 左右，然后调头再钻一头使工件被钻通。

工序二：用自制的刀具，通过逐次扩孔的方式进行扩孔加工。

（2）扩孔刀具的自制。

工件的装夹还是采用三爪自定心卡盘，为了减少装夹次数，我们为该工序专门制作了一种特殊的刀具，其步骤和方法如下。

①刀杆的制作。

首先，选择一根 ϕ48mm 的 45#圆钢，车平两端面，保留长度为 438mm。为了保证制作出的刀杆具有较高的同轴度和一定的强度，将圆钢料的一端钻中心孔，另一端车削出一个直径为 ϕ20mm、深度为 30mm 的盲孔，如图 2 所示。

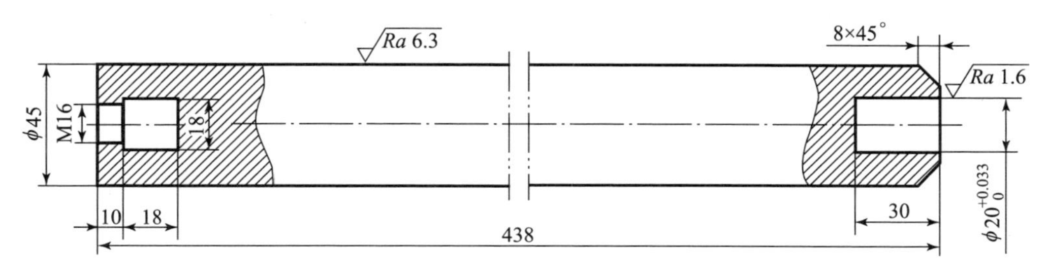

图 2　刀杆制作图

②锥柄的选择与加工。

准备一个大小与 CA6140 车床尾座套筒配合相符的莫氏 5#锥柄，锥柄可以从报废的麻花钻上切割下来。切割锥柄时，需将靠近大端的颈部保留下来。将切割下来的锥柄颈部加工出直径为 20mm、深 30mm 的圆钢内孔，并车出一直径为 20mm、长度为 30mm 的圆销，如图 3 所示。

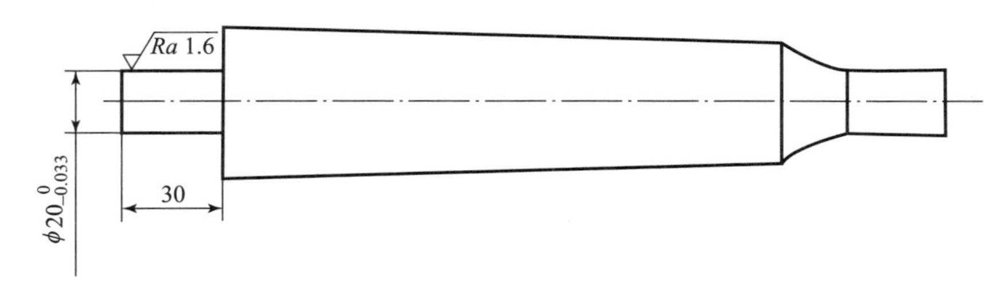

图 3　莫氏 5#锥柄

③焊接。

焊接前，先将加工好的莫氏锥柄大端处圆销与加工好的 ϕ48mm 圆钢的内孔进行配装。配装好后，再将这两部分焊接在一起。

为进一步提高锥柄与圆钢的同轴度，把焊接有锥柄的一头插入车床主轴孔，另一端用活动顶尖顶起，并车削圆钢外圆，将原来的 ϕ48mm 圆钢车至 ϕ45mm。完成上述加工后，在距离有中心孔的另一圆钢端面 10mm 处加工一个 18mm × 18mm 的方孔，用于安装刀头。加工方孔时，必须保证方孔的中心点与圆钢的中心线相重合，并且使方孔一侧到圆钢端面有 10mm 的厚度。

最后，将靠近方孔的一端进行钻孔、攻丝加工出一尺寸为 M16 的螺纹孔，以便紧固自制的加工刀头。图 4 所示为刀杆成品图。

④刀头的制作。

由于所加工工件的材料材质是 45 #钢，所以选用了 18mm × 18mm 长度为

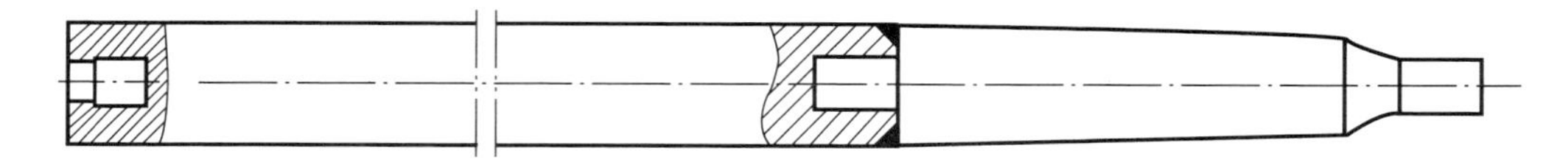

图 4 刀杆制成件

60mm（因为第一次扩孔的孔径为 ϕ60mm）的钨钼系高速钢方形刀片。

以刀片两头的同一个平面的对角为刀尖，刀刃的方向与方形刀头的纵向方向一致，分别刃磨一个前角、主后角、主偏角、副偏角、副后角、主切削刃、卷屑槽。刃磨出的刀头几何角度：前角约为 15°、主后角约为 8°；主偏角为 90°，副偏角约为 6°，副后角约为 8°；主切削刃长 10mm；卷屑槽宽度为 5mm。制作出的刀头如图 5 所示。

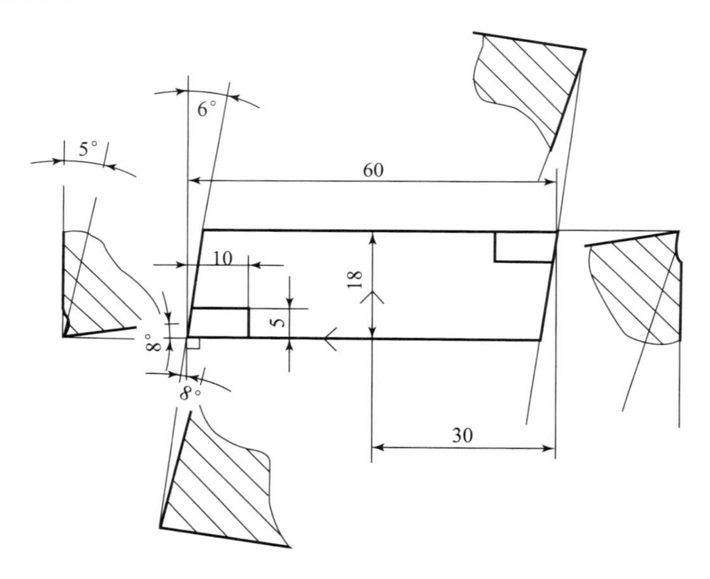

图 5 刀头及其几何参数

对刀具及刀头采取这类方式的改进，有很多优点。首先就是在切削加工过程中，除刚进入切削状态或即将完成切削，刀头离开工件瞬间，刀头受力不均衡外（此时切削余量一般都较小，所受的不均衡力较小。也可以采取暂时降低进给量的方式处理），大多数情况是两头同时参与切削，其切削过程不存在断续切削加工的问题。所以刀杆所受到的力矩始终处于基本平衡状态，刀杆只是受到较大的扭矩。

其次是在切削用量选择方面，除了因内孔加工所存在的冷却较困难、排屑不畅及加工表面质量难以保证的因素制约外，由于刀头材料的不同，所能承受的切削线速度差异非常大，是另一主要因素。当然价格也有巨大的差异，这主要取决于企业加工成本的控制。所以在刀头可以承受较大切削线速度和刀杆可以承受较大扭矩以及设备功率允许的情况下，往往可以采用较大的进给量和背吃刀量，因此这种改进方式非常有利于提高生产效率。

最后，由于可以一刀完成内孔，最后一层余量的车削因而不存在接刀痕迹，也就不会出现同直径内孔所不应出现的同轴度误差，有利于产品质量的提升。

⑤刀头的安装与使用法。

把刃磨好的刀头安装在刀杆的方孔里，并扭动螺杆紧固。刀头紧固时，需要保证两个刀尖到刀杆中心线的距离基本一致。完成刀片的安装后，就可以把刀杆的锥柄配合在车床尾座的套筒里。然后把尾座调到适合位置，锁紧尾座，转动尾座手轮，刀具做直线运动，像钻孔一样把内孔逐步扩大。自制刀具安装效果图如图 6 所示。

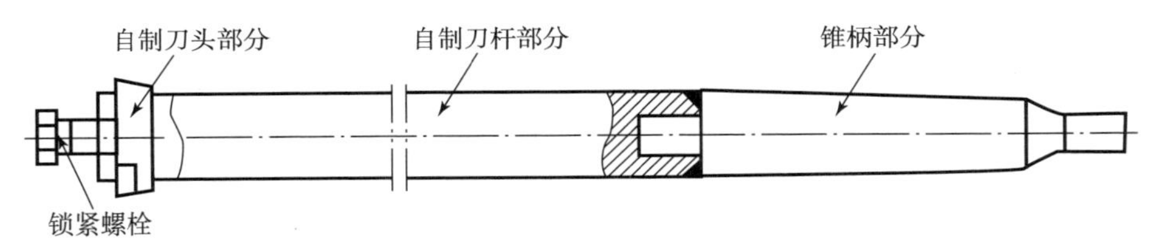

图 6　自制刀具安装效果图

（3）扩孔方案的最终确定。

第一把自制刀具只能把内孔扩大到 ϕ60mm（因为刀头的长度为 60mm）。在后道工序进行扩孔时，笔者决定采取逐次扩大的方式，每次扩大 10mm。用同样的方法，分别制作了直径为 45mm、65mm、95mm 的三根刀杆。刀头的长度从 60mm 开始，以 10mm 等差长度的方式递增。分别制作了包括 60mm、70mm、80mm、90mm、100mm 的五种长度的刀头。

在使用过程中，长度 60mm 和长度 70mm 的两把刀头分别与直径为 45mm 的刀杆配合使用；长度 80mm 和长度 90mm 的两把刀头分别与直径为 65mm 的刀杆配合使用；长度 100mm 的刀头与直径为 95mm 的刀杆配合使用。采取以上方式的配备，有利于在扩孔加工时依次使用，从而达到提高加工效率的目的。

三、效果的分析与对比

采用改进后的加工工序和自制刀具进行钻孔、扩孔加工后，不但加工质量得以保证，加工用时缩短了，效率也提高了，劳动强度也降低了。为了进一步证明其效果，笔者将所收集到的改进前和改进后的数据分别制作了表 1、表 2 两个表格，以作对比。

表 1　改进前加工单件用时统计表

<table>
<tr><th>序号</th><th>工步</th><th>转速/（r·min^{-1}）</th><th>进给量/mm</th><th>背吃刀量/mm</th><th>走一刀400mm长用时/mm</th><th>调头用时/min</th><th>完成工步用时/min</th><th>每件总用时/min</th></tr>
<tr><td>1</td><td>钻</td><td>100</td><td>0. 25</td><td>25</td><td>16</td><td>1</td><td>17</td><td rowspan="2">94</td></tr>
<tr><td>2</td><td>车</td><td>300</td><td>0. 2</td><td>2. 5</td><td>6. 7</td><td>1</td><td>7. 7×10（刀）=77</td></tr>
</table>

表 2　改进后加工单件用时统计表

<table>
<tr><th>序号</th><th>工步</th><th>转速/（r·min^{-1}）</th><th>进给量/mm</th><th>背吃刀量/mm</th><th>走一刀400长用时/min</th><th>调头用时/min</th><th>完成工步用时/min</th><th>每件总用时/min</th></tr>
<tr><td>1</td><td>钻</td><td>100</td><td>0. 25</td><td>25</td><td>16</td><td>1</td><td>17</td><td rowspan="2">50. 5</td></tr>
<tr><td>2</td><td>车</td><td>200</td><td>0. 3</td><td>5</td><td>6. 7</td><td>0</td><td>6. 6×5（刀）=33. 5</td></tr>
</table>

从以上所列的数据对比中可以清晰地看出，加工方法改进后，单件加工工时只需 50. 5min，比改进前缩短了 43. 5min，所消耗的工时只有原来的 53. 7%。由每天、每班只能加工 5 件，提高到每天、每班可以加工 9. 5 件。效率提高了近一倍，满足了生产的需要。

四、结束语

企业要生存、要发展，就必须获要得永久的竞争力，而竞争力的取得要靠不断地进行技术创新。一个企业只有具备强大的技术创新能力，才能在激烈的市场竞争中赢得优势，赶超甚至领先国际先进技术水平，并最终实现企业竞争力的提升。在职业学校教学过程中，作为实习指导老师，必须适应时代发展，多多启发学生如何更好地通过有效途径提高生产效率。

在日常的工作中，笔者始终如一坚持上述理念，不断总结、丰富自身实践经验，取得了一个又一个令人骄傲的成绩。这些成绩的取得，鼓舞着自己向更高的目标迈进。

在本论文完成之际，向所有帮助和支持笔者的柳州市第二职业技术学校的各位老师、各位同仁们表示衷心的感谢！由于理论知识水平有限，论文中论述的方式、方法难免有疏漏和不足之处，欢迎各位老师和专家们斧正。

参考文献

[1] 王公安．车工工艺学［M］.4 版．北京：中国劳动社会保障出版社，2005.

中职校园电商微创业的探索与实践

曾　春

柳州市第二职业技术学校　广西　柳州

摘　要　本文基于课题《中职电子商务专业学生校园微创业活动的探究与实践》，研究校园学生微创业的实践案例，从需求视角分析规避学生创业风险的特点与规律，构建学生创业需求的理论框架，并用于指导学生校园电商微创业活动的实践。

关键词　电子商务；学生；校园；微创业

李克强总理在2014年9月的夏季达沃斯论坛上提出了“大众创业、万众创新”。当时他提出，要在960万平方公里土地上掀起“大众创业”“草根创业”的新浪潮，形成“万众创新”“人人创新”的新势态。

2011年2月，中国电信北京分公司面向高校推出“天翼微创业计划”。虽然它更像是一个兼职和校园渠道体系，但微创业这一概念首次获得认可和推广。2011年3月，著名杂志“创业邦”在其官方网站启动了2011中国“微创业计划”大赛，提供了一个概念认知和模式推广的非常好的平台，短短几天数百人报名。

微创业的特点：投资微小、见效快、可批量复制或拓展，主要以网络为平台和载体，通过与实际实体的结合而展开。

中职学生的年龄偏小，学生在校内创业无法承担创业风险，但是中职电子商务专业的学生要以开网店等微创业形式进行实操以提升专业技能，促进就业。目前，学生开网店上传商品需要交纳1 000元的保证金，货源的选择以及货款也是制约学生开网店的因素之一。学生校园的微创业活动需要场地、仓库及学校的许可。当前教学使用的电子商务专业的实训教学软件只能满足学生部分实操训练的要求，只可以以模拟的形式开网店和进行交易，操作相对简单和死板，与现实中的网店运营有很大出入，功能也不够完善，学生的学习动力不足，学习兴趣不高。基于以上存在的这些问题，如何有效地提升学生的专业技能从而促进学生的就业，是当前迫切需要解决的问题。

一、校园电商微创业的前期准备

以我校 2015 级电子商务专业学生的创业团队为例，该创业团队参加了全国性的创业比赛，全面地实践了校园微创业活动。活动历时半年，取得了较好的效果，在校园有了稳定的消费群体和良好口碑。那么校园电商创业需要进行哪些前期准备？

（一）认识微创业

首先，教师需要带领创业团队解读国家创业政策与法规，分析中职生创业的利与弊，激发学生的创业激情，让学生明确微创业的定义及重要意义；帮助学生分析中职生微创业的背景、选择微创业的理由，预测中职生微创业的风险。通过学习和查找资料，学生了解了中职生微创业的基本条件；通过学习微创业领域的经典成功案例，学生充分认识了微创业，为校园的微创业实战奠定了必要的理论基础。

（二）组建微创业团队

组建微创业团队需要进行人员选拔。教师需要通过不同形式考核学生的职业素养、学习能力和专业技能。微创业团队成员必须具备吃苦耐劳、抗挫折的能力，团队成员要有明确的奋斗目标，能够进行团队合作，积极主动地解决微创业活动中遇到的困难和问题，有良好的学习能力，具有创新意识，勇于挑战，善于总结。

（三）进行市场调研

微创业活动离不开市场调研，通过调研可以识别、评估和筛选微创业机会，选择微创业项目和产品，因此学生撰写和设计问卷调查表就尤为重要。为了取得调研效果，调查问卷的内容必须有针对性，如消费者喜欢的商品口味、商品的品牌、商品包装、商品价格、商品规格及类型等。市场调研离不开商务洽谈，所以学生需要运用商务礼仪进行商务洽谈，锻炼口头表达能力及交际能力。问卷调查表回收后需要进行数据分析，依据分析结果制定微创业计划书，落实仓库与物流配送方式，为微创业的实战提供决策依据。

（四）拓展融资渠道

在校的中职学生没有收入来源，如何筹措微创业的启动资金？首先可以争取学校的支持，例如，通过申请向学校借款，盈利后再归还学校。其次可以联手赞助商。目前，学生人手一部手机，流量和话费都是消费品，三大运营商均青睐校园市场。因此针对校园的微创业活动，可以联手企业，为企业进行产品和服务宣传，合作企业提供赞助费或者宣传费用，实现合作共赢。学生可以凭借特长和专业技能参加各项比赛，通过赢取比赛奖金积累创业资金。当然，学生也可以联合出资筹措创业的初始资金。

（五）整合资源

为了助力校园微创业团队的创新创业，需要汇聚各方智慧，开发校园共享经济，打造资源共享圈，实现优质资源的共享和整合。同时共同引导校园消费观念，倡导理性消费、绿色消费，杜绝浪费，培育校园消费文化，营造和谐的消费环境。

二、校园电商微创业管理

校园电商微创业前期的准备工作完成后，微创业活动推广和微创业实战紧随其后。在微创业实施的过程中，学生容易形成“重经营轻管理、重销售轻财务”的倾向。因此电商微创业团队需要制定各项管理制度，进行科学有效的管理。

（一）人员管理

校园电商微创业团队的管理需要更多的激情、更灵活高效的措施、更快速的反应和更强的战斗力，这就决定了创业团队有着独特的管理模式与方式。例如，制定微创业团队岗位职责、微创业团队管理制度与激励机制和微创业团队考勤制度。

（二）物流配送管理

校园电商微创业实战过程中，物流配送是最后一公里的服务，也决定着售后服务的品质。对于校园电商微创业的物流配送，如何安全高效地送达商品，让师生满意，才是首要考虑的事情。其次需要学习和掌握物料和仓储管理的技巧，提高仓库储存能力，有效地进行物流与仓储成本控制，减少库存损耗。制定物流配送管理制度、商品出入库管理制度、仓库卫生及安全管理制度和采购及库存管理制度。

（三）财务管理

财务管理是对经营状况和经营成果的评价，是监督经营管理各个环节的有效工具，更是进行预测、决策、实施战略管理的基础和依据。中职学生校园电商微创业在快速发展的过程中，往往对财务管理缺乏经验和重视，因此需要制定财务人员现金管理制度，财务人员账本管理制度和财务人员失职的处罚制度。只有加强对财务管理和会计业务知识的学习，对资金合理分配使用，避免财务风险，才能提高资金运用效能，实现资金的增值保值。

（四）工作室及平台管理

良好的工作环境和正常运转的设备是电商微创业运营的基本保障。必须制定所有设备的保管和维护制度、设备的使用记录、借出与归还记录、工作室的卫生及安全管理制度。例如，电脑突然故障，应该有应急预案，值班人员可以通过手机及时查看订单并进行客服工作。对于电商微创业的平台及软件，需要设置管理平台账号及子账号的管理制度、发布产品和信息的审核制度、平台维护制度。

（五）风险管理

风险管理基于事前预防，是一种规避创业风险的决策管理方式。通过这种管理，规避创业在法律，财务、社会责任以及投资方面的风险，减少创业在非正常情况下的损失，保持稳定持续的经营活动。因此需要进行季节性风险预测及管理，例如，夏天不适合销售暖手宝，进行资金风险预测及管理，进行产品成本、产品质量及产品供应风险预测及管理，进行新产品销售风险预测及管理，进行产品保质期风险预测及管理，例如，有的水果的保鲜期较短，容易变质腐烂导致亏本。最后还需进行同行竞争风险预测及管理，竞争无处不在，需要提前做好各项风险的预测与管理，保障校园微创业活动的顺利实施。

三、校园电商微创业总结

校园电商微创业活动需要及时进行总结，养成善始善终的习惯。首先要善于总结微创业团队失败原因，分析资金原因、团队原因、项目及选品原因、管理原因、市场需求以及其他原因。从各项失败原因中总结经验，吸取教训，不断完善微创业团队的管理。其次要善于总结微创业团队成功的原因，通过总结抓住机遇，服务校园，打造优秀的团队，学习卓越的管理，进行良好的沟通，不断提升学习的能力和个人的魅力。最后还要善于总结校园电商微创业的收获。校园电商微创业提供了宝贵的试错机会，激发了创业梦想，能够赢取创业基金，提升专业技能，完善个人综合素质，助力创业团队成员积累经验、破茧成蝶。

四、结语

十九大报告指出，要弘扬劳模精神和工匠精神，在建设创新型国家的进程中，职业教育承担着培养大国工匠的责任，所以在中职校园电商创业也需要培养学生的工匠精神。做品质电商，提高用户消费体验，提升自己专业技能、精益求精，坚持不懈、勇于挑战、敢于创新。校园电商微创业只有进一步加强管理，不断创新经营理念和策略，才能保障校园微创业项目得到顺利成长。

参考文献

[1] 李宗华，涂志清．论大学生校园创业的问题及对策 [J]. 现代交际，2016：111－112.

[2] 谢印成，田真平．高校校园 O2O 电子商务创业创新实践与对策 [J]. 人才培养，2017：72－73，75.

西部地区职业教育国际化发展的实践与探索

——以柳州市为例

韦弢勇

柳州市第二职业技术学校　广西　柳州

摘　要　经过多年的努力，我国在借鉴发达国家职教办学理念、开展国际化项目合作领域、引入国外职业资格证书、制定国际化教学标准、实施多元合作模式等方面做了积极的探索，取得一定的成效。而世界经济一体化深入发展，国家实施"一带一路"发展战略，为我国职业教育的国际化发展指引了新方向，要求进一步完善职业教育国际化发展策略与政策体系，进一步强化走出去主动服务企业的理念，注重打造我国职业教育国际品牌。

关键词　职业教育；国际化；实践；柳州

【课题项目】　本文系广西职业教育教学改革研究项目（项目编号：GXGZJG2016B151）阶段性成果。

近年来，我国职业教育国际合作与交流已经从政府间合作拓展到职业院校间的合作，从引进国外职业资格证发展到开发国际化标准的专业课程，有力地推动了职业教育国际化发展进程。随着国家实施"一带一路"发展战略，经济全球化发展步伐加快，我国职业教育国际化办学又迎来了一个发展的历史机遇期。在推进职业教育国际化的进程中，地处西部少数民族地区的柳州市抓住经济全球化带来的产业国际分工调整契机，以服务企业走出去发展战略为目标，以职业教育集团化发展为平台，以职业教育"产业－专业"集群建设为抓手，积极探索具有柳州特色的西部地区职业教育国际化发展道路。

一、发展现状与成效

（一）校企合作，产教融合，筑牢职业教育国际化发展平台

（1）把握经济全球化、产业国际化分工的发展趋势，培育职教重点专业，服务柳州优势产业。政府统筹引导职业院校对接具有国际竞争力的优势产业，办好重点专业，依托产业办专业，办好专业兴产业，构建“产业－专业”集群发展模式。适应柳州产业发展与经济国际化竞争需求，制定了《柳州市职业教育专业布局与结构调整规划（2015—2020年）》，重点发展面向汽车、机械等支柱产业所需的先进制造、汽车类专业，大力发展面向现代服务业所需的物流、商贸、旅游会展、信息服务类专业，适时发展面向新兴产业的新材料、新技术、新能源类专业。确定了现代装备制造、汽车商务、通信技术等重点发展的“产业－专业”集群，引导各院校按“精准定位、错位竞争、优势互补、特色发展”建设重点“产业－专业”集群，依托产业做大做强专业，为职业院校服务“一带一路”发展战略、开展职业教育国际化合作奠定坚实的基础。

（2）构建“政、校、企、行、会、所”共同参与的职教集团，合作共赢，抱团出海，集中优势职教资源参与国际化竞争。按照服务社会与经济发展要求，以教育行政部门统筹引导，以国家级职业教育示范性院校为龙头，以行业企业为依托，以重点专业与产业为纽带，柳州市组建了全国汽车职教集团、中国（南方）林业职教集团、广西汽车产业职教集团、广西轨道交通工程职教集团、柳州市物流职教集团、柳州市工程机械职教集团、柳州市现代服务业职教集团等十多个职教集团。通过资源共享，发挥协同效应，增强品牌专业（群）和实训基地服务能力，推进产教深度融合，形成了立足柳州、服务广西、辐射全国，乃至东南亚地区的职业教育集团。依托职教集团，打造“职业教育链服务优势产业链”，参与企业全球化竞争，成为职业院校构建参与职业教育国际化竞争的集团化发展平台。

（二）更新观念，国际引领，探索国外先进职教模式本土化发展

（1）优选国际化职业教育模式和方法，引进、消化和吸收国际化职业教育先进理念。重点围绕德国“双元制”、英国“现代学徒制”、美国社区学院人才培养模式以及行动导向教学法开展理论学习和师资培训。仅在2015年，就邀请十多位国内外知名职教专家到柳州讲学，举办了十多次全市性职业教育国际化培

训班。通过国际化职业教育理念学习、宣传和教育行动，使职业院校进一步树立职业教育国际化观念，形成全球化视野和国际化战略思维，增强国际合作与交流意识，把职业教育国际化作为加速提升职业教育整体实力的重要途径，提高对职业教育国际化内涵及其重要性的认识，增强学习领会、借鉴吸收世界各国职业教育先进理念和成功经验的自觉性。

（2）遴选国际化职教项目，依托项目，以点带面、点面结合多形式推进职教国际化发展。在与柳州支柱产业密切相关、具有一定国际竞争力的装备制造、现代物流、汽车商务、汽车技术服务和轨道交通 5 个专业集群中遴选了 7 大职业教育国际化项目，率先启动项目建设，项目实行集团化运作，企业全程参与推进，以点带面、点面结合多形式推动国外职教模式本土化发展，探索柳州市职业院校“引进、消化、吸收、输出”职业教育国际化发展路径。近年来柳州市开展的国际化项目如表 1 所示。

表 1　近年来柳州市开展的国际化项目

序号	合作项目	子项目	项目特点
1	中德“双元制”项目	机械制造专业应用技术型本科“双元制”模式本土化研究与实践	本土化实践
		工程机械专业与德国“双元制”职业教育合作	
		数控专业全程导入德国“双元制”职业教育人才培养模式	
2	英国现代学徒制项目	高职物流管理专业现代学徒制试点	国外模式导入
		物流服务与管理专业引入现代学徒制职业教育人才培养模式	
		物流管理专业现代学徒制人才培养体系构建	
3	CBE 培养模式	轨道交通专业群基于 CBE 模式的国际化发展	本土化实践
		工程机械运用与维修专业 CBE 人才培养模式改革	
4	汽车技术服务职业教育国际化	上汽通用五菱汽车技术服务职业教育国际化	提炼“柳州标准”
		建设国际化专业课程标准体系，探索现代师徒制的实施路径	
		建设国际化专业课程标准体系和师资队伍	
		建设汽车技术服务职业教育国际化师资队伍	

续表

序号	合作项目	子项目	项目特点
5	基于“现代学徒中心”的国际化汽车商务人才培养项目	基于“现代学徒制”国际化汽车商务本科职业教育模式的研究与实践	国外模式导入
		基于“汽车商务现代学徒中心”的国际化汽车商务人才培养	
		引入德国标准，建设中职汽车商务现代学徒制人才培养体系	
		构建中高职衔接的“现代学徒制”人才培养模式	
		基于“现代学徒制”教育的国际化汽车商务技能人才培养方案研究	
6	“柳州标准”模式	上汽通用五菱印尼生产基地汽车专业群国际化人才培养项目	职教标准输出
7	引入德国工商大会质量认证体系	建立柳州市中德职业教育国际交流中心、设立德国 AHK 职业培训中心、引进德国 AHK 职业资格证书、合作共建师资培训	培养标准和质量评价体系

（三）服务企业，创新发展，积极探索柳州职教模式走出国门参与国际竞争

（1）以服务柳州汽车企业走出去参与国际竞争为目标，推进柳州职教国际化伴随发展战略。企业参与国际化竞争，伴随企业走出去的不仅是产品，还有技术标准、服务体系、文化和价值观输出，这些都需要职业院校在国际竞争中扮演不可替代的角色。根据上汽通用五菱汽车股份有限公司参与东南亚产业竞争的需要，柳州市城市职业学院与上汽通用五菱汽车股份有限公司签订了联合办学协议，共建中印、印中汽车学院，为上海通用五菱印尼生产基地培养技术工人和管理人才。“中印上汽通用五菱汽车学院”在教学中引入上汽通用五菱的6S标准规范学生实训，以任务为导向，开发技能实训内容模块化的项目教学，校企双方共同开发“柳州标准”的职教课程和教学模式，服务柳州本土企业走出去发展战略。“中印上汽通用五菱汽车学院”的建立与新型教育教学模式的运用标志着柳州市职业教育国际化迈上了新的台阶。

（2）根据国家“一带一路”发展战略规划，柳州铁道职业技术学院将东南亚、南亚、中亚等区域作为推动职业教育国际化发展的重点方向，提出了“向北合作，向南发展”的国际化战略构想，发挥学院办学特色和学科专业优势，主动适应国际化发展，积极参与高铁走出去发展战略，重点推进轨道交通“产业－专

业”群的国际化发展，与俄罗斯乌拉尔国立交通大学共同签署了两校合作办学协议，双方联合举办“中俄丝路学院”，合作办开办铁道交通运营管理、铁道机车车辆、铁道车辆、通信技术、电气化铁道技术5个铁路专业。为俄罗斯培养高铁专门技能人才，服务中国高铁“一带一路”发展战略。

二、存在的问题与原因

（一）存在的问题

（1）国际化发展理念认识不到位，管理机构不健全。职业教育国际化发展理念已经得到了广泛的认同，但一些院校落实举措不到位，服务国际化发展的组织机构与人员配置不到位。尽管各个职业院校都认可国际化发展，但是仅有3所院校设立了专门机构，配备了少量的专职人员。仅1所院校制定了校级层面的国际化发展战略或中长期规划，绝大多数职业院校缺乏院校层面的中长期国际化发展规划，也未制定院校在国际化发展方面的量化考核指标。

（2）国际化师资队伍建设亟待加强。职业院校教师国际流动已开展了不短的时间，但一些院校之间人员交流程度不够深入。由于涉外交流机会较少，整个职业院校师资队伍国际化程度仍然很低。虽然一些职业院校教师有出国学习经历，但也是以参加短期专业进修、专项培训和交流互访为主。做外派访问学者或长期专业研修的教师很少；从外国职教专家的引入来看，有3所职业院校聘用了外教和专家，但以从事外国语言教学多，开展专业讲学、教科研合作、开发新技术和解决科研技术难题方面的外教和专家则很少。此外，留学生招收亦是刚起步。2015年有留学生或研修生的柳州职业院校有3所，但来校留学或研修的学生大部分为研修生。同时，由于职业院校所分配的公费出国留学名额有限，公费出国留学的职业院校学生更是寥寥无几。

（3）开设了一些国际化课程，但是尚未构建国际化的课程体系。有的院校初步开设了国际化课程，但多为双语内容的课程，跨文化交流的公共课程、吸纳国际先进技术的专业课程极少。在推进职业教育国际化发展过程中，有计划、有步骤地引入国际化先进的原版教材，通过合编、改编构建国际化教学资源库仍为重要的任务，也是职业教育国际化发展的基础性工作之一。

（二）产生的原因

（1）思想认识方面。对职业教育国际化发展形势认识不足，还没有形成完整的与“一带一路”国家战略相适应的职业教育国际化发展理念和竞争策略。

职业教育国际化就是引进优质教育资源和发达国家的先进管理经验，通过人才、资源、信息的交流达到相互促进和共同发展的目的。但一些职业院校对职业教育的国际化缺乏正确的认识，所采用的职业教育国际化策略局限在简单的互访考察、派遣教师赴外学习和学生短期游学、开设双语课程等方面。项目推进系统性不强，示范性不足，在院校国际化发展规划以及国际化策略方面亮点不多，实施国际化发展的策略水平不高。因此，在职业教育国际化发展中，当务之急是各个职业院校要制定国际化发展规划以及与之相适应的措施。

（2）政策支持方面。政府对职业教育国际化的政策支持力度不够，没有形成针对性强的国际化发展政策支持和实施保障体系。在职业教育国际交流合作中，政府的主导作用非常重要。虽然政府和教育部门已出台了一些政策，但与国际化发展目标相配套的可操作性的政策法规和实施细则还不完善，专门针对职业院校国际化交流合作的政策法规尚未出台。缺乏政策支持，就很难保证职业教育国际化办学的质量和水平。职业院校内部管理体制、激励措施等制度保障方面也还不到位，不少院校停留在试点研究阶段。此外，由于职业教育的特殊性及办学自主性不足，在相当多的环节政府和市场尚未达成统一，使得一些职业院校只能通过分析现行的政策来推测院校自身未来的发展。这在很大程度上直接影响了职业教育国际化发展水平的整体提升。

（3）资金投入方面。多年来，政府对职业教育国际化的基础设施与设备投入明显不足，也没有形成鼓励社会力量参与的、可持续发展的职业教育国际化发展投入机制。从根本上讲，职业教育的发展主要受地方经济的影响，职业教育国际化需要大量人、财、物资源的投入，需要厚实的基础条件，这些条件不但包括硬件设施，而且包括政策环境、软件建设。从调研情况来看，由于多年投入不足，目前一些职业院校办学设施设备比较老旧，实习、实训场地相当分散，不利于专业教学实习、实训和职教国际化交流；资金的投入缺乏，也不利于职教国际化项目的深度推进；专项经费不足，难以长期引进外籍专家到职业院校就业；本地职业院校的师资大多不能适应外语授课的要求，难以完全达到培养国际化人才的要求，从而使国际化教育教学中质量受到不同程度的影响。

三、发展对策与建议

（1）完善国际化发展相关制度与规定。政府要尽快建立市级职业教育国际化管理机构，完善促进职业教育国际化发展的政策。出台有关人才培养国际化方面的专项法规，以及中外合作办学、国际交换生管理、教师国际交流聘用与进修等相关管理实施细则。建立职业教育国际化发展资金投入计划与监管体系，形成与国际化发展相适应的办学资源投入制度与项目专项资金运用评价标准，形成良好的国际化办学政策环境，有利于加强对职业院校国际化办学的监控和指导。

（2）逐步推行国际职业教育和行业质量标准体系，建立和完善国际化职业资格认证制度。在教学中职业技能评价标准和职业资格认证要与国际接轨，以培养国际通行的职业技能人才。欧盟在职业教育发展中，采用评估与考核承认各国职业教育证书的等值性，在不改变欧盟各国已有的职业教育体系框架下，根据等值性制定了适合欧盟各国的“欧洲职业教育通行证”。这一做法值得我国借鉴，在推进职教国际化进程中，逐步建立与国际接轨的技能标准和职业资格质量标准，实行办学质量评估标准国际化。逐步推行职业资格国际化认证，加快同国际相关专业资质、职业资格的认定工作，既可促进劳动力国际市场规范管理，又能使国内职业院校国际化职业课程和教学内容的改革有章可循，同时可促使职业院校学生适应国际人才质量认证标准，取得国际通行的职业资格走向国际化发展。

（3）将柳州职教园区建设成为国际化职业教育交流合作示范区。中国－东盟自贸区的建立以及国家实施“一带一路”发展战略为柳州市职业教育加快对外开放步伐提供了有力的政策支持与国际化发展环境。按照国际化理念与标准，进一步完善柳州职教园区的组织管理体制，完善职教园区的管理与项目运行机制，完善职教园区与工业园区、与产业有效对接的机制。积极争取国家更多政策上的支持，促进职教园区国际化的先行先试。以政策法规、财政资金支持为平台，以对接支柱产业为重点，以企业全程参与、校企合作为主干，推动政府、企业、职业院校三方协作联动，逐步形成园区一体化、资源集约化、办学现代化、环境和谐化、管理一元化、功能区域化的园区特色。打通与东南亚地区合作办学的通道，建立东盟先进制造业和现代服务业技术人员培养培训基地。将柳州职业教育园区建成国内先进、国际知名的国际化职教园区以及国际化职业教育交流合作示范区，全面推进柳州职业教育国际化发展的步伐。

参考文献

[1] 柳州市职业教育国际化发展行动计划（柳政发〔2015〕11号）.

[2] 王江琼．论高等职业教育的国际化［J］．高教研究，2004（1）：41－42.

[3] 林惠．高职高专迈出国际化步伐［J］．世纪桥，2007（3）：108－110.

德育教育

浅议专业班主任团队管理工作模式构建与实施

徐毅华　黄　惠

柳州市第二职业技术学校　广西　柳州

党的十八大以来，以习近平同志为核心的党中央高度重视和实施教育优先发展战略。在国家大力推进职业教育的大背景下，中职教育迅猛发展，出现了中职学校学生人数与专业班级数量剧增而班主任资源紧缺的矛盾现象，尤其是当前一些热门专业如汽修专业、学前教育专业等，班级数量增加很快，难以实施传统的一对一中职班主任配备，成为中职学校教育的突出问题与困难。一方面职业学校要关注人才培养质量，达成建设知识型、技能型、创新型劳动者大军之教育目标；另一方面“立德树人是教育之根本”，学生的德育管理工作也至关重要。作为中职学校德育工作主力军的班主任资源紧缺，特别是具有一定管理水平的班主任更是紧缺，严重制约着学校办学目标的实现，如何解决学生班级数量增长与班主任数量之间的矛盾，如何解决制约学校教育教学发展的因素，我校以学校汽车制造与检修专业、学前教育专业为主要研究实践对象，于 2015 年开始进行专业班主任团队管理模式构建的实践与研究，致力于通过班主任团队管理工作的体系构建与实施，来寻找一套整合教师资源，充分发挥教师的才能，运用有限的教师力量，高效地完成学生班级管理工作的方法，以期促进学校德育工作的开展，提升教师管理班级能力，完善学校德育管理工作体系。

1. 分析专业学生及班级情况，优化教师资源配置，合理架构班主任工作团队

在实践中，基于我校汽车制造与检修专业、学前教育专业与社会文化艺术专业年招生规模大，班级数较多，选取其为主要研究实践对象。由专业部推荐富有德育工作经验的优秀教师作为团队负责人，牵头组建专业班主任工作团队。团队按照老带新、工作能力与风格优势互补的原则组成。2015 级成立“汽修班主任工作团队”和“学前艺术班主任工作团队”，2016 级成立“学前艺术班主任工作团队”和“休闲体育航空旅游班主任工作团队”，24 位老师承担了 36 个班级的德育管理工作，如表 1 所示。

表 1 班主任工作团队

班主任工作团队	班主任人数/人	管理班级数/个	学生人数/人
2015 级汽修班主任工作团队	9	14	664
2015 级学前艺术班主任工作团队	4	7	306
2016 级学前艺术班主任工作团队	8	10	427
2016 级休闲体育航空旅游班主任工作团队	3	5	216
合计	24	36	1613

2. 细化德育管理工作，进行团队班主任工作模块化及流程化建设

在学校学生工作处和专业部的指导下，各班主任团队细化学校德育工作，对班主任团队管理工作内容进行模块化设计，划分为学籍管理、常规行为管理、学习指导、资助管理、活动组织、心理健康与思想教育、工作档案管理等模块，依据团队成员个人工作特长承担相应的职责；继而，各个团队成员依据工作职责制定学生工作流程化的管理方法，在集体研讨商议后，统一标准，遵照执行。模块化及流程化设计，职责清晰，分工明确，使得班主任工作更加高效、有针对性。

3. 建设团队班主任工作智囊团，提高班主任德育管理工作能力

团队每一位班主任对团队所有班级负责，工作中发现的问题与困难要向团队所有成员反馈，由大家集体协商处理。班级管理工作中的一个个典型案例成为团队德育管理培训学习的良好素材与工作经验，支持德育工作质量提升。团队成员既是问题的发现者，又是问题的解决者，在工作中，相互质疑，并相互支撑解决问题，既作为自己的问题解决专家，同时向外寻求专家团队支持，迅速化解学生问题，有效地提升了团队每一位成员的德育管理工作能力。

经过两年班主任团队的创新模式的试点，通过与同年级的其他专业班级横向对比，以及与同专业没有实施班主任团队管理工作的其他年级班级的纵向对比，分析总结班主任团队管理工作构建与实施的成效及经验如下。

（1）通过实践实施，班主任团队管理工作下的班级在各个方面成为学校众多专业班级的标杆。2015 级汽修专业的班风、学风较历届有明显进步，在学校值周评比中稳步前进，在学校艺术节、大合唱、书法比赛等各项活动中崭露头角，2015 汽修 1 班和 2015 汽修 5 班均获市级优秀班集体称号，获评比例较历届有较大的提高。2015 级学前艺术专业、2016 级学前艺术专业在学校三级值周评比、学雷锋活动、文艺表演、市级班级文化建设等活动中均成为班级管理的标杆。

（2）班主任团队管理工作带来了学生管理方式和班主任工作方式真正的转

变，提高了班主任专业化的内涵、专业水平。2015 级汽修班主任团队陆率帅、廖武瑾、黄星杰、黄迪等几位年轻老师迅速成长，现担任 2017 级新老师的指导老师。2015 学前艺术班主任团队李小鹃老师、2016 学前艺术班主任团队陈璐璐、李梦莹、杨芙蓉、兰丽丽 4 位老师组建专业部班主任工作室，成为专业部德育工作智囊团。班主任团队工作模式在积极化解“班主任危机”、为班主任减负的同时，探索出了班主任培养的一条创新之路。

（3）探索以班主任团队对多个班级进行联合德育管理的统一标准，探索班主任团队架构原则与标准，初步制定编写了《班主任团队管理工作流程指导手册》。

（4）探究实践已申报德育研究课题，通过分析总结班主任团队管理工作构建与实施的成效及经验，形成一套文字理论指导，以促进班主任团队管理工作乃至班主任个人工作效能的极大提升，以期为中职学校其他专业班主任团队管理工作提供指导和参考。

转变观念　创新模式　实现班级企业化管理

张嘉嘉

柳州市第二职业技术学校　广西　柳州

摘　要　随着教育改革的不断深化，职业教育已逐步成为教育体系的一个重要部分。中职教育是职业教育的中等教育阶段，要培养适应经济社会发展的技能型人才。作为中职学校教育教学活动的基本单位，班级管理显得尤为重要。本文从解读班级企业化管理模式入手，阐明班级企业化管理的重要作用以及如何构建班级企业化管理模式，为中职德育工作开展进行新的尝试。

关键词　中职学校；班级；企业化管理；模式

目前，中职学校的班级管理模式主要是沿用普通高中的班级管理模式。由于普高教育和中职教育是两种不同类型的教育，其培养目标、方式、途径和评价不尽相同。职业教育是“以就业为导向”的，因此班级管理模式也应根据岗位的需求和学生实际有所创新。近几年，中职学校部分班级率先做出了在班级管理中引入模拟企业管理模式的尝试，根据专业的实际情况对班团干部队伍的设置、班级运作方式和对学生评价方法进行了创新，将企业的文化制度及管理方式引入班级管理之中，班级中设有经理、副经理、中层干部、班组组长等，有模拟工资、奖金、罚款，有制度、责任、权利、义务等，这种大胆的尝试收到了较好的效果。学生在班级的环境里感受到了企业的氛围，产生了新鲜感，激发了上进心，班级的凝聚力也大大增强，充满活力。这些班级取得的成功，给我们在探讨创新班级管理模式上指明了一条新路。很显然，实施班级模拟企业化管理符合中职教育的实际情况和学生特点。

一、何为“班级企业化管理”模式

我们知道，职业学校的教育目的是注重培养学生的职业道德素质，掌握一定的专业理论知识和专业技能，具有相当实践经验的技能型劳动者。这都是为了把学生送入用人单位、社会后，使他们能更快地适应环境，成为真正有用的人。既然如此，为何不把企业管理“请”到职业学校中来呢?“班级企业化管理”模式就是在班级管理和对学生的教育中吸收企业内实用的、有特色的企业制度和企业文化，使学生在学校不但能够学好文化知识，提高专业技能，提升职业道德，同时能够感受企业氛围，感知企业文化，感悟企业精神。总而言之，班级里要充斥着“企业”，“企业”要贯穿于班级。

实施模拟企业化管理的班级简称企业班级。班主任就是企业班级的董事长，学生就是企业员工。董事长从企业班级选出经理、副经理、中层干部、班组组长等。经理即班长，副经理即副班长，中层干部即各班干委员，班组组长即小组长等。董事长，即班主任的作用至关重要，他不仅是企业的管理者，还是企业的组织者和领导者。董事长制订企业的总体生产计划、发展策略、规章制度、企业文化等，即班级的班规、发展计划、班风建设等。董事长不但影响着企业的正常生产经营，也影响着员工性格的培养、习惯的养成等。因此，董事长要逐渐具备广博精深的知识，并逐步完善自己的知识结构，同时要努力掌握教育教学规律，慎重地修养人格，做事持之以恒、坚持不懈，充分发挥敬业精神，以高尚的品德给员工以巨大的感化。

董事长把企业具体生产经营管理权力下放给经理，经理对董事长负责。副经理、中层干部、班组组长等则负责组织员工开展生产和经营活动，副经理、中层干部、班组组长等又对经理负责。把责权利落实到员工个人。企业的效益即班级的量化考核分，员工的工资、奖金就是学生的德育量化考核分，每周、月、年度副经理、中层干部、班组组长等向经理汇报本企业经营效益情况，而经理又向董事长汇报，逐级汇报。每周、月、年度企业评出优秀生产者、优秀管理者等。

二、“班级企业化管理”模式的作用

“班级企业化管理”模式对企业、学校、社会三者都有好处。首先，企业引入职业学校，无异于做了一次“免费”或“便宜”的宣传广告，企业可通过学校进行人才的培养和引进，加强学术技能的交流等。对于学校而言，“班级企业化管理”模式的运行，无疑给学校管理带来了方便，而且管理的效果也显而易见。作为教师，自己在管理、教育学生的同时，也在不断学习，丰富了学识，积累了经验，增强了能力，使自己在教育教学的各个方面都有较大的提高。对于学生而言，在新型管理模式下，通过了解和学习企业文化、企业制度等，感悟企业精神，从而懂得在校学好知识、掌握本领的重要性，以及诚实守信、团结互助等基本的做人道理，提高职业道德素质，为将来打下良好的基础。家长见到自己孩子的进步和成长，当然会“眉开眼笑”，心里放心了。

“班级企业化管理”模式最根本的好处就是可以增加学生对企业的了解，加强对文化、专业知识重要性的认识，增强学生的工作纪律观念，积极调动学生干部有效地管理好班级，使学生对自己的未来有着一种美好的向往。传统的班级管理只能生硬地管住学生，很难取得更“令人惊奇”的效果。学生对此已经失去了新鲜感，或许还有部分学生会产生反感、厌烦甚至抵触等情绪，这势必影响他们在工作、学习、生活当中的表现。总之，职业学校有了“企业的介入”，就增添了学校特色，班级氛围更具专业特点。

三、“班级企业化管理”模式的建立

一个模式的建立不是一朝一夕能够完成的，须经过一段时间的摸索、积累、总结，再经过一段时间的试行，才能最终建立起较为完善、较为合理的模式。“国有国情，校有校情”。每所学校都有自己办学的特点和特色，职业技术学校开设的专业也有不同。结合不同学校及不同专业的特点，“班级企业化管理”模式的建立主要从以下几个方面入手。

1. 专业教师、专业班级班主任下企业

学校与企业联系后，专业教师、专业班级班主任相继到企业中接受培训和学习。一来加强学校与企业的联系，增进彼此间交流（诸如信息传递、经验、专业技能等方面），使学校真正走向社会；二来让教师了解企业的文化制度，提高教师的专业水平，提升班主任的管理能力。通过这样的方式，专业教师学到了很多课本以外的知识，掌握了更好、更多的技能技巧，尤其是最新技术更新、新型产品研制等方面的内容（这一点是专业教师共同认可的，也是不下企业得不到的）。在企业里，教师还经常碰到学校毕业生、实习生在那里就业和实习，将从他们那儿了解到的情况（对教师而言是多么宝贵的资料）及时反馈给学校，为班主任和专业任课教师在平时的学生管理、学生教育等方面积累了素材。

2. 把学校班级管理制度与企业管理制度（主要是指车间管理制度）结合起来，实行班级企业化管理

职业学校专业班级在“校企合作”的大环境下，都带有“企业”色彩，它

们中有些把企业名称“冠”在班级名称上，有些在教室里贴上了企业海报、企业宣传报，有些班级中学生的校服也改换成了企业工作服装，等等。如果把学校当成一个“集团公司”，各系、各专业则是“集团公司”下属的“分公司”或“厂”，而班级正是其中的各个“车间”。这样就使学校的各个部门有效地联系起来，职责更加明确，便于统一管理。班级管理渗入企业的制度和文化，在班级管理和学生教育上实现突破，改变了传统的教育模式。

学校与企业的制度相互借鉴，互为所用。制定适合班级管理、学生管理的制度。例如，车间的卫生制度、工作制度与学校班级的卫生制度、纪律制度就大同小异，教师教育学生打扫卫生、遵守纪律不仅是学校里应该做到的，在今后的工作岗位上也是应该做到的。在班级当中模仿企业划分等级制，将学生划分为三个等级，优秀学生列为熟练工，中等学生列为普通工，各方面比较差的学生列为学徒工。各个级别的学生在某些“待遇”上也有所区别，比如熟练工可以直接参与评比各类优秀和先进，普通工则暂不考虑，学徒工面临着“下岗”的可能。

实行企业化管理改变班级管理制度和形式，进一步调动学生的积极性。例如，把企业职务名称用到学生干部的身上（班长可以称为“经理”，副班长可以称为“副经理”，团支书可以称为“书记”，学习委员可以称为“技术部主任”），这一举措使学生干部感受到自己的责任和使命，从而更加勤奋地工作和学习，为其他同学树立起良好的榜样。在对学生进行职业教育时渗透新的文化——企业文化，把这种企业文化灌输到学生日常的学习中，使之了解企业发展的背景、过程、前景，从中领悟企业精神的内涵，提高学生自身的职业道德修养，激发他们对掌握专业知识技能的渴望。

3. 班级开设“企业课”“企业讲座”

邀请各企业的领导、业务骨干到班级中，为学生讲解企业文化、企业制度，分析国际、国内经济发展形势、就业形势，同时讲授课本以外的知识点和各工种在技能技巧上的要点和要求，让学生充分认识当前人才需求的形势，自身应该具备哪些素质以及在专业上学到更多、更新、更先进的技术，为学校输出“保质保量”的人才起到积极的作用。

4. 组织学生参观企业，开展技能大比武等各项活动

学生在校学习，对外面的世界可以说是“一无所知”。通过参观各大企业，让学生切身体会工作的艰辛，转变好吃懒做等不良作风，认识自身素质（包括思想素质、文化素质、职业素质、身体素质等）的不足，增进对知识、技能汲取的渴望和紧迫感。“爱拼才会赢，竞争才会进步”。技能比武是展示学生所掌握的技能的舞台，体现学生精神风貌的舞台。让学生在技能比拼中认识到自己的不足与长处，增强竞争意识、危机意识，在专业知识和技能上多下功夫。

5. 开展实训活动，提高学生实践技能

利用学校的现有资源，模拟引入企业的车间、工厂，建造有自己专业特色的实训室和实训基地，同时，开展具有企业特色的实训教学活动，如物流专业的商品货物运输综合实训，电子商务专业的沙盘操作模拟企业管理、运作等。通过实训活动，学生增强了对企业的了解，加强了实操技能的训练，进一步提高了自己的技能。

总的来说，职业学校的班级管理模式应该与社会、企业的发展接轨，应该迅速适应社会、企业的需求，具有较强的“战斗力”。“班级企业化管理”模式可以突出职业技术学校的特点，丰富学校办学的内涵，强化专业的专业程度，真正让学生“走”得出去！

当然，“班级企业化管理”模式还有很多内容，还有很多值得探索的东西，要走的路也很长，相信通过大家的集思广益，中职德育将结出丰硕的成果。

电脑智能机器人活动

——培养学生综合素质的新载体

涂　俊

柳州市第二职业技术学校　广西　柳州

摘　要　电脑智能机器人活动是一种新兴的、融合了众多先进技术的教育活动平台。笔者经过几年教育实践，发现通过机器人活动可以培养学生对科学的兴趣、提高学生的思维品质、发展学生的实践能力、促进学生良好品德的形成。

关键词　机器人；科学；实践；品德；综合素质

随着智能技术的发展，电脑智能机器人的教育已逐步进入中小学课堂。电脑智能机器人技术融合了电子、造型、传感器、机械、软件和人工智能等技术，充分体现了当今信息技术等多项领域的先进技术，是信息技术的重要内容。智能机器人的教学内容必将给信息技术基础教育带来新的活力。

与此同时，电脑智能机器人活动为学生提供了表现、思索、研究、创造的机会，为多出人才、早出人才创设了广阔的空间，为发挥其育人功能开辟了良好的途径。在活动中，学生不仅可以学到有关机械、电子、计算机等技术知识，还可以培养多方面的能力和素养，如与人沟通合作的能力，合理分配、利用时间的能力等，全面提高自己的综合素质。

一、培养学生对科学的兴趣

机器人活动虽然不完全属于科学课的范畴，但它与科学活动紧密相关，是以学习科学知识为主要内容、以培养创新精神和实践能力为主要目标的综合性活动。同科学课一样，机器人活动也有许多理论知识需要学生理解掌握，如果过分强调理论知识的掌握，会使学生逐渐丧失其对科学探究的天生好奇心。因此，我们采取多种多样的方法，将这种好奇心转化为对科学的兴趣，使之真正成为科学学习的动力。

例如，学生在能够利用程序控制机器人行走固定路线以后，学习兴趣逐渐消退。这时，笔者在机器人上面加装了一个避障传感器，并且修改了程序，使之能够自动避开障碍物行走。学生发现这种情况以后立即惊奇地叫了起来，还一个劲儿地问是怎么做到的，眼尖的学生还发现笔者多加装了一个传感器。学生们的学习劲头立刻被激发出来了，他们带着这样的劲头去探索、去试验，效果当然不一样。

培养学生对科学的兴趣还必须为学生创造良好的氛围。良好的活动氛围能优化学生的心境，使孩子积极主动地参与学习。在机器人活动中，老师应真诚对待每一个学生，充分尊重学生的想法、情感，理解并认同学生之间存在的差异，调整对学生的要求，使他们能够以愉悦舒缓的心情参与学习。还可以通过座位调整、环境布置等，创设有利于学生学习和探究的环境氛围。例如，在组织学生创造“机器导盲犬”时，笔者先用教室里面的物品把教室模拟成现实环境，让学生假扮盲人，体会一下盲人的困难，然后说说利用机器人可以帮助盲人做些什么，大家表现的劲头空前高涨。

电脑智能机器人活动的开展进一步发挥了科学教育的功能，扩大了中学科学教育的涉及面，促进了中学生科学兴趣和素养的全面发展，使得学生更加爱科学、积极学科学、勇于用科学。

二、提高学生的思维品质

不断地优化思维，不断地强化思维能力，是思维本质内在的趋向性要求。通过电脑智能机器人平台，可以有效地训练、激活学生的各种思维素质。

（一）运用多种教学手段启发学生的想象能力

想象力是创造活动的必要条件，在科学创造中具有十分重要的意义。

中学生的想象力其实是很丰富的，但是在传统教育的禁锢下，他们的想象力却被无形地束缚了。而在电脑智能机器人教学活动中，教师有义务也有可能通过各种手段激发学生的想象，启迪学生的思维。

例如，在关于“我心目中的机器人”创作活动中，笔者要求学生利用手中的各种零件创造出心目中的机器人形象，大多数学生创作的思维还停留在初步的认识上，创作的机器人外形就是像人。于是笔者引导学生：其实机器人不一定要像人一样，只要具有一定的自动功能，一般都可以称之为机器人，在航天领域的“火星登陆车”、军事领域的“爆破机器人”，甚至日常生活中的家用电器里面也有机器人的影子。在笔者的引导下，学生们创作出一个个鲜活生动、别具一格的形象，如扩大某一器官功能的机械手、具有警卫功能的机器狗、方便人们生活的机器轮椅等。虽然学生创作的形象并不一定具有相应的功能，但是已经激发了的想象火花对学生的成长有诸多益处。

（二）在程序编写过程中训练学生的逻辑思维

我国一直有针对中小学生的奥林匹克竞赛，主要测试的是学生的计算机编程能力。计算机语言比数学更加能够体现逻辑思维的应用，一般的计算机编程不像科学实验和模型制作等实践活动那样能够直观地看到过程和结果，而是需要通过判断、选择、分析、循环等逻辑思维实现目的。所以说，学习计算机编程可以有效地提高学生的信息素养尤其是逻辑思维能力。

但是，我国的信息学竞赛实际上是属于极少数尖子学生的表演舞台，对于培养我国的 IT 业精英固然有益处，但是提高我国全民信息素养应面对大多数人。而在中学阶段，除了个别尖子生，大多数学生在平时的训练中逐渐更新换代了对信息学的兴趣，退出了学习小组。毕竟，学习计算机编程是比较枯燥乏味的。有什么东西既能培养提高学生的信息素养，又能使学生产生兴趣，不至于半途而废？那就是电脑智能机器人活动。

在日常的机器人学习活动中，学生编写程序来驱动机器人完成预定的动作，反过来又通过机器人的反馈信息来评判程序的正确、优劣。把程序的抽象和机器人动作的直观紧密地结合起来，往往能取得事半功倍的效果。例如，在程序语言教学中，循环语句是教学的难点，对小学生来说，很难理解循环语句的作用和几种循环语句的区别，而通过机器人平台，学生可以直观地看到应用循环语句以后的效果，并且根据不同的效果随时进行调整。在循序渐进的训练中，学生体会到了计算机的强大功能，不再反感计算机编程，同时学生的逻辑思维能力也得到了培养。

（三）基于问题开展教学，培养问题意识

学生具有问题意识不仅体现了个体思维的灵活性和深刻性，也反映了思维的独立性和创造性。因此，教师要引导学生发现问题、提出问题。

机器人活动应基于问题开展教学。从创设问题情境开始，让学生在对问题的探究中学习、质疑，从而生成新的更高层次的问题。例如，为了让学生明白摩擦

力对机器人运动的影响，起先笔者让两个学生互相拉着玩，然后，从游戏中让学生说出自己的感觉，进而引出问题：①什么样的鞋底容易滑？②什么样的地面容易滑？③拉重的同学费力还是拉轻的同学费力？围绕这几个问题进行探究学习，学生通过探究初步明白了摩擦力的知识。在此基础上，组织学生讨论如何增强和减弱机器人轮子与地面的摩擦力等，并且动手实践，把学生探究的欲望再次提高。

（四）在不断发现问题、解决问题的过程中，形成并强化直觉思维

每个人都有一定的直觉思维能力，经过一定的、有系统的认知和训练，可以形成并强化对某些方面的直觉思维能力。比如，有经验的工人可以凭直觉很快发现机器的故障，并给予排除；一个有经验的医生可以凭直觉识别病人所患的疾病。同样，学生们在不断地发现问题、解决问题的过程中，形成了良好的直觉思维。

在日常训练中，每次出现问题笔者都不是直接告诉学生应该怎么做，而是帮助、引导他们寻找到底哪里出现了问题。为什么会出现这样的问题、怎样解决这些问题。如果他们遇到困难，也是和他们一起讨论、解决问题，而不是代劳。有些问题反复出现和解决多次以后就形成了一种直觉，而且这种直觉不仅对已经遇到过的问题有效，还能解决一些未曾遇到过的突发问题。

例如，在 2007 年 7 月，我校 3 位选手代表广西参加第 7 届全国青少年机器人竞赛的工程设计项目。在比赛过程中，状况相当复杂，选手随时要应付出现的各种问题，而且没有充实的时间来思考为什么会这样。但是他们能根据自己的直觉判断并解决问题，一鼓作气，超常发挥，获得了铜牌。这源于这 3 位选手在日常训练中积累的经验基础。

电脑智能机器人活动，确实增强了学生的思维能力，增强了他们的独立性、探索性。不仅如此，由于学生理解能力的增强且又融会贯通，凡参加机器人活动的学生不但没有因为每天搞机器人、经常外出参加比赛而耽误功课，其他各科的学习成绩反而稳中有升，上学期的期末考试他们的成绩均名列前茅。

三、发展学生的实践能力

实践是指人们改造客观世界的一切活动。当今社会最需要的就是勇于创新、敢于实践的人才。中学生好奇心很强，对什么都想摸摸、动动、做做，这正是我们培养他们的动手能力和实践能力的心理基础。

电脑智能机器人活动为孩子们开辟了广阔天地，使他们在实践活动中增长了

才干。例如，指导教师在组织学生开展机器人走迷宫活动中，需要说明避障传感器位置的前后对机器人行走轨迹的影响。老师事先制作三台机器人，传感器的位置分别是合理位置、稍微靠前位置和稍微靠后位置。在演示过程中，学生们发现三台机器人轨迹并不相同。为消除学生的疑虑，老师把三台机器人作了比较。此刻学生的思维被激活了，各种观点喷涌而出。为了验证自己的想法，他们迫切要求自己动手做实验。于是，老师把主动权交给学生，让他们自己亲手试一试。他们把传感器的位置作了前后调整，不断反复试验。结果几乎所有学生都能把传感器调整到最佳位置并使机器人的行进路线达到最佳状态。活动气氛十分活跃，那是因为这一奥妙是学生在亲自动手的过程中发现的，他们尝到了成功的喜悦。

实际上，机器人活动自始至终是伴随着实践操作的。市场上购买的机器人套件大多不是一个完整的机器人，而是许多零碎的小积木、配件，把它搭建成一个具有某种功能的机器人，这本身就是一个动手实践的过程。更何况在为了实现或者增强机器人的某一些功能的时候，往往还需要对机器进行改建，有可能用到锯、割、胶、焊、钻等工具。为了方便学生活动，学校特地腾出一间教室作为电脑智能机器人活动室，购置了大量的实验材料和工具，另外定做了四套活动场地让学生们进行各种各样的活动，同时组织学生参加各级各类的比赛。

除此以外，机器人活动对学生实践能力的培养还有一些意外的收获：其中一名参加机器人活动的学生家长兴冲冲地对我说，最近她的孩子变化很大。这个孩子从小娇生惯养，最近不但帮大人扫地、整理房间，而且居然自己洗内衣。其实，整理机器人活动室是这些孩子每天必做的功课，因为机器人有很多细小零碎的配件，如果不仔细整理很容易丢失。所以无意之中也就培养了这个孩子动手整理的能力和习惯。至于洗内衣则肯定是在外出参加比赛的时候学会的，因为那时候没人帮他洗。

总之，能力的培养离不开实践活动，离开实践活动，我们也无从下手研究学生能力的培养。只有在活动中学生亲自实践、亲自动手，他们的能力才能形成并且得到进一步的发展。

四、促进学生良好品德的形成

德育，是教育者按一定社会的要求，有目的、有计划地对受教育者施加影响，以培养教育者所期望的思想品德。而只有在实践活动中经过锻炼，才能使学生在课堂教育中所获得的道德观念变为道德行动。为此，我们将思想道德素质的培养渗透到电脑智能机器人活动之中。

（一）创意解难、行动助困

在机器人创意活动中，我们一直启发学生：机器人可以为有困难的人们做些什么？例如，我们引导学生发明一种机器导盲犬，该机器导盲犬可以牵引盲人在马路上行走，并且可以避开窨井、障碍，进入商场、银行、邮局等。

除此以外，学生还发明了自动轮椅、自动擦鞋机、自动节水型音乐马桶水箱等一件件有实用价值的用品。在实践创作的过程中让学生了解了残疾人和老人的困难，并用实际行动关心残疾人和老人、帮助残疾人和老人解决各种困难。

（二）团结协作，共同进步

在教学实践中，我们让孩子们懂得：在信息技术高度发达的现在，要想一个人独自进行研究创造活动几乎是不可能的，必须依靠团体的智慧和力量。比如在电脑智能机器人活动中，众多的工具和机器人配件、复杂的电脑程序，如果一个人做，就会手忙脚乱，会影响活动的正常进行。同时老师也组织学生进行小组合作、明确分工，努力创设团结协作的学习环境。

乐高机器人的 FLL 工程挑战赛是比较能够体现团结协作的平台，这个比赛要求参赛队伍（5～10 人）在规定时间里（2.5 分钟）完成 9 项任务，以获得相应的分值，分值越高成绩越好。在赛前训练中，我们的三个成员由最初的分工不明确，互相指责，手忙脚乱只能完成三四个任务，到后来分工明确，手脚麻利地完成所有任务。最重要的是，他们为其他参加活动的同学树立了一个好榜样：“只有充分团结协作才能共同进步。”

（三）勤俭节约，废物利用

做实验是电脑智能机器人活动的常用方式，但是机器人的制作搭建材料相对来说比较昂贵，如果用来做实验的话太浪费。所以我们积极引导学生废物利用，或者使用廉价的替代品，节省了不少活动经费。比如机器人的底盘，可以用常见的铝塑板制作，既结实又轻巧，只是需要动手进行裁割。有时候废旧的塑料瓶、泡沫、电池等也可以用来当作试验材料。潜移默化中，渗透了勤俭节约、就地取材的思想教育。

可见，电脑智能机器人活动在普及、增强科学意识的同时，将思想教育有机地统一在教学活动的各个环节，充分发挥了其育人功能。

当然，电脑智能机器人并不是一个万能的神奇，它只是一种新型的育人平台，也有局限性，还需要大家不断努力探索。尽管如此，电脑智能机器人活动仍旧是一门科学，是育人的极好途径。所以，从领导到教师都应重视电脑智能机器人活动，都来关注这门新兴的课程，并在实践中勇于创新，使之成为素质教育的主渠道，充分发挥其育人功能，让祖国的新一代健康成长、向着更高的目标攀登！

参考文献

［1］刘国璋．面向全体学生的校外科技教育课程化实践探索［J］．计算机教与学现代教学，2005（3）．

［2］林媛．浅谈智能机器人走入中小学课堂的几点看法［J］．石河子科技，2005（3）．

［3］王英琴．中小学机器人实验室建设的探索与思考［J］．中小学信息技术教育，2004（4）．

［4］以机器人比赛推动素质教育——访北京科技大学郗安民教授［J］．机器人技术与应用，2004（4）．

在新时代背景下培养高素质职业技术人才

——中等职业学校德育教育之我见

罗佳丽

柳州市第二职业技术学校　广西　柳州

摘　要　在新时代背景下，对职业技术人才的要求越来越高。要实现我国综合国力的大跨度提升，需要众多社会职业技术人才的基础支撑，而随着社会主流意识的不断提升，也迫切要求职业教育不断地向素质化发展，使培养出的学生不仅需具备专业技能，同时还需具备良好的素质素养。在专业技能不断强化的同时，中等职业学校在德育教育方面需要不断探索和研究，以期培养出高素质的职业技术人才。本文从几个方面着手阐述了笔者对中等职业教育德育教育的粗浅认识和建议：不断完善德育教学工作体系，采取多样化的德育教学模式，在校园的每一个角落渗透德育文化建设；培养学生健康向上的心理意识；德育教育需要全社会共同参与。

关键词　德育教育；多样化

德是立人之本，是社会之魂。中等职业技术学校作为培养社会技能型劳动者的主要单位，所培养的学生毕业后即走向工作岗位，进入社会，学生不但要具备专业技能，更应具备良好的道德品质。中职学校在传授他们技能知识的同时，更要着力培养他们勤劳勇敢、团结互助、无私奉献的精神和终身学习的能力，唯有如此，才能适应现代社会对人才的需要。因此，抓好德育教育成为摆在职业教育面前迫在眉睫的大事。那么，如何有效地对中职生进行德育教育，把社会主义价值体系带入课堂、带入学生的头脑，在新时代背景下培养德艺双馨的高素质专业技术人才呢？以下是笔者对职业学校德育教育的几点粗浅认识。

一、不断完善德育教学工作体系

在已经形成的以学校领导、班主任教师、任课教师为主体的德育教育工作体系的基础上，完善心理健康教育、爱国主义教育、职业道德教育等各项教育机制，构建由上至下、全方位管理、全员参与互动的德育教育局面。同时，还要注重在德育教育工作中让学生树立“先做人，再做事，敢创新，有干劲，强技能，广知识”的思想意识，不断提高学生的实际操作能力、适应能力、创新能力等综合素质，最终使学生实现素质素养和专业技能的有机结合以及专业教育和德育教育的有机结合。作为学校，把学生放在第一位，坚持做到“一切为了学生”，培养学生的社会责任感和完善人格，并在实践活动中渗透德育教育和相应的企业文化教育，为学生在毕业之后能顺利走向社会做好铺垫。而这当中首当其冲的是，学校要充分调动所有教职员工的积极性，每个人都把德育工作当成自己的首要工作之一，树立每个人都是德育工作者的观念，促进全校师生共同参与德育教学工作。尤其是与学生相处最多的班主任，一定要起到自身应有的榜样作用，在学生面前做到言传身教、以身作则，抓住一切机会对学生进行德育思想渗透。此外，班主任还要有步骤、有策略地给学生讲解国家的法律法规、职业道德以及职业规划等理论知识，强化学生的社会公德意识。德育任课教师如职校礼仪教师以及职业道德法律等专业教师更应积极发挥自身主导作用，做好自身典范，严格要求学生言行，对学生实施德育教育。

二、采取多样化的德育教学模式

随着全民素质的不断提高，中职德育教育应该不断更新，跟上时代潮流，德育教学模式也要不断创新。德育教学模式的创新包括：教学方式、教学方法、评价方法等方面的改进，其中德育教学方式由原来的教师说教、专门的德育课堂教授逐步演化为让学生在学校的每一个角落都能感受到德育文化。除了德育教师和班主任，其他任课教师也在所教授的课程当中、实践操作中不断渗透德育教育和职业道德教育；不光在课堂上，在课外也不断渗透，力争在所有学科中全面开展德育教学渗透。在德育教学方法方面综合利用各种手段，结合社会实践和当今时政，对学生进行德育教育，提高他们的思想道德水平和专业素养。在评价方法上采取多种评价方式，尽可能综合评价学生的德育素养水平。从德育课程的设置和主题思想来说，要始终坚持宣扬爱国主义，公民的基本道德、法律意识、社会文明规范、行业道德等。同时，要注重理论与实践的结合，对学生进行实地职业道德培训，让学生进入企业与企业职工亲密接触，实实在在地体验真实存在的现代职业人的职业精神，进而深化学生的职业道德素养。

三、在校园的每一个角落渗透德育文化建设

职校是中职学生走入社会的最后一道缓冲屏障，将利用多姿多彩的校园文化来渗透德育教育，无疑能使学生在进入社会前更好地被德育思想包围，能够在进入社会后迅速融入主流。因此，中职学校应高度重视校园文化建设，促使学生在严谨的教学和愉快的课余生活中得到高尚道德情操的熏陶与洗礼。例如，通过创建学校德育窗口、校园的德育板报、德育广播宣传、班级的职业道德布置、宿舍美化评比和职业标准竞赛等方式来宣传德育知识；还可以成立学生会、团委、各种协会、组织等学生团体；每学期开设不同类型的德育选修课程、设置每个专业的文化展示区、开展德育方面的知识竞赛、礼仪比赛；组织优秀学生成立礼仪队，用青春风采展示德育精神；让学生参观、旅游、参与社会调查等。同时，学校要发挥小社会功能，让学生尽可能地在进入社会前提前适应社会道德和职业道德的要求，实现校园文化与社会行为的有机融合，为学生将来更好地适应社会生活打下坚实基础。

四、培养学生健康向上的心理意识

中职学生的心理素质发育尚不成熟，心理的承受能力还比较差，学生中大多是“90后”，比较自我，抵抗诱惑和抗压能力弱，遇到挫折容易走极端。因此，学校应注重对学生进行心理健康教育。班主任和任课教师以及其他德育工作者要注重观察学生的情绪及心理变化，加强与学生之间的沟通交流，让学生在人文关怀和爱的教育中成长，提高学生的道德素养，养成学生正确的人生观和道德观。

五、德育教育需要全社会共同参与

德育教育如果光靠学校是收效甚微的，需要全社会的共同参与。首先，家长是对学生德育教育影响最深、最早的人，学生人格的成长大部分来自家庭，开学伊始即需要建立家长与学校的畅通沟通渠道，班主任应定期与家长取得联系，学校应定期开展家长与学校的联系活动，及时了解学生的情况以及家长的建议和要求，同时向家长反馈学生在校的表现，并建议家长选择正确的德育教育方式，杜绝打骂等落后的德育教育方式。通过家长与学校双方面的配合教育，实现德育教

育的全方位发展。其次，创办校企合作体系，定期与企业取得联系，请企业和社会法制团体等定时派人对学生进行德育宣传。利用节假日等时间让学生到社会体验生活，参与维护社会法纪等活动，使学生在生活的各个方面都感受到德育之光。

在今后的德育教育工作中，我们要培养出具有新时代特色的适应社会发展的各方面人才，抓好德育教育各个环节的建设，不断开拓和创新，解放思想，实事求是。只有这样，职校德育教育才能真正做到教书育人。

班级的管理其实不是一门“艺术”

陈立昌

柳州市第二职业技术学校　广西　柳州

摘　要　将企业生产中5S管理制度及班主任管理结合起来用于数控专业学生班级管理。

关键词　班级管理；企业化

班级管理是一项系统工程，班主任起着监督、协调的作用。每接手一个新班都是一项挑战，笔者当过4个班级的班主任，每次完成一个挑战都有很大的收获，特别是在班级管理这部分，笔者有自己独特的想法。

笔者的班级管理理念是，班级管理要以学生为主体，让学生参与进来；工作重点是进行监督和协调工作。5S起源于日本，是指在生产现场中对人员、机器、材料、方法等生产要素进行有效的管理。笔者在班级管理中借鉴企业5S管理的原因是，让学生能有良好的学习环境和学习氛围，集中精神，认认真真地干好本职工作。试想，如果学生在一个杂乱无序的工作环境中，情绪必然会受到影响。情绪不高，兴趣不大，学习就会受到很大的影响。

（一）整理、整顿

首先，让学生对学习环境进行整理、整顿。对原来旧教室中存在的旧书与文具进行清理回收。其次，对卫生角进行规划，划分区域，规定每种劳动工具摆放的位置和要求。然后对每位同学的桌椅进行编号，让学生了解自己的桌椅的编号，并且对桌椅的摆放位置进行定位标记，这样学生就明确知道了自己的桌椅摆放的准确位置，统一标准。同时对讲台上的物品也做好摆放位置的规划。

每个做班主任的老师都是很负责的，但是有的班主任对于班级环境这块感觉力不从心，常常抱怨严格监督学生的时候学生就按照要求做，一但监督力度小了，学生又懒散了，班级的环境又像原来那样乱了，还自我总结说自己不够威严，镇不住学生，没有个人魅力。笔者觉得并不是这样，之所以发生这种情况，原因是班主任没有告诉学生教室整理的标准，当学生明确教室内物品的摆放位置和要求后，在监督一段时间后，学生就会养成一个按照统一要求自觉摆放的习惯。学生的行为养成靠的是标准的树立，而不是班主任高强度的监督。

笔者刚参加工作就做了新生班主任，学校非常强调班级卫生的管理。笔者当时的做法就是采用高压的姿态，在学生劳动的时候盯着学生完成任务，劳动是在一片压抑的气氛下进行的，坚持了两个星期后，自己感觉耗的精力非常大，每天都要为班级卫生环境的事情操心，虽然效果还不错，也得到了学校的表扬，但是当不再监督，学生就开始偷懒拖沓推托了，对于劳动敷衍了事，达不到学校的要求。现在按照5S管理办法，统一规划了班级环境的陈设摆放，使学生清楚对环境卫生的维护不仅是值日生的任务，而是全体学生都要参与进来，这样大大减少了值日生的劳动强度，学生乐于劳动也能自觉劳动，监管起来就非常轻松有效了。

（二）清扫、清洁

每次一到大扫除活动，有些班主任就犯头疼，为了完成学校安排的任务亲自带着学生到现场，对懒散的学生还要督促其认真做事，每次都是心力交瘁，效果也不见得很好。

其实在大扫除之前，班主任就该做如下工作：①了解大扫除工作内容区域及要求，按照班级参加大扫除人数平均划分区域；②培训学生，让每一个参加大扫除活动的同学都了解自己所清洁的区域及要求；③让学生明白班级管理制度对于大扫除活动的要求及处罚奖励制度。班主任在学生完成任务后需要进行检查并且和学生一起总结大扫除活动的表现。

对于班级卫生，首先将班级卫生内容细化，然后制成工作任务卡放在班级里面供值日的同学看，学生就明白值日的时候首先要做的内容是什么，完成的效果是什么，怎么自我检查，是否已经完成工作，完成任务有什么奖励，没有完成任务会有什么惩罚等。学生明确了要做什么之后，监管起来就有据有理，教师教育学生的难度就会大大地减小，不是靠着教师的个人魅力去让学生完成任务了，而是把打扫的行为上升到了制度的约束，是一种管理行为而不是教师的指示行为。

（三）素养

有的班主任抱怨某些新生的素质低。由于家庭因素和社会因素的不同，中职学生刚入学的时候素质的水平是不均等的，所以努力提高学生的自身修养，使学生养成良好的工作、生活习惯和作风，与班级共同进步，是班级管理的核心。

其实学生素养的养成首先应该从纪律方面做起，但是学生纪律养成的重点不是靠教师的威严及说教水平或者教师的个人魅力，而是靠一套完整健全的纪律制度。班主任必须让学生了解、牢记制度并且严格按照制度执行工作。对学生管理必须严格，不含糊，不允许打折扣。建立的纪律管理制度不应只有惩罚，而且要有奖励，有帮助学生提升的内容，要让学生感受到制度是一种能帮助自己成长进步的制度，而不是一味打压限制的制度。

班级管理制度的实施是以学生为主体的，要让学生参与班级的管理，潜移默化地让学生感受到自己是班级的一分子，班级的事情需要自己参与进来。如果大多数同学都这样想的话，良好的班级风气就会逐渐形成，这与企业5S的理念是相符的。学生明白自己要做什么、不该做什么，从而让自己集中精神，认真地完成自己的学习任务及本职工作。

总结起来，数控专业的学生将来需要到工厂里面实习、工作，能否快速地适应生产、生活决定了学生本人能否在岗位上学习到有用的知识。出了校门，没有老师的监督与嘱咐，犯错之后没有多次甚至没有改正的机会，如果能尽早摆脱陈旧的班主任一手抓的管理模式，尽早接触到健全的制度教育，学生就能更快地融入社会工作中。

笔者不觉得班级管理是一门“艺术”，因为不是每一个老师都有丰富的说教经验和个人魅力去影响学生发生改变。特别是一些刚参加工作的老师，有时候不注意说话的方式，会得到相反效果。笔者的管理经验是少训斥学生，多花精力去关爱学生，这样班级的管理会变得有效许多。

让每一个孩子都能享受成功的快乐

潘晓丹

柳州市第二职业技术学校　广西　柳州

摘　要　每个班主任都在谈怎样才能更好地管理学生，怎样才能更好地使学生成才。每个学生都有自己的个性、兴趣、爱好，渴望受到教师的表扬及同伴的认可，希望自己在各方面比别人做得好，而且不断超越自我。这就需要教育工作者更加关注每个孩子，让每一个孩子都能享受到成功的快乐。

关键词　管理学生；关注学生；享受成功

由于各初中阶段升学与中考的压力，很多学校早早地把所谓的“差”生送出校门，这些所谓的“差”生被送出校门之后都会选择职校，而这些学生在初中时得到老师表扬的机会可谓少之又少。那么对于这些孩子就需要教师从其兴趣爱好中捕捉闪光点，不失时机地加以鼓励，并给予机会充分发挥他们的潜在能力，为其找到不断进步的支点。

学生的主体地位和主观能动作用只有被尊重和重视，才能使其发展得到动力性的支持。这些学生往往经受过不同的人生挫折，在心灵上很多时候是空虚的，更需要得到学校与社会的肯定，更需要得到别人的帮助，他们之所以会犯错，就是因为很多时候什么该做而什么不该做没有任何人告诉他们。人孰无过，老师也有犯错误的时候，何况他们还是一些心智尚未成熟的孩子。在班级中，总有一部分学生喜欢迟到旷课，其实有些时候他们并不想这样，只是他们养成了坏习惯，那么作为教育工作者的我们就需要把他们这种不良的习惯纠正过来，不要对其予以否定，要给予他们改过的机会。

我们班有位小华同学，从开学以来无论是上课还是出席活动都喜欢迟到，要么就不来上课，有时候上午上了两节课后才慢慢到学校。我观察了他一周后找他谈心："小华，你知道迟到旷课是不对的吗？而且违犯了学校规矩，我想听听你的看法。"他说："老师，有时候我也不想的，就是没办法控制自己，有时候想起来，但是又起不来，不知道怎么办。"我说："那老师给你个建议好吗？老师给你个特权，每周允许你迟到一次，就一次。两次属于合理范围以内，你看怎么样？"小华想了想："老师，行！"

这次谈话后又经过了几周，小华的迟到旷课次数明显减少，但还存在，我再一次找到小华谈话，问他最近感觉怎么样。他说："老师，刚开始的时候还有点不习惯，但后面习惯了就好了。""嗯，这就是你的进步了，很多事情并不难办，难办的只是坚持，现在你坚持下来了，那么老师再给你个任务好吗？"小华回答"好！"

我说："从现在开始你每天都不允许迟到旷课，如果你能坚持一周，老师在德育方面给你加 2 分。"经过这次谈话后，小华已经不迟到了，而且每天都能很早来学校上课。

经过反思发现，很多时候学生都需要教师宽容与肯定，多给其鼓励好过责备，特别是对于中职学生来说，入学前养成的恶习不能马上改正，如果过于责备他们会产生逆反的心理，更多的时候要设身处地地为他们着想，从他们的角度出发，就能更容易地跟他们沟通，更容易地想到他们在想什么，用什么方式才能更好地培养他们。苏霍姆林斯基说过："不了解孩子，不了解他们的思想、兴趣、爱好、才能、禀赋、倾向就谈不上教育。"每个孩子都是一本值得好好研读的书，只是每本书的开启方式不同，但开启每本书都有一个核心的思想，那就是让孩子感受到成功，也就是教师要坚持从成功中学习的思想。要让孩子感受到成功，就应该让他们感受到自己的努力是有效的，并不断给予孩子们成功的反馈，这样才能使他们努力坚持下去，不断取得成功。

作为一名班主任，要做一个有心人，在平时的工作中注意发现并抓住打开学生心灵之门的契机，让班中的每一个孩子在老师期待的眼神中、在老师殷切的话语中、在老师无微不至的关怀中切实地感受到教师的爱，并在老师给予的爱中健康快乐地成长。

对学生来说，有没有天分并不重要，重要的是有没有兴趣，有没有自信。看着孩子们对自己失去了信心，我们是不是应该反思一下自己的教学：是不是为教书而教书？是不是应该多学习一些教学的艺术，尊重孩子、理解孩子，懂得孩子，让孩子生活在"你能行"的环境中，让孩子慢慢地由消极变为积极，将"你能行"变成"我能行"，让孩子体验到成功的感觉，建立自信，重塑理想之殿堂？因此，在教育学生的过程中我们应该做到以下几点。

一、为学生提供成功的机会，让其体验成功的快乐

任何微小的成功，都能增强人的自信心。当一个孩子写好一个字、做对一道题、正确地回答了老师的问题时，他都有成功的喜悦，会期望自己下一次做得更好。老师和家长给孩子以帮助，使其有点滴的成功体验，并不是多么难的事情。学生可以在一个个小小的成功中，积累一分一分的自信。

教师要多为学生提供获得成功的机会，给他们带来一次次良好成功体验，使其在情感上获得满足和产生愉快的感受，从而对学习产生浓厚的兴趣。例如，可把学生的作品稍加装裱挂在教室引人注意的地方，也可让他们在过节时将其作为礼物送给亲人、朋友、老师；还可让他们的作品作为生日礼物。这样为孩子创造一次次成功的机会，让孩子有成功的快乐和欣慰感，从而促使孩子们更加渴望学好专业知识。

二、用显微镜去寻找学生的闪光点

雪莲同学是一位极不受欢迎的同学，我每次去上课的时候，同学们都会络绎不绝地告她的状，我实在没有办法，就努力去寻找她的闪光点，却怎么也找不到。所以，我只好对她说："我希望你以后能注意，我相信你一定能做得非常好。"但是一点效果也没有。结果有一次我发现她在教室里大声朗诵文章，这让我非常惊喜，我立即表扬了她："你读得真好，我希望你能继续努力，下次早读就由你来领读，相信你一定能成为最棒的。"从此她天天按时带领同学们早读，成为一名受同学欢迎的同学。

这件事证明了，一个从没有受到赞扬的同学，忽然得到一次肯定后，就会充满信心，朝气蓬勃，积极向上。所以我们要根据学生的水平努力去寻找他们的闪光点，让学生有一定的成就感，树立自信心，激发他们不断求知的欲望，从而使学生健康快乐地成长。孩子就像向日葵一样，渴望阳光，渴望爱，只有感受到家人的爱，得到家人的肯定和承认，他才能健康成长。

三、尊重学生的人格，多给学生鼓励

尊重人格是不分时间、地点的，也不分优点和缺点多少。如果一位老师在孩子有成绩时就尊重他，在出现问题时就不尊重他，任意褒贬，这样就错了。老师不妨用心理换位的方法想一想，自己有了缺点、错误时，希望别人怎样对待自

己。孩子渴望被尊重，首先是家长和老师的尊重。尊重孩子，就不能对孩子说有辱人格、有伤自尊的话。

其实我们在教学中对孩子说“你有了很大的进步，我希望你能继续努力”“你今天出的板报真漂亮”等鼓励的言语时，他们就会特别兴奋，喜悦全洋溢在脸上，从他们的面部表情就可以看出他们内心的想法，好像在说我会更加努力做到最好。往往很多时候我们也会脱口而出：“我已经讲了很多遍啦，怎么还不明白呀”“你怎么这么笨”，等等。如果对孩子的过失做不到宽容和理解，一味地表示不满，就会给孩子带来过多的负面信息。

四、教学生学会积极的自我暗示

对于做事缺乏信心的学生，特别是那些来自农村、自卑感极强的学生，在不断肯定他们的微小进步、指出他们的闪光点的同时，要教育其在面临困难和挫折时，进行积极的自我暗示：“我能行”“我再努一把力就会做好的”“我不会被困难吓倒”……

总之，要学会欣赏这些孩子，给孩子们一个自信的世界，让孩子们感觉今天比昨天学得好，让孩子们带着自信步入人生的每一段旅程。

作为一名教师，不仅仅是教给学生知识，更不仅仅是把学生看成单纯的学生，把自己当作老师，而是要把学生当成自己的孩子，关心爱护他们，帮他们渡过重重难关，让他们健康快乐地成长。

我们当老师的，要用“我能行”激励孩子，要坚信孩子“能行”，放手让孩子去实践，亲身体验失败的滋味和成功的喜悦。这种经历，孩子一辈子都不会忘记。让孩子关闭“我不行”的大门，让“我能行”陪伴孩子成长。拥有自信心的学生是幸运的，只要再为他加点劲，他就能展翅飞向天边；而缺乏自信心的学生则需要教师用心去鼓励，用心去启发，为他指出一条通往知识殿堂的光明大道！我们不苛求每一个学生都像伟人那样，成就一番宏伟大业，但我们希望每一个学生都能在教师的激励下，树立起最起码的自信心，无论何时都能说出“我能行”。

请尊重每一位有梦想的中职生

兰丽丽

柳州市第二职业技术学校　广西　柳州

导语：谁说中职生一定就是一个“失败者”？谁说中职生就一定没有梦想？作为教师的我们，应该收起对他们的偏见与歧视，重新帮助他们塑造一个“成功者”的形象去创造属于他们自己美好的未来。

小玥，那年16岁，身高158cm，体重62kg，性格内向，听了妈妈的话，报读了我校学前教育专业。注册那天，她外穿一件宽大的米白色外套，扎着低得不能再低的马尾，戴着一顶印着黑色NK字母的米白色鸭舌帽，穿着一双脏得不能再脏的白球鞋，如同一个“装在套子里的人”。我抬头望着她的脸，试图与她眼神交流，但压得略低的帽檐使我只能看到她微红的蒜头鼻与那两片略白的厚嘴唇，我小心翼翼地问她：“小玥，是否可以把帽子摘掉?”她很直接地告诉我“不可以”。那一刻，我觉得她是一个把自己封闭起来的孩子。

一、寻找中职生独特的亮点

新生军训的那个星期，我偷偷观察着小玥，试图从她身上寻找一些闪光点，但她还是保持着初次见面时的“装扮”，唯一不同的是，米白色大外套换成了我校的冬装校服。在班级里，她凡事都表现出一副满不在乎的样子，与周围环境产生了较大的违和感。但因为一件事，我重新认识了她。

就在第二天军训操练结束后的晚上，我巡到小玥所在的宿舍，当时她正坐在自己的书桌前，桌面的台灯开着，我好奇地走过去一看："哇！小玥原来在画画啊！"还没等小玥开口，舍友们纷纷回答，"是啊！老师，小玥每天都画，超认真，超专注的！"这时，我看向仍然戴着帽子的小玥，对她说："老师可以看看你的作品吗?"她很大方地把她的画册递给了我。

我问："这是你设计的吗?"她说："不是，我是照着里面的图画的。"她一边说着，一边指着书桌左上角那本摊开的漫画书，还特地翻了封面给我看，原来是一本名为《漫画》的刊物，各种二次元人物囊括在内。画得真的很好！但线条有些生硬，可见她并没有掌握绘画技巧，纯属爱好。但这件事已经足以让人看到了她独特的一面，我决定帮助她提升绘画技巧。

学前教育专业的一门必修课程——美术课，正好是我校工艺美术（专业）的专业教师上的，在第一次课前我事先联系了该科任教师，告诉他小玥的情况，希望能帮帮她。值得高兴的是，每次我巡堂都能看到正在上美术课的小玥无比开心与自信，甚至常常上台展示自己，那一刻她把自己的优势发挥得淋漓尽致。

二、尊重中职生伟大的梦想

但好景不长，某天上声乐课的张老师突然给我打了个电话，那时正是上声乐课的时间，我带着疑惑接听了电话。那一刻，我简直不敢相信自己的耳朵，小玥竟然在课堂上用削铅笔的小刀来回划自己左手的手腕，我突然意识到了事情的严重性，立即赶到了班级上课的地点。还好，只是划破了一些皮，但由于是用削铅笔的小刀划的，为了避免伤口感染化脓，我把她带到了医务室。校医检查了她的伤势情况，并给她的伤口消了毒，同时我也将此事上报了系部领导，接着拨通小玥家长的电话说明了情况。

当时小玥妈妈很紧张地说："老师，我现在马上请假，你帮我看着我的孩子，我立即打的过去。"我说："家长您放心，我们会照顾好您的孩子，今天发生这件事，我们也感到很内疚，好在下手不算重，发现得早，我将此事报备了上级领导，校医也处理了孩子的伤口，现在人还在医务室。"这时家长才放心地挂掉电话。

正好此时下课铃响了，我便利用该空当再次找到了张老师面谈小玥的"自残"事件。张老师告诉我，"当时有个个人展示的环节，就是学生要模仿幼儿教师在台上教小朋友唱歌，其他同学就扮演小朋友跟着配合，但当时小玥拒绝了。我想可能是她还没准备好，或是比较害羞，所以也没强迫她，就让她先看看其他同学的表演，待她准备好了之后，再上台展示。可是，没过多久，就有一位同学跑过来偷偷告诉我，说小玥在'割脉'，吓死我了。然后马上给你打了电话。"

听完张老师对该事件的描述，我回到了医务室，在确保小玥伤口处理没问题后，便将她带回了无人的办公室先请其坐下。

我真诚地对小玥说：“小玥，我一直都在关注你，从注册那天开始，并没有停止过。今天张老师给我打来电话，真的吓到我了。在美术课上我看到的是你的自信，我知道你一直都很喜欢绘画，即便这样其他课程同样也不能落下，咱们将来不一定要做幼儿教师，可以选择到培训机构做一名专业的美术老师……”我话音未落，小玥便说：“我想转专业。”

“为什么你要通过如此过激的行为转专业呢？”我急切地追问。小玥低下了头：“我没想到事情会这么严重，我只是想吓吓我妈。老师您知道吗？从小我就很喜欢看动画片，但大部分的动画片都是日本的，而我国的动画片渐渐失去了中国文化。所以，我的梦想是将中国文化融入动画片中，让更多的孩子更直观地感悟中国梦所宣扬的内涵。老师对不起，我真的只有在上美术课时，才能感受到我是为自己而活的。”小玥的这番话使我很是感动，我决定尊重与支持她的梦想，甚至说服她妈妈同意她转我校的动漫专业。

三、成就中职生精彩的人生

小玥妈妈在事发后的一个半小时内赶到了学校，我把小玥妈妈接到了办公室，妈妈心疼地拉过坐在一旁小玥的手仔细端详着，眼看妈妈就要哭了，我便给妈妈递了一杯温水和一张纸巾，试图安抚妈妈内心的急切。待妈妈内心相对平复后，我开始对妈妈进行疏导。

“小玥妈妈，非常抱歉没能照顾好您的孩子，是我失职了。所以为了对她负责，请您务必先平复一下心情，接下来，我们一块儿聊聊小玥的情况。”妈妈把眼泪擦干后，很认真地看着我。

“小玥妈妈，您知道小玥非常喜欢画漫画吗？”我问。

“知道的，所以我每个月都会给她买一本《漫画》的书。”妈妈说。

“哦！原来那些《漫画》书都是您买的，难怪呢！小玥视如珍宝，每天晚修回到宿舍都会坚持画画，她是咱们班唯一一个从开学一直坚持练习绘画到现在的学生，她的意志力与永不放弃的精神是值得敬佩的。”妈妈欣慰地轻轻拍了两下小玥受伤的左手手背。我趁势接着说：“小玥妈妈，我想告诉您的是，小玥是一个有伟大梦想的孩子，这在中职学校是少有的，她今天告诉了我她的梦想后，我真的很感动，所以为了小玥的未来，也希望妈妈能好好考虑一下。”

“我知道她的梦想，我也在支持她，要不然也不会应她的要求给她买《漫画》书了。”妈妈委屈地说。

"妈妈，我这样和您说吧！学前教育专业要学习的技能不仅仅是一项，而是'弹、唱、跳、画、讲'都掌握了才能胜任幼儿教师这个职业，今天小玥上的是声乐课，她明显已经感到了不适应，她不喜欢通过表演的形式展示自己。小玥虽然很喜欢绘画，但可以看得出她并没有接受过美术方面的专业训练，如果只是通过每周两节的幼儿美术课来提高她的绘画技巧显然是不大可能的，她需要的是更专业的指导，这样才能实现她的梦想。"我表达了自己的想法。

"可是，老师你也知道小玥平时都不大愿意与人沟通交流的，真的挺担心她以后的就业问题，并且我们做父母的也不能照顾她一辈子，希望她能学有所成，将来能养活自己。"妈妈担忧地说。

"妈妈也知道她是一个不善言辞的孩子，作为幼儿教师，不仅要和幼儿、家长沟通交流，还要和自己的同事、领导打交道，这些我们都可以教，但她要花那么多的时间在人际沟通能力的培养上，会分散她很多的学习精力。"此刻的妈妈已经无话可说。"妈妈，就让她去选择自己喜欢的专业，为之干一辈子吧！当今社会，又有多少人能有幸干着自己喜欢的工作？况且每个专业都有它的优势，既然我们面向社会招生，那就说明动漫这个专业也是有一定社会需求的，而且我们每年的6月和12月都有两次大型的双选会，只要小玥认真学，她就一定能学有所成。"我坚定地对妈妈说。

妈妈深深地吸了一口气后，转向坐在一旁的小玥，握着她的手问了一句："你真的已经考虑清楚了，一定非得转动漫专业吗？"这时小玥摘下帽子，坚定地看着妈妈的眼睛说："妈妈，请相信我，我一定可以的。"说完，妈妈便抱着小玥抽泣着。

最后，妈妈同意了小玥转专业的请求，当天便办理了转专业手续，为此，我也和动漫班班主任钟老师保证，小玥一定会加倍努力，追赶同学，缩小差距，因为凭借她对动漫的痴迷，加上钟老师的专业与严厉，我相信她一定能实现梦想。

如今，她在北京的一家制作动画的广告公司里工作，话说她是他们班里唯一一位到北京工作的孩子，并且获得了公司领导的赏识，待遇也不错。

所以我相信，我们的学生只要拥有孜孜不倦追求梦想的精神，加上教师的专业指导与鼓励以及学生后天的努力训练，一定能掌握更专业的技能，从而创造出更多的奇迹，成就其精彩人生！

参考文献

[1] 李瑾瑜. 专业精神教师的必备素质 [J]. 中小学管理，1997 (4)：13－15.

[2] 韦桂美. 教育叙事研究：教育科研回归生活的方式 [J]. 教书育人，

2004（10）：19－20.

［3］阚艾力．和青春期的孩子们一起成长［J］．广西教育学院学报，2004（5）：145－147.

［4］郑克俭，王作廷．新时期班主任工作的创新［M］．西安：陕西师范大学出版社，2005.

［5］朱小蔓．情感德育论［M］．北京：人民教育出版社，2005.

［6］曾庆春．跟随榜样成长——教师职业道德经典案例评析［M］．西安：陕西师范大学出版社，2007.

传承文明礼仪教育在中职教育中势在必行

罗佳丽

柳州市第二职业技术学校　广西　柳州

摘　要　现代社会，孩子被父母呵护过度，对于传统的礼仪要求很多家庭已经不再重视。而随着时代的发展，内外兼修已经是时代的必然需要，将直接关系到个人在社会中的发展和成功。加强文明行为养成教育既是我们弘扬传统美德的需要，也是学生身心发展的必然。文明行为的养成不能等到步入社会才去自我学习，必须从学生时期抓起。本文从塑造良好的礼仪环境、采取相应的措施以及有效的教育方面阐述礼仪教育对中职学生身心健康、树立自信心、建立良好的人际关系及提高中职生的学习主动性等产生的积极的影响。

关键词　文明礼仪；养成教育

文明礼仪是传承中华民族传统文化的需要，也是时代发展的必然要求。当今世界发展瞬息万变，人类社会是以文明、和平、发展为主流的信息社会，人与人之间的交往与合作日益紧密。在交往与合作过程中，一个人的文明礼仪是否周全，不仅显示其修养、素质和形象，而且直接影响到其事业的成功与否。时代不断变化，社会的精神要求日益繁荣发展，人人都在寻求一种友好、真诚、理解、互助和谐的生存环境，寻求充满文明与友善、真诚与安宁的空间。前进的社会需要文明礼仪，科学的未来同样需要文明礼仪。当下，我国正在进行两个文明建设，努力逐步跻身于世界先进国家之列。文明礼仪是我国社会主义精神文明的一个重要内容，是一个人道德品质的外在表现，是衡量一个人素质素养的标准。文明礼仪养成教育关系到我们中华民族的兴衰与成败。因此，作为教育系统的重要组成部分，中职学校必须抓好每位在校学生文明礼仪教育，这是时代的需要，是提高中华民族全民族素质的需要，也是社会主义精神文明建设的需要。由于我校近十年来一直比较注重学生文明行为的养成，学校的礼仪工作乃至德育工作都在同行业中取得了骄人的成绩。现将一些多年来教学工作中的粗浅的认识表述如下，与大家共同探讨。

一、良好的礼仪环境

每个新学期的开始，我校都对进入学校的每个学生进行文明礼仪教育。每位礼仪老师都以上好第一堂礼仪课、让学生打好礼仪基础、在班级形成良好的礼仪环境为己任。常规做法如下。

首先以身作则，教师自身做好榜样，言传身教，同时对学生提出要求，明确学习礼仪的目的、文明礼仪的细节要求，使每个学生了解作为一个高素质素养的学生应该做到什么。文明礼仪教育融入教学生活的方方面面，与学生生活密不可分。

重视从始至终的礼仪训练。从学生入学伊始就对每个学生进行礼仪教育。既要使学生明白这么做的“理”，又要训练如何做，就是“仪”，学练结合，以练为主，使礼与仪得到很好的结合。做示范、让学生自己表演，使学生知道怎样去做。让学生形成正确的动作，逐渐养成良好的习惯。

例如，笔者在第一节课总会在起立时要求学生们停顿下来，因为这个时候总会有很多学生有很多多余的动作，接着会问学生们为什么老师没有给大家行礼，学生会自查，然后自行整理好着装和仪态，这时候笔者就会鼓励每个改变了的学生，但总有个别学生没有完全进入课堂，提醒他们之后，等到所有学生做好了，笔者才会还礼。有的同学没有站直，手来回动，声音小，笔者就走到他身边鼓励他再做一遍或两遍，边指导边做示范给他看，直到他站直抬头、鞠躬到位、声音清晰为止。最后进行全班训练，直到人人过关。老师通过自身的认真示范，使得每个学生都对礼仪学习足够重视。每个同学都非常认真地练习，第一堂课就形成了一个良好的礼仪环境。规范的教育训练在每个同学的脑海中打下了文明礼仪的坚实烙印。

二、灵活运用多种教学方法

学校是家庭之外进行道德品质教育的最重要的场所，学校教育，育人为本。我校一直切实加强学生文明礼仪养成教育，引导学生掌握校园、家庭和公共场所的礼仪基本知识，逐步在生活中、学习中养成良好的个人行为习惯，树立正确的道德观念，引导学生先学做人，再会做事，使学生成为品学兼优，德才皆备的优质社会人。

1. 规范学校礼仪教育

（1）扩大宣传影响力。发挥学校多个社团组织、广播站、校园广播、黑板报、宣传栏等文化宣传阵地的作用，大力宣传我国公民文明公约。坚持严抓每周一的升旗仪式，在学生仪表、仪态和态度方面严格要求，每周一国旗下的讲话内容以“爱国、守法、明礼、诚信”教育为主线；根据学校学生生活的具体实际情况，每周值周老师的讲话内容有明确的主题，内容贴近学生生活，能真正引起师生的共鸣，不断提高学生思想道德水平，引导学生确立正确的人生观、世界观、价值观。

（2）严抓品德养成教育。学校始终坚持举行每周班会，总结本班一周内开展各种校园活动情况，表彰从平凡生活中走出来的先进典型人物，用榜样的力量鼓舞和激励孩子们。利用每周班会课、政治课对学生进行日常行为教育，结合《中职学生日常行为规范》和校规校纪，分层次、有针对性地对学生实施思想道德指导和文明养成教育，从日常行为规范教育入手，使学生从“为什么要我这样做”转变为“我必须、我应该这样做”，让良好的行为习惯内化为学生的自觉行为，逐步让学生养成良好的道德情操、行为习惯。

（3）抓好校园校风校纪建设。学校围绕文明礼仪教育主题，营造良好的校园氛围，做到师生共努力，用风气育人。通过名人名言，激励学生树立远大理想，正确人生目标；通过学习校风和校训，引导学生学会做人，学会学习，学会生存，学会审美，教育学生团结友爱、互帮互助；通过美化、净化、绿化校园，让学生置身于整洁、清新、优美又有文化氛围的环境中，受到熏陶，从而达到净化心灵的目的。

2. 普及文明礼仪知识

常规的文明礼仪知识是人们形成良好文明礼仪行为习惯的基础。人的高素质素养并不是先天的，而是通过后天的教育、自我学习和社会生活实践获得的。目前，学生对礼仪知识的认识还非常不足，要改变这种现象，从普及全社会的文明礼仪知识入手。沧海桑田，时代变迁，礼仪规范也随之不断发生变化。归纳起来，无外乎有这样几个方面：在家庭生活中，表现为尊老爱幼、孝敬父母、邻里团结；在人际交往中，表现为理解宽容、团结友爱、与人为善，特别是在对外交往中，重素养、讲诚信，遵礼仪；在社会生活中，表现为遵守社会通行规则、维护公德，同情弱者、扶贫济困，爱护环境。

此外，还要让学生“知其然，更要知所以然”。十个字的礼貌用语也是最常用的礼仪用语之一，它们似乎有一种神奇的力量，能使人与人之间关系融洽，有助于我们与他人相处融洽，能让他人更容易相信你、接受你，更能让自己亲近别人。

3. 教师树立学习榜样

我国古代伟大的思想家、教育家孔子曾经说过“其身正，不令而行；其身不正，虽令不从。”纵观古今中外，著名的思想家、教育家，无一不是以他们崇高的人格力量而在世上树立起丰碑，成为“万世师表”。一直以来，教师都是学生直接仿效的对象。教师的言行举止在很大程度上影响着学生，因此，教师的以身作则、为人师表至关重要。在平时的工作和生活中，教师要树立良好的榜样。对于学生来说榜样的力量是无穷的！当学生见到老师问好时，老师也应该礼貌地点头或招手向学生问好；当老师自己做错事情了，也应该敢于向学生道歉。诸如此类的小节，无处不体现出尊重，在潜移默化中影响学生，营造良好的教学氛围。

4. 家校结合，发动家长力量

（1）家校结合，发动家长力量。通过班主任教师家访、召开学生家长会等形式，切实加强教师家访工作组织管理，教师要与家长多交流、多沟通，对待学生一视同仁，特别要重视与后进生家长联系，取得家长的支持和理解，从而充分调动家长参与学校管理、学校教育的积极性，提高家长教育孩子的水平，真正使学校家庭形成合力，有效地教育学生。

（2）开展礼仪社会实践活动。学校适时与敬老院和孤儿院联系，挖掘校外资源对学生进行教育。例如，组织学生开展扶老携幼、绿色环保等社会实践活动，引导学生走出校园、走进社会参加多种社会实践。在实践中，同学们既能开阔视野、增长见识，又能受到很好的教育和锻炼。

三、礼仪教育持之以恒

文明礼仪教育，必将是一种长期养成教育。通过教育训练，长期坚持，使学生逐步形成文明识礼的好习惯。在教学中出现反复，是一种非常正常的教学现象，教师应始终对学生充满信心，扎扎实实，坚持不懈。日常生活中，笔者都提醒学生见到老师主动问好。老师从学生身边走过时，学生能很自然地向老师问好，同学之间友爱相待。现在我班学生已养成了良好的礼仪习惯，不论是在楼道里、上学的路上，还是在校园之外，他们见到老师都能主动问好，同学之间都能团结友爱，全班同学提高了讲文明、懂礼貌的自觉性和主动性。我班自第一学期以来，学生越带越顺，即使到了毕业阶段，学生的行为都很稳定。在实习工作中也都表现得非常好。

通过礼仪教育，学生树立了正确的人生观和道德观，综合素质得到了明显的提高，明白了学习礼仪的重要性，明白了高道德素质素养的人才是最受欢迎的人。由此可见，传承文明礼仪教育在中职教育中势在必行。

心理健康教育

加强中职生的心理辅导，提升耐挫能力

曾绍彬

柳州市第二职业技术学校　广西　柳州

摘　要　近年来，随着社会发展加快，社会竞争越来越激烈，导致中职生出现很多心理问题，这给中职学校的教育和管理工作带来一定的难度。职业学校的学生大部分是中考成绩较差的学生，他们中的大多数是基础教育中经常被忽视的弱势群体。他们的心理素质普遍比较脆弱，心理问题多发，因此，中职学校迫切需要加强对学生的心理辅导，提升学生的耐挫能力。

关键词　中职生；心理辅导；耐挫能力

一、中职生心理健康的现状及出现的心理问题

近年来，我国职校生心理健康状况不容乐观，心理问题有逐年上升的趋势，并出现一些新问题，如意志薄弱、自控能力差等，令家长越来越头疼，教师感到越来越棘手。依据笔者多年的教学经历，当前中职生普遍存在的一些心理问题可分为以下几类。

1. 学习方面

不少中职生有厌学情绪。他们进入职校前，学习上有着失败的经历，他们是应试教育的淘汰者，在学习上对自己缺乏自信，受到来自家庭的压力，不得已才去学习，有着明显的厌学情绪和行为。学习动力不足，没有明确的学习目标，来学校混日子，得过且过。

2. 情感意志方面

中职学校的学生情绪控制能力较差。在平时的学习和生活中，他们普遍具有明显的情绪两极化现象，非常容易出现兴奋、激动或愤怒、悲观的情绪。同时，情绪变化速度快，稍微遇到一点外部的刺激，便会马上爆发，而且在日常行为中大多会采取偏激和极端的处理方式，容易冲动，缺乏理智。中职学校的学生忍耐挫折的能力比较低，稍有刺激便会出现逃学、旷课、离家出走甚至轻生等行为。

3. 品德性格方面

中职学校的学生大多以自我为中心，常常表现为过分关注自己的感受，自私自利，很少考虑甚至完全不考虑别人的想法和利益。部分中职生有自卑心理，他们在学习中的失败经历让其出现消极的心理状态，从而在生活中稍有挫折便自暴自弃。

4. 择业方面

大多数中职生在择业过程中易出现紧张焦虑的心理，在择业过程中普遍认识困难不足，经常被挫折打倒。有的中职生过高地估计自己的劳动价值，在择业的过程中对于自己的劳动价值期待过高，既希望在工作岗位上获得较高的报酬，又怕苦怕累，不愿付出。

5. 异性交往方面

调查显示45.9%的学生存在性困惑，而他们所处的青春期中期会伴有积极接近异性的心理狂热期。

二、中职生出现心理问题的原因分析

中职生心理障碍的产生主要与学生所处的心理发展阶段有关，也与社会环境的影响有关。中职学校的学生在年龄上处在青春期，这一阶段的学生心理变化相对激烈。学生的心理上还不成熟，情绪上也不够稳定。在面临学习和生活的一系列问题时，内心的冲突和矛盾就会表现出来。在遇到冲突事件时，需要得到老师和同学的帮助，以得到有效的疏导和合理的解决，否则就会形成心理障碍。社会的快速发展，也使即将走向社会的中职生面临着巨大的就业压力，让他们产生了焦虑感。

造成中等职业学校学生出现心理健康问题的原因是多方面的，但主要来自社会影响、家庭环境、学校的教育方法和中职生自身等因素。

（1）社会影响。选择职业学校的学生大多是被应试教育淘汰下来的。不少学生进入职业学校后产生强烈的自卑心理。社会注重应试教育因素的干扰以及人们对中职生的偏见，使得中职生出现了许多逆反心理和逆反行为。

（2）家庭环境。家庭教育对学生产生着巨大的影响。一些家长文化素质较低，没有科学的教育方法或家庭关系紧张，缺少温暖和爱，使学生心灵产生阴影。有的家庭溺爱子女，有的家庭对子女放任不管，有的则爱用拳头教育，这些都是学生心理问题产生的重要原因。

（3）学校教育方法。部分中职学校没有重视学生的心理健康教育，没有建立健全心理教育机制。当学生出现心理问题时，得不到及时有效的疏导。有的教师忽视学生的心理特点，在教育学生时采用不当的方法，伤害学生的自尊心，使不少学生产生逆反心理。

（4）学生自身心理因素。一些中职学校的学生缺乏自信，文化基础差导致了学习专业课有很大的难度。有的学生就这样慢慢地放弃了学习。还有的学生认为中职学校的生活很理想化，但实际的生活不尽如人意，因而产生失落感。中职生年龄大多在 16～19 岁，正处于性心理的“向往异性期”。这个年龄段，他们身体正处于生长发育的第二高峰期，性生理不断发展，性意识也开始觉醒，对异性充满好奇。这一时期较突出的矛盾之一是性生理迅速发育成熟与性心理相对幼稚之间的矛盾。

三、解决中职生心理问题的有效途径

1. 开展心理健康教育，体现中职特色

（1）关注学生个体的心理健康问题。

中职学校应为每一个学生建立一份心理健康档案。由班主任进行档案的管理，了解每位学生的成长经历，掌握学生的家庭状况、性格爱好、学习表现等个人情况。老师应与学生多进行交流和沟通，形成学生的集体意识，使学生在团队中获得自信和沟通技巧，能够在各项活动中认识自我，调整和改善人际关系，转变学习的方式和行为处事方式。在中职学校的教育过程中，通过言传身教，充分发挥教师特别是各班班主任教书育人的重要作用。第一，通过班主任无时无刻地和学生的互动交流，做学生的思想政治工作，达到培养学生健康的人格、高尚的品德和正确的世界观、人生观、价值观的目的。同时通过言传身教，树立典型，培养中职学生科学的世界观、人生观和价值观，帮助他们走出心理误区、纠正认知偏差，保持健康的心理素质。第二，帮助学生树立自信心。充分尊重关爱，给中职生更多信任与鼓励，让学生得到肯定，摆脱自卑心理，逐步建立自信。自信心能引发人的兴趣，使人产生动力，走向成功，要注意抓好学生的自信心教育，使学生增强自信，克服心理障碍，激活其内力。

（2）开展丰富多彩的心理健康活动。

第一，开设专题心理卫生讲座，将有关心理学知识和保健方法传授给学生，让他们认识到这个时期对异性感兴趣、有好感是正常现象，正常的异性交往对身心有好处。同时，教会学生一些自我保护的方法。第二，多组织一些班级活动。例如，让学生以班级为单位开展校园辩论赛、拔河比赛、篮球比赛等。组织班级春游，学习雷锋活动，在活动中学生有一股凝聚力，能产生互助协作的精神，融入集体。大量事实证明，参加集体活动有利于个人身心健康，消除孤独、郁闷、自卑等心理障碍。第三，班主任与学生进行心灵交流。笔者所在的职校，班主任有一项工作，让班上的每个学生每周写一篇周记，字数不限、内容不限，目的是更好地了解学生各方面情况。刚开始学生并不愿意写，东拼西凑才写了几句话，但笔者在每个学生本子上都留下了长长的话语。渐渐地，学生敢说悄悄话、知心话了。这种方法是师生之间的一种心灵交流，效果非常好，不但可以了解学生的一些动态，而且可针对不同对象进行不同方式的教育，疏导他们的心理问题。

（3）让学生做好进入职场的心理准备。

大多数中职学生在结束两年的在校学习后，会进入第三年的顶岗实习期。有的学生对于这个角色转换感觉不适应，因此出现一些心理问题。中职学校的培养目标决定了中职心理健康教育应以职业心理健康教育为主要内容。在职业心理健康教育中，应根据学生的能力、气质、性格、兴趣等个性特点，结合社会需要和有关职业信息，对学生进行职业心理健康教育，使学生了解自己的气质，在职业选择时，尽量考虑所选职业、岗位与自己能力、性格的适应性。通过职业心理健康教育，学生更好地认识了自我，能在求职择业以及以后的职业生涯中，扬长避短，充分发挥自身能力。职业心理健康教育是一个过程，渗透于整个中职教育中，心理健康教育是一项综合性、持久性的育人工程，要靠多方面的共同努力，应把它自然地渗透到各科教学中去。教师要善于挖掘一些显性的或隐性的心理教育内容，潜移默化地对学生施加影响，逐步提高学生认识品质、意志品质、个性情感品质。

2. 加强学生的心理辅导

心理辅导即个别谈话，它是心理教育最重要的手段。教师应具备一些心理学专业知识，否则心理辅导将达不到预期效果。在进行个别心理辅导时，教师应做到认真倾听、理解和保密。为了保证学校心理健康教育工作正规有序地开展，中职学校要配备专职教师承担心理辅导课或承担学生的心理咨询。这种心理咨询在形式上有别于班主任、任课教师找学生谈话。少数有心理困扰或心理障碍的学生主动找教师寻求帮助，教师则有的放矢地给予科学有效的咨询和辅导。在方法上，教师要充分接纳学生、了解学生，与学生一起寻求可行的良策。对于处在青春期的中职生，有时候与其交谈并不是进行沟通的最佳方式。用 QQ、微信等进行师生对话，对于学生尤其是性格内向的学生来讲，既能减轻面谈时的紧张感，又能达到与教师进行交流的目的。

对特殊家庭学生的心理辅导。中职生中有很多特殊家庭的学生，如家庭离异或失去直系亲属等。这些学生拥有共同的心理特点：自卑、多疑、没有安全感、不与他人正常交往。对于这些学生的心理辅导只有学校和家庭共同配合，才能更好地进行。对于学校来说，首先要营造和睦的班级氛围，使班级像一个大家庭，让学生感到自己生活在这样的集体里有安全感。其次，进行爱的教育。教师无私的爱可以弥补学生在家庭中缺失的爱，使学生在感受到爱的同时慢慢学会爱别人，并与他人正常交往。最后，可以让学生多参加丰富多彩的文体活动，通过活动提高学生自信心。对于有特殊心理问题的学生，教师应根据他们不同的家庭情况，对症下药。

3. 提升学生的耐挫能力

（1）引导学生正视挫折，正确对待挫折。

每个人的成长道路都不是平坦的，都会或多或少地经历一些挫折。这些挫折有的来自外部环境，有的来自自身。不管是哪种情况，都可能给人带来伤痛感，都需要正确引导。教师要引导学生：失败是一笔财富，经历失败才能走向成功。例如，广西柳州市某职校一位高一年级的女生因为感情上的挫折，选择跳河自尽。一位男生看见后见义勇为，跳入河中救人。结果女生被救起，那位男生却失去了宝贵的生命。这个案例值得我们深思，如果平时注意引导学生正确对待挫折，及时发现学生的心理异常进行心理疏导，也许能避免一场悲剧的发生。在日常的学习和生活中，教师要注重培养学生自立、自强、自主的精神，不能打击学生的积极性和自信心，教育学生自己的事情自己做，遇到困难、挫折时自己想办法解决，不要有依赖心理。作为教师，要提高自身的心理素质，以积极的心态去工作和生活，同时也会潜移默化地感染学生。

（2）教师的鼓励提升学生抗挫折能力。

在教育学生如何面对挫折的过程中，很多教师用卧薪尝胆之类的典故激励学生，反而给学生造成了很大的压力。由于教师对学生缺乏有效的鼓励和帮助，这部分学生大多没有走出失败的困境，在一次次失败中强化了不良的心理定式，有的就觉得自己很笨，难以承受失败，甚至采取了很多偏激的行为。

辩证的观点告诉我们：每个人都有长处，也有短处。要把所有的长处都集中到一个人身上是不可能的，也是不切实际的。教师要以赏识的眼光、平和的心境对待中职生，要用爱心去解读这个群体。赏识中职生的长处，在教育实践中，要善于发现中职生身上的闪光点，为中职生设立恰当的奋斗目标，以保持其自信心，还要善于发现中职生的每一个进步，加以肯定，加以强化。看到学生的努力和进步时，就要多鼓励，多表扬。教师只要恰当地运用激励的方法，学生就会信心倍增，有足够的勇气面对挫折。

（3）学生自我激励提升耐挫能力。

从心理学角度讲，中职生处在青春期，其自我意识强烈，自尊心的需求迫切。所以，教师对于中职生的任何方式的批评都会或多或少地伤及他们的自尊，关键是中职生如何去对待这种伤害。事实上，教师对中职生的批评是一种现实的挫折教育，是培养中职生勇于正视自己的错误和改正错误的心理承受能力的重要手段。苏霍姆林斯基在《和青年校长的谈话》① 中指出："教育者的任务是既要激发学生的信心和自尊心，也要对学生心灵里滋长的一切错误的东西采取毫不妥协的态度。"在这里，苏霍姆林斯基既为教育者提出了要正确对待学生的错误，又提出了要激发学生的信心和自尊心。所以，在教育过程中，教师在摸清学生的心理状况的前提下，在学生自尊心方面掌握好分寸，没有必要过分小心地保护学生的自尊，而是应该引导学生正确地看待他人的批评，能够反省自身的错误，从而改正错误、自我完善，让学生在受到挫折之后，靠自我激励更坚强地站起来。

总之，中职生的心理问题非常复杂，对中职生的心理辅导应引起社会各界的重视，将学生的心理健康教育纳入学校教育的整体规划。建议学校不仅要开设心理健康教育课，而且要设立心理咨询室，建立学生心理监测系统。对学生出现的心理问题做到防患于未然；对已出现的心理问题及时进行引导。

参考文献

[1] 李球．职业心理学 [M]. 南昌：江西高校出版社，2007.

[2] 班华．心理健康教育论 [M]. 合肥：安徽教育出版社，2006.

[3] 郑和钧．学校心理健康教育系统协同构建的理论与实践 [M]. 长沙：湖南师范大学出版社，2010.

[4] 王希永，等．学校心理健康教育教程 [M]. 北京：开明出版社，2013.

① [苏联] 苏霍姆林斯基．和青年校长的谈话 [M]. 北京：教育科学出版社，2009.

教学设计、教学案例

“定价策略的运用”教学设计

李　娜

柳州市第二职业技术学校　广西　柳州

教学设计

<table>
<tr><td colspan="6">设计摘要</td></tr>
<tr><td>教学题目</td><td colspan="5">定价策略的运用</td></tr>
<tr><td>课程</td><td>市场营销基础</td><td>学时安排</td><td>2 学时</td><td>年级</td><td>2014 级</td></tr>
<tr><td>所选教材</td><td colspan="5">本节选用孙天福主编、华东师范大学出版社出版的《市场营销基础》。该教材主要介绍营销环境与观念、市场调查与预测、4P 策略、公共关系和权力营销等知识。它强调理论联系实际、紧跟形势，强调务实精神和动手能力。本节选自第六章“定价策略”的第三节内容，教师将教材内容置于市场情境中，强调定价策略的运用</td></tr>
<tr><td colspan="6">设计理念</td></tr>
<tr><td colspan="6">该节课打破了传统的填鸭式的教学方式，将翻转课堂的教学理念运用于课堂教学中。充分利用信息化的教学技术和手段，通过任务驱动，调动学生学习的积极性，提高学生自主学习的能力；结合专业方向，设计课前调研、实训项目内容及课后练习，以学生为主导，让学生学会团队合作，并通过共同评价，增强学生对专业的自信心和热爱。整节课体现“任务贯穿、做学合一、竞赛提升”的主旨，让学生在“做中学，赛中乐”</td></tr>
<tr><td colspan="6">一、教学目标及重难点</td></tr>
<tr><td colspan="6">1. 教学目标</td></tr>
<tr><td colspan="6">（1）知识目标：①准确地判断企业产品使用的定价策略；
②掌握定价策略的运用。
（2）能力目标：①学会运用定价策略为企业产品进行定价；
②提高学生的市场洞察力和分析能力。
（3）情感目标：①培养学生的团队合作精神以及创新思维能力；
②帮助学生树立正确的竞争意识，培养学生成为合格的职业人</td></tr>
</table>

续表

<table>
<tr><td colspan="3">2. 教学重点</td></tr>
<tr><td colspan="3">（1）利用已学知识准确判断企业产品所使用的定价策略。
（2）学会为企业选择合适的定价策略以达到企业预期的利润目标</td></tr>
<tr><td colspan="3">3. 教学难点</td></tr>
<tr><td colspan="3">灵活地运用定价策略进行产品定价</td></tr>
<tr><td colspan="3">二、学习者特征分析</td></tr>
<tr><td colspan="3">该班学生活泼好动、思维活跃，对新鲜事物充满好奇，勇于探索，但在课堂中他们讨厌枯燥的理论传授，喜欢做中学。之前他们已经学习了定价策略的相关理论知识，但是对于定价策略的运用没有进行深入的学习和探究；他们具备一定的计算机和网络运用能力，爱玩手机</td></tr>
<tr><td colspan="3">三、文本教材与信息技术整合点</td></tr>
<tr><td colspan="3">教学的目的是让学生灵活地运用定价策略为企业进行产品定价。为了改变填鸭式的教学方式，提高学生学习兴趣，充分运用信息化的技术和手段，通过任务驱动，让学生学会团队合作。从调查市场产品的定价情况开始，让学生随时随地地利用微信平台发布信息。学生运用网络平台，共同努力制作调研成果 PPT，然后进行口头汇报。充分让学生体验到自主探究学习和团队合作带来的快乐，并品尝到学习的成就感，由此增强对专业的热爱。创设的实训项目，学生在教师给定的车型资料基础上通过限时网络搜索完成讨论任务。进而学生进行分组 PK，证实各组的实力。通过共同评价，让学生认识自己的优势和不足，有效地突破本节教学重难点，真正在专业课上做到“任务贯穿、做学合一、竞赛提升”</td></tr>
<tr><td colspan="3">四、学习环境选择与学习资源设计</td></tr>
<tr><td colspan="3">1. 学习环境选择（打√）</td></tr>
<tr><td>（1）WEB 教室√</td><td>（2）局域网</td><td>（3）城域网</td></tr>
<tr><td>（4）校园网√</td><td>（5）因特网√</td><td>（6）报告厅</td></tr>
<tr><td colspan="3">2. 学习资源类型（打√）</td></tr>
<tr><td>（1）课件√</td><td>（2）工具</td><td>（3）专题学习网站</td></tr>
<tr><td>（4）多媒体资源库√</td><td>（5）案例库</td><td>（6）题库</td></tr>
<tr><td>（7）网络课程</td><td>（8）仿真软件</td><td>（9）其他</td></tr>
<tr><td colspan="3">3. 学习资源内容简要说明（说明名称、网址、主要内容）</td></tr>
<tr><td colspan="3">（1）利用微信圈，学生发布调研的产品及定价信息。
（2）利用网络平台，教学资源库，根据调研任务，学生进行汇报 PPT 设计制作。
（3）利用网络，下载视频和图片，供完成学习任务参考</td></tr>
</table>

续表

<table>
<tr><td colspan="2">五、学习情境创设</td></tr>
<tr><td colspan="2">1. 学习情境类型</td></tr>
<tr><td>（1）真实情境</td><td>（2）问题性情境√</td></tr>
<tr><td>（3）虚拟情境√</td><td>（4）互动性情境√</td></tr>
<tr><td colspan="2">2. 学习情境设计</td></tr>
<tr><td colspan="2">（1）虚拟情境：采用多媒体课件、音响设备、计算机、投影仪、电子白板、网络资源设置虚拟情境。
（2）问题性情境：在教学的各个环节中，创设相应的问题情境，引导学生自主探究、合作学习。
（3）互动性情境：任务驱动，学生合作互动；利用项目评价表，进行互动评价和总结</td></tr>
<tr><td colspan="2">六、教法学法设计</td></tr>
<tr><td colspan="2">教法：
（1）任务驱动法（课前布置调研任务，让学生进入汽车市场及通过网络调查，获取品牌汽车的定价情况，并分析企业主要采用了哪些定价策略，以任务驱动贯穿整个课堂）。
（2）情景教学法（教师创设实训案例背景，让学生根据已学的定价策略知识，进行分项目探讨，并选择合适的定价策略进行新产品定价）。
（3）分组讨论法（按照“以先进带后进”的原则，将全班分成四个学习小组，各组团队合作完成各项学习任务。）
学法：
（1）观察分析法（提高学生的市场洞察能力和市场分析能力）。
（2）合作探究法（体现学生在学习中的主体地位，培养学生的团队合作精神）。
（3）自主学习法（鼓励学生自主学习，激发学生勤于思考，大胆表现）</td></tr>
<tr><td colspan="2">七、学习活动组织</td></tr>
<tr><td colspan="2">教学结构流程的设计</td></tr>
<tr><td colspan="2">

环节	内容
（1）任务引领、自主学习	根据课前调研任务，市场调查或网络搜索，获得产品定价情况，制作 PPT，完成成果展示准备
（2）巩固旧知，分享学习	分组进行调研成果展示，对调研产品的定价一般采用哪些策略进行分析、总结，教师即时点评
（3）创设情境，合作交流	创设实训案例背景，学生头脑风暴，分组 PK 完成任务
（4）总结评价，布置作业	对本节知识点的回顾并通过作业布置将课堂知识延伸到课后

板书设计

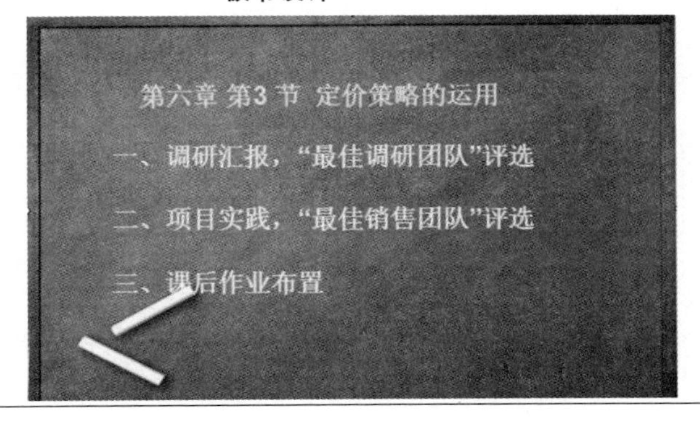

</td></tr>
</table>

续表

教学环节	教师活动 （教学内容的呈现）	学生活动 （活动的设计）	设计意图 媒体资源
环节一：任务引领、自主学习（课前准备一周）	1. 课前分组：“按学习先进带后进”的原则，将全班36名学生分成四个学习小组，每个小组9人，各组选出1名小组长。 2. 选取美、德、日、韩四个不同车系的汽车调查品牌，并设计制作课前调研任务单及二维码。 要求： （1）团队合作将调查的成果制作成PPT，供课堂展示。 （2）调研现场团队合影。 （3）微信圈发布调查车型的定价信息	任务清单： （详见附件） 1. 各小组组长根据抽取的汽车品牌，通过带领团队成员进行实地调查和网络搜索收集该品牌所有车型的定价信息并通过微信平台即时发布。 2. 每组成员讨论分析所调查的品牌每款车型所运用的定价策略。 3. 把收集的资料及分析的结果制作成PPT准备课堂调研成果展示	【设计意图】培养学生自主学习的能力，激发学生对专业学习的兴趣，并有效地提高学生的市场洞察力和分析能力。教师提前掌握学生的学习情况。 【媒体资源】利用汽车之家等专题网站补充汽贸园4S店不在售的车型定价信息；利用微信圈上传指定品牌车型图片及定价的相关信息；并将调研成果用PPT展现出来
环节二：巩固旧知，分享学习（20分钟）	1. 根据学生调研成果的展示，帮助学生对汽车市场产品定价策略的选择进行总结、归纳。 2. 根据学生的综合表现，给予即时评价，并引导其他各组完成“最佳调研团队”的评选	每个小组派代表对本组调研成果进行PPT汇报。 要求： 各小组从所调研的品牌车型中选择三款，分析其运用的定价策略有哪些	【设计意图】通过学生自主学习，探究信息化技术，激发学生学习的潜能 【媒体资源】百度搜索引擎、网络平台和计算机应用软件
环节三：创设情境，合作交流（55分钟）	实训内容： 请你运用所学的定价策略完成以下项目的讨论。 项目情境：假设某汽车品牌厂商的一款新车型即将上市，需要厂商销售部对其进行合理定价。请同学们模拟厂商销售部成员，组建销售团队，为其选择合适的定价策略进行定价，并说明具体的理由。	学生通过教师下发的车型参考资料及课堂网络搜索资料，了解该产品的特征及竞品价格，然后通过组内讨论，根据已学的定价策略相关理论知识对该产品进行合理定价，并说明其理由。 实训操作规程：	【设计意图】根据学生专业特点和兴趣，利用网络收集相关资料，带着紧迫感进行倒计时讨论，更具学习挑战性。较好地培养学生团队合作精神和创新思维能力

续表

教学环节	教师活动（教学内容的呈现）	学生活动（活动的设计）	设计意图 媒体资源
环节三：创设情境，合作交流（55分钟）	项目一：东风本田第10代思域即将在本月中旬上市，若你作为该品牌销售部的一员，请你根据所学知识为该企业选择合适的定价策略，并为其定价。 项目二：国内热销品牌长城哈弗H6的兄弟款H7L计划2016年年底上市，请你根据所学知识为该企业选择合适的定价策略并定价	（1）分组讨论：按照课前调研的四个小组分组，每两个小组讨论一个项目。 （2）教师给各组同学下发色卡纸并进行限时回答。 （3）讨论同一项目的两两小组进行两轮竞赛PK。 第一轮PK：由每组同学派代表对团队的定价方案做出陈述； 第二轮PK：对同一项目讨论的两组，根据各自差异的定价策略选择和定价进行交叉辩论，以证实本组定价方案更优； （4）由其他两组学生、教师进行即时评价。最终评选出“最佳销售团队”	【媒体资源】 通过网站视频及图片等直观展示让学生在互联网的丰富资源支撑下，实现助学助教功能 【设计意图】 通过分项目评价，利用比赛竞争机制激发学生的竞争意识。根据学生的就业方向布置任务，培养学生的职业技能。让学生体验到职场竞争的现实性，帮助学生树立正确的竞争意识
环节四：总结评价，布置作业（5分钟）	1. 本课总结。 2. 通过班级QQ群及微信圈发布课后作业。 作业内容：通过网络搜索，请你为计划在2016年10月份上市的上汽通用五菱宝骏生产的纯电动车E100选择合适的定价策略 环节五：总结评价，布置作业（5分钟）	学生通过教师共享在QQ群及微信圈的作业资源完成课后作业	【设计意图】 通过课后作业的布置，进一步对该课知识进行课外有效的延伸 【媒体资源】 运用班级QQ群、微信圈上传作业资源，同学们可随时随地下载资源和参与课后讨论

八、教学设计亮点
1. 任务驱动贯穿整个课堂，促使学生学会团队合作，利用信息化技术和手段，展示学生的学习成果，让学生体验到学习的成就感以及团队协作的乐趣。 2. 创设项目情境，与企业实际工作岗位相对接，调动学生学习的积极性。 3. 分项目评价，不同的竞赛活动运用不同的评价标准，学生和教师共同评价，让学生巩固已学知识，激发学生的竞争意识，为他们日后走上工作岗位培养责任心和自信心。 4. 利用班级QQ群或微信圈，布置课后作业，使课堂内容在课后能够得到进一步延伸

续表

<table>
<tr><td>教学环节</td><td>教师活动
（教学内容的呈现）</td><td>学生活动
（活动的设计）</td><td>设计意图
媒体资源</td></tr>
<tr><td colspan="4">九、教学反思</td></tr>
<tr><td colspan="4">1. 任务驱动，激发学生自主学习。打破传统的填鸭式教学方式，通过任务的驱动，让学生能自主、自觉，有目标地学习。
2. 实战演练，增强学生团队意识。设置实战情境，让学生学会团队合作，激发学生的竞争意识。
3. 信息辅助，提高学生的学习兴趣。通过信息化技术和手段，使学生乐于学习，让学生感受到信息化时代学习的快乐，轻松解决教学重难点。
4. 凸显专业特色。以汽车为本课主要研究产品，培养了学生对专业的热情</td></tr>
</table>

附表 1：“定价策略的运用”课前调研任务单

附表 2：“最佳调研团队”、“最佳销售团队”评价表

附表 3：实训车型参考相关资料

附表 1

“定价策略的运用”课前调研任务单

<table>
<tr><td>组别</td><td></td><td>团队成员</td><td></td><td>调研日期</td><td></td><td>班级</td><td></td></tr>
<tr><td colspan="8">一、学习指南</td></tr>
<tr><td colspan="8">1. 课题名称
华东师范大学出版社出版的《市场营销基础》（第三版）第六章第三节“定价策略的运用”</td></tr>
<tr><td colspan="8">2. 达成目标
通过市场调研、网上搜索资料等相关信息的收集，了解指定品牌所有车型的定价信息</td></tr>
<tr><td colspan="8">3. 学习方法建议
（1）小组合作；（2）观察分析</td></tr>
<tr><td colspan="8">二、调研分组</td></tr>
<tr><td colspan="8">要求：
1. 将全班 36 名学生分成 4 个学习小组，每个小组 9 名同学，各组推选 1 名小组长。
2. 每组抽签获取调研的产品品牌。教师按照美、德、日、韩四国车系划分的指定品牌有：长安福特、上海大众、东风日产以及北京现代</td></tr>
<tr><td colspan="8">三、调研任务</td></tr>
<tr><td colspan="8">1. 小组长带领小组成员前往柳州市汽贸园进行市场调研，收集指定品牌汽车的定价信息。
2. 各小组成员通过网络自主学习，补充 4S 店没有的指定品牌车型定价的相关信息。
要求：（1）各小组成员利用微信圈上传指定品牌车型图片及定价的相关信息，组内及其他小组成员以点赞方式评价。
（2）各小组讨论并分析出每款车型所运用的定价策略。
（3）各小组把收集的资料及分析的结果制作成 PPT 准备课堂调研成果汇报</td></tr>
</table>

附表 2

“最佳调研团队”评价表

序号	评分项目	分值	自评	他评
1	课前调研	40		
	团队合作，分工明确，配合默契	20		
	团队成员微信圈发布车型相关信息获得班级点赞率	20		
2	课堂汇报	60		
	展示的品牌车型信息全面	10		
	分析使用的定价策略正确	20		
	PPT 汇报语言表达自然、流畅	10		
	PPT 制作简洁、美观	10		
	礼仪动作大方、得体	10		
合计		200		

“最佳销售团队”评价表

序号	评分项目	分值	自评	他评
1	团队合作，分工明确，配合默契	20		
2	发言内容分析透彻、有理有据	40		
3	辩论能够抓住要点，回击有力	20		
4	语言表达流畅、逻辑严密	10		
5	礼仪动作大方、得体	10		
合计		100		

附表 3

实训车型参考相关资料

（1）第十代思域，新车的长、宽、高尺寸分别为 4 649mm/1 800mm/1 416mm，轴距达到 2 700mm。（A 级）。

全新思域最值得关注的莫过于配置部分的大幅升级，ESP 电子车身稳定系统将成为全系标配，而包括无钥匙进入、一键启动、电动天窗、后倒车雷达、倒车影像、自动双区空调等配置也均为 1.5T 车型全系标配。顶配车型则还将配备

LED 前大灯、导航系统、ACC 自适应巡航、车道偏离预警、车道保持、盲点监测等配置，全新思域通过配置提升了竞争力。

动力配备方面，先期投放的 1. 5T 全新思域配备的 VTEC TURBO 发动机最大输出功率达到 177 马力（1 马力 =0. 735 498 7 千瓦），峰值扭矩为 220N · m。传动系统与发动机匹配的是 6 速手动或 CVT 变速箱。

竞品车型：长安福特福克斯（Focus）（12. 88 万 ~16. 58 万元）、上汽通用雪弗兰、科鲁兹（Cruze）、长安马自达 3、昂克赛拉（Axela）、一汽大众速腾（Sagitar）。

视频参考：http：//v. youku. com/v_show/id_XMTQ5MDUwMDIwOA = =. html? from = s1. 8 –1 –1. 2。

（2）哈弗 H7L，长、宽、高为 4 900mm/1 925mm/1 788mm，轴距 2 850mm，尺寸上与汉兰达接近。

哈弗 H7L 在配置上依旧保持了哈弗车型较为丰富的特点，诸如无钥匙进入、无钥匙启动、全景天窗、大尺寸触摸屏、电动后尾门、电子手刹、自动驻车、自动防眩目内后视镜、全景摄像头都能在车内看到，此外，厂家表示，H7L 还将配备全液晶仪表台。动力方面，哈弗 H7L 搭载的是长城自主研发的 2. 0T 发动机，最大功率 231 马力，最大扭矩 350N · m，与发动机匹配的是 6 速双离合变速箱。

竞品车型：广汽丰田汉兰达（highlander）（2. 0T 指导价 23. 98 万 ~33. 08 万元）、长安福特锐界（edge）。

视频参考：http：//v. youku. com/v_show/id_XOTM4MTIzNzIw. html? from = s1. 8 –1 –1. 2。

“热爱生活　珍爱生命”教学设计

李颖琦

柳州市第二职业技术学校　广西　柳州

教学设计

<table>
<tr><td rowspan="2">课题</td><td rowspan="2">热爱生活
珍爱生命</td><td>主题</td><td>生命</td></tr>
<tr><td>年级</td><td>中职二年级</td></tr>
<tr><td>教育背景</td><td colspan="3">生命承载着一个民族和国家的希望，年轻的生命决定了未来整个社会的方向，而中职学生正处在生理和心理逐渐形成和确立的时期，因此，用积极的生活态度引导中职学生热爱生活并珍爱生命，形成向上、乐观的力量，抓好这一时期的态度养成十分重要</td></tr>
<tr><td rowspan="3">教育目标</td><td colspan="3">知识目标：认识生命，理解生命是属于自己，也属于社会</td></tr>
<tr><td colspan="3">能力目标：践行生命，用行动为自己的生命添彩，也为社会添彩</td></tr>
<tr><td colspan="3">情感目标：珍爱生命，秉承对生命的尊重，热爱生活</td></tr>
<tr><td>重点、难点</td><td colspan="3">践行生命，用行动为自己的生命添彩，也为社会添彩</td></tr>
<tr><td>课前准备</td><td colspan="3">PPT 制作
收集本班和往届升学班学生日常学习生活照片和视频
照片、视频分享
若干白纸，在白纸后面贴上双面胶
语文书
朗诵背景音乐</td></tr>
<tr><td>教学方法</td><td colspan="3">案例法
分享法
朗诵法
活动法</td></tr>
<tr><td>学法指导</td><td colspan="3">分享体验法
交流讨论法</td></tr>
</table>

续表

教学过程设计	教师活动	学生活动	设计意图
由学生的日常学习生活视频导入	展现一段往届升学班学生日常学习生活的视频	学生观看学长学姐的大学学习生活视频	通过学长学姐的大学生活视频，开启学生对美好生活的向往
一、认识生命——生命的意义 生命不等于是呼吸，生命是活动，即生活	1. 播放背景音乐，引导学生朗诵《钢铁是怎样炼成的》中关于生命的选段； 2. 概述生命的意义，生活的价值	全班朗诵《钢铁是怎样炼成的》中关于生命的选段，感悟生命的意义画面	（朗诵法）通过朗诵，直观感受生命的意义，用优秀的文学作品引导学生正确认识生命，感受生命的意义
二、践行生命——为生命添彩 两年中职阶段的生活，充实而美好	1. 播放本班学生两年在校学习生活的视频； 2. 分别请视频中的几个学生分享当时的小故事	学生观看视频 学生站起来分享视频中的小故事	（案例法）通过几个学生学习生活的片段，直观正面地给全班同学展现积极向上、乐观活泼的生活画面，让学生感受到生活的美好，也看到一个个正在绽放的生命，同时使其联想到自己，以此作为榜样 （分享法）通过学生生动的解说，更能使其他学生身临其境，感受到生活的快乐、生命的美好

续表

教学过程设计	教师活动	学生活动	设计意图
三、珍爱生命——热爱生活 生命与生命的碰撞形成了生活	1. 给每人发一张白纸，并让学生在白纸上分别写上：自己的名字、“最喜欢和我做的事”和“最想和我做的事”； 2. 让学生把纸贴到背后； 3. 引导学生下座位给别的同学写下最喜欢和TA做的事、最想和TA做的事； 4. 呼吁学生课后就和伙伴一起做最喜欢的事和最想做的事	拿到白纸，在上面写下自己的名字、“最喜欢和我做的事”和“最想和我做的事” 把纸贴在背后 相互写下最喜欢和TA做的事、最想和TA做的事 讨论课后如何与伙伴一起实施	（活动法）通过活动，学生能把自己生活中最喜欢和最想做的事情告诉给伙伴，也可以看到别人对自己的肯定与期望 主题升华，切合学生实际的活动，使得学生的兴趣感十足，学生在看到自己能为别人添彩的同时，也感受到别人对自己满满的期待，从而更加热爱生活，也更珍爱生命
结束：最好的未来			

“一带一路”共筑国家梦

——我的梦

林兰鹃

柳州市第二职业技术学校　广西　柳州

课题	“一带一路”共筑国家梦——我的梦	主题	公正
		年级	中职一年级
教育背景	丝绸之路，经历了风雨，传承着文化，承载着文明，走过了昨天，迎来了今天。习主席“一带一路”经济规划的提出，更是将丝绸之路文化提到了前所未有的高度。中职生正处在世界观、人生观、价值观形成和确立的时期，借用“一带一路”，引导中职学生向往和追求中国复兴之梦想，启迪学生拥有梦想、实现梦想。对处于自我认同时期中职生的世界观、人生观养成十分重要		
教育目标	知识目标： 了解古代的丝绸之路，感受中华历史文化的魅力。 认识“一带一路”，激发爱国情怀、民族自豪感。 启迪学生拥有梦想、实现梦想，共筑国家复兴之梦。 情，弘扬民族自豪感		
	能力目标：践行梦想，用自己的行动为我的梦想实现添力		
	情感目标：追求梦想，必须坚定信念、相信自己、相信未来		
重点、难点	践行梦想，用自己的行动为我的梦想实现添力		
课前准备	课前让学生观看有关“一带一路”的电视节目。 事先安排好主持人及准备好材料等。 PPT 制作		
教学方法	角色扮演法 数据比较法 案例法 分享法		

续表

学法指导	角色体验法 分享体验法 讨论反思法		
教学过程设计	教师活动	学生活动	设计意图
由张骞出使西域的故事导入	展示一个古代丝绸之路的形成	学生聆听张骞出使西域的故事，发表关于古代丝绸之路的看法	通过古代历史故事，体会我国古代丝绸之路的繁华，感受中华历史文化的魅力
一、中国古代曾经的繁华昌盛——古丝绸之路 中国是四大文明古国之一，古丝绸之路对人类文明进步有着卓越的贡献	1. 讲述古丝绸之路的路线。 2. 引导学生进行角色扮演——马可波罗游记。 3. 概述古丝绸之路的盛况	学生代表分别扮演，其他学生观看表演，感受丝绸之路的盛况。 学生听综述，发表关于古代丝绸之路的看法	（角色扮演法）通过角色扮演，直观呈现古丝绸之路的繁华画面，激发爱国情怀、民族自豪感
二、复兴中国梦——“一带一路” 1. 祖国日新月异的发展以及在世界上的重要地位。 2. “一带一路”，中国在不断向复兴之梦靠近	1. 播放视频：“一带一路”宣传片—解读我国一带一路构思。 2. 展示一组数据： 2010 年我国的世界经济总量排名世界第二； 2015 年我国外汇储备世界第一； 近年来，全球经济增长贡献率保持在 25% ……	学生观看视频，了解我国“一带一路”构思。 看数据对比，感受祖国的发展、社会的进步和国家的梦想	（数据对比法）通过动画解读，以及数据对比，加深学生对“一带一路”的理解，认同祖国的梦想，启迪自己的梦想。当梦想与现实碰撞，受到现实的冲击时，学会坚守信念
三、让国家梦想照亮我的梦——坚定信念，追求梦想 1. 国家在行动 2. 社会在行动	1. 国家在行动：2017 年 5 月 14 日至 15 日，“一带一路”国际合作高峰论坛在北京举行，习近平主席将出席高峰论坛开幕式，	听解读	（案例法、分享法、活动法）通过

续表

教学过程设计	教师活动	学生活动	设计意图
3. 学校在行动； 4. 我们的力量在行动。 5. “为一带一路保驾护航”，追寻我的梦想	并主持领导人圆桌峰会。 2. 社会在行动：柳工第三个海外工厂——巴西新工厂开始装机，预计2017年下半年投入生产。 3. 学校在行动： （1）柳州铁道职业技术学院与北京交通大学达成了“3＋1”的合作办学模式。 （2）2015年12月，柳州城市职业学院成立了“中印尼上汽通用五菱汽车学院”。 柳州各个职业学校“轨道交通职业教育国际化发展项目” 4. 引导学生分享自己的梦想，应该怎样行动。	结合柳州本地以及我校对案例进行分析。 分享自己的梦想，分享自己的人生规划和行动。	国家、学校、社会等各个层面的努力，让学生坚定梦想，用自己的行动去追求梦想，实现人生价值，付出自己的力量点亮我们的梦想。 主题的升华，让学生对未来的人生充满动力。认真学习知识、技能，为实现人生梦想做好准备。
结束：最好的未来	合唱歌曲	合唱歌曲	

板书设计

“一带一路”共筑国家梦——我的梦

“地陪服务流程之国内旅游团抵达后的服务流程”教学案例

罗佳丽

柳州市第二职业技术学校　广西　柳州

一、案例背景

1. 教材分析

旅游团队导游服务流程之接站服务中的旅游团抵达后的服务流程是整个《导游实务》教材中地陪导游在旅游团队中面对面接待客人的开端。整个地陪导游服务流程从这里正式进入接待游客阶段，地陪导游员开始面对面地与客人沟通和交流，他的第一次出手、出口都为其之后几天的导游服务工作打下基础。地陪导游给游客的第一印象占其给游客所有印象的60%左右，所以这时候的导游服务非常重要。全书在这一阶段的诠释也是非常详细的，说明这一阶段工作的重要性。

2. 学生分析

学生由前两章理论知识的学习了解了很多关于导游服务工作的知识，初步了解了导游服务行业的工作情况。在理论知识丰富的同时，却伴随着对导游服务工作的不了解，专业服务知识技能匮乏，纸上谈兵，没有实际的能力等问题，所以学生对这堂课的学习充满期待。无论是课前的分组准备、模拟场景演示还是上课的讨论及回答，学生都充满热情。

3. 教学目标

通过教师讲解、学生场景演示、运用头脑风暴等多种教学方法开展教学活动，使学生掌握地陪接站服务的知识和对客服务能力。

掌握地陪接站服务中旅游团抵达后的程序和规范，掌握接站服务过程中沿途讲解的程序以及对特殊问题的处理和应变技巧，能够为旅游者提供良好的生活服务。

使学生思维更灵活、技能更到位、服务更优秀；学练中掌握相应的职业道德。

4. 课前准备

作为一名柳州市中国旅行社的导游员将接待北京长城旅行社广西 5 日游一行 20 人的旅游团队，准备从接火车开始一直到送旅游团上旅游大巴车的全部过程的服务流程。准备接站牌既可以让学生通过自身练习强化对导游服务流程的相关知识的掌握，又可以衔接本课的新知识，一举两得。自己制作模拟大巴、火车出站口、接站牌等道具，加强学生的动手能力，同时使模拟场景演示更为真实，学生的表演更流畅真实，更容易加深理解和记忆。为了让课堂更直观、更生动，事先准备多媒体设备和头脑风暴法必需的工具白纸和马克笔。

5. 教学思路

导游带团工作是非常细致而琐碎的，整个流程是连贯的。书本知识只有与相关案例融会贯通，才能使学生更好地掌握带团的技巧和相应的细节处理的方法。通过具体模拟场景的引入、案例的练习、学生的讨论总结，层层深入地进入整个服务流程，清晰地向学生展示整个旅游团抵达之后的服务程序，让学生通过练习和讨论，开动脑筋思考，熟悉旅游团抵达火车站（机场、码头）后直到带领旅游团来到下榻酒店的全过程。

6. 教学手段

情景模拟演示法：本课内容是实操性的内容，让学生自己思考、自己准备、自己表演导游到火车站接游客到上车和欢迎辞讲解、自己点评，把课堂真正交给学生，寓教于乐。

头脑风暴法：课堂教学以学生自主探究为主，学生根据课堂掌握知识，分析从柳州火车站接旅游团到送达酒店的整个服务流程所有的工作步骤，在所给案例中，分组进行分析，并自行进行点评，教师在疑难处进行点评。

7. 教学用具：多媒体课件《地陪接站服务之旅游团抵达后的服务程序》、学生自制导游旗、导游证、接站牌、旅行包、旅游大巴车侧面模型、火车站出站口模型、旅游行程和旅游接待计划等。

8. 课时安排：2 节。

二、教学实录

师：地陪导游员在上团之前做好充分准备，是一个合格的地陪导游员必须具备的能力，请问在地陪接站服务程序中旅游团抵达之前的服务准备工作有哪些？

生 1：熟悉接待计划、核对票据、制定日程、落实接待计划、准备相应知识。

师：分析的是否准确，是否还有补充？

生2：还应准备相关物质，包括旅游接待计划、导游IC卡、导游旗、相关票据和钱以及接站牌等。

师：二位同学的回答很好。地陪导游员在上团前的准备工作必须非常充分，这将为导游人员接下来的数天服务工作做好充分准备。充分的上团准备只是先决条件，在带团当中把每一个细节、每一个服务做好才是至关重要的。而在与客人接触的几天当中，首次的亮相又最为重要。地陪在旅游团抵达之前做好各项服务安排之后，开始进入和客人面对面服务的阶段，首先地陪要到机场（车站或码头）迎候旅游者，并将旅游者转移至下榻饭店，这一阶段他所提供的服务需要非常重视，也应使旅游团得到及时、热情、友好的接待，并使游客了解当地参观游览活动的概况。这部分工作看起来复杂，实际上它是由两大环节构成的，即旅行团上车前的服务；旅行团上车后，转移途中的服务。下面我们通过一组同学事先准备好的模拟场景表演来看看旅行团上车前的服务该是怎样的，请大家注意该组同学的表演，以你所预习的知识和生活常识来判断他们表演的优缺点所在。大家掌声鼓励！（生们掌声鼓励）

表演：（一生在台下为画外音进行配音）"由北京开往南宁的T5次列车已经到站，请同志们做好接车准备，柳州车站到了，柳州车站到了！"（一生扮演）导游员张丽手持自制彩色导游旗，穿着运动套装，斜挎背包，一手持写有"接北京长城旅游行社王红导游员一行21人"的接站牌在火车站接站口的模型前等候。（数位生手拿旅行包，跟随着一头戴棒球帽、扮演全陪导游王红的生从火车站出站口模型内走出。）导游员张丽手持接站牌上前与王红对接。

张丽：您好！请问您是从北京来的王导吗？我是柳州市中国旅行社的导游员张丽。

王红：是的，我是王红，您好！

张丽：欢迎，欢迎！一路辛苦了！（双方握手）请问团队人数是20+1人吗？请问客人中几男几女？

王红：12男8女。

张丽：大家好，我是大家在柳州的导游员，我叫张丽，各位一路辛苦了！（对着全体扮演游客的同学说）大家请跟我来吧，我们的旅游巴士已经在停车场等候大家了，请大家拿好所有的行李物品跟我来吧！（全体扮演游客的同学跟着张丽走）

[生扮演的张丽带领整个旅游团队来到旅游大巴前，并在大巴车门左边迎候游客们上车，搀扶2名生（扮演的年老游客）上车，准备开车。]

老年女游客（生扮演）：导游小姐，等一下，我的一个旅行包忘在车上了！

张丽：阿姨，您别急，您都找清楚了吗？再找找，它是什么颜色的，什么样子，落在哪里了？

老年女游客：大概有这么大，是黑的，北京长城旅行社的旅行包，包里有我的身份证和500块钱，还有几件衣服。（生表现得非常着急，还不住咳嗽）

王红：各位团友请看看自己的旅行包有没有拿错，这位阿姨的旅行包不见了。

另一位男游客（生扮演）：我好像看到有个旅行包，和我们一样的，还在火车行李架上，不知道有没有拿来。

一位老年女游客：对对，我的行李包就是放在行李架上的。

张丽：阿姨别着急，你们坐8号车厢对吧？我马上帮您联系。

老年女游客：是的，我住在8号的中间，包就在附近。

火车站问讯处员工（生扮演）：您好，火车站问讯处。

张丽：您好，我是柳州市中国旅行社导游员，我社一位刚乘坐T5次车抵达柳州的游客把一个黑色的印有北京长城旅行社字样的旅行包落在8号车厢中部的行李架上了，要麻烦您马上帮忙处理下！

火车站问讯处员工：好的，您稍等，火车还没有开车，我马上帮你联系。

（10分钟后生扮演导游员张丽拿来一黑色旅行包，生扮演的其中一位老年女游客检查包内物品。）

老年女游客：导游小姐，实在是太感谢您了！

张丽：不用谢，阿姨，这是我们分内的事，以后您可要注意了。

老年女游客：一定一定。

张丽：大家请跟我来。

表演完毕。（全班掌声鼓励）

师：大家观看完这组同学们的表演，发现这组同学做得比较好的地方在哪吗？

生：声音清晰、表演生动、导游的笑容很好，处理事情也很及时。

师：对，导游员必须具备这几样素质，同学们的表演很棒。那么有没有美中不足的地方呢？

生：地陪没有提醒游客检查行李都带齐没有；没有问团队的情况、有没有特殊要求，有没有游客身体需要特殊照顾等。

师：很好，疏漏这些内容会给我们之后的工作带来麻烦。刚才那位导游员就是由于忘记提醒客人所以才会出现这样麻烦的问题，根据我们这组同学的表演，请问同学们旅游团抵达后上车前的服务流程有哪些？

生：寻找旅游团；核对人数；提醒游客清点行李；询问旅游团情况，照顾游客上车。

师：回答得很好！请大家看课本54～55页的内容，书上已经归纳得很详细了，这里老师不再赘述。在刚才张玲扮演的地陪导游员张丽照顾游客上车以后，地陪在转移途中即开车后，还需要做什么工作？

生：清点人数，欢迎游客，介绍自己，向游客介绍柳州。

师：很好！同学们的回答很不错，老师总结下同学们的回答，再补充几点，综合起来我们这时在车上的工作主要有：①清点人数；②致欢迎辞；③首次沿途导游；④宣布集合时间、集合地点及停车位置；（5）帮助旅游者下车。首先我们来清点人数，只要是集合都需要重新清点全团人数，请问应如何清点？”

生：用右手有序地清点。

师：一般我们习惯用眼睛默数，以此作为对游客的尊敬。清点一次就可以了吗？

生：两次以上。

师：很好，至少两次以上。第一次上团和客人见面，导游员一般都会以比较正式的方式来介绍自己，并表达良好服务的愿望等，这就是欢迎辞。在模拟导游的课堂中我们提到过欢迎辞的介绍，今天按照之前这个案例，假设你就是这个地陪导游员张丽，你将如何做欢迎辞？请同学准备1分钟，哪位同学想上来试试？”

生：“我来，各位团友大家好，欢迎大家来到美丽的柳州，我是大家柳州段的导游员，我叫张丽，大家可以叫我小丽，我来自柳州市中国旅行社。坐在我身边的这位是李师傅，他有着多年的驾驶经验，请大家放心乘坐。首先我代表我们柳州市中国旅行社、司机李师傅以及我本人热烈欢迎大家的到来。我们将竭诚为大家服务，在旅途当中欢迎大家对我的工作随时提出宝贵意见，预祝大家在柳州的两天玩得愉快，玩得顺心！在旅途中大家有任何需要，请随时向我提出，我将竭诚为大家服务！以下是我的联络方式，11111111111，11111111111大家记住了吗？

师：好极了，大家听了王芳的欢迎辞觉得怎样？好不好？

生：好！

师：好在哪里？

生：语言流畅，声音洪亮，面带微笑。

生：动作配合，内容该有都有了！

师：有没有不足的？

生：有。她的身体总是晃来晃去的。

师：很好，我们导游员在带团中好的体态就代表了好的精神风貌，自信坚强。刚才王芳同学的欢迎辞声情并茂！不但内容完善，能够迅速吸引游客，而且具备了导游员应该有的神态语言，唯一的遗憾就是她的动作，希望同学们注意这些小细节，以后在带团过程中都能尽量处理好。好了，游客从火车站的混乱中走出来，刚上旅游车，车上这时候比较散，经过王芳的欢迎辞后，很好地把整个团队吸引了过来，为她之后的工作开展打好了第一枪！当游客的注意力集中过来之后，地陪这时需要开始她的讲解工作了。请问同学们这时候应该讲解什么内容？

生：介绍柳州，路上的风景介绍，宣布这几天的行程和注意事项。

师：那要下榻的酒店不需要介绍吗？

生：要。

师：同学们说的这些我们统一称之为首次沿途导游，请看大屏幕。综上同学们的回答，首次沿途导游包括以上几个方面的内容。以下是一个案例，大家根据刚才所学的知识来分析，假设你是这位导游员，你的沿途导游讲解该怎样设计，包括哪些内容？

（生讨论案例：地陪导游员到柳州火车站接旅游团到柳州饭店，首次沿途导游包括哪些内容？作为地陪，你的行车路线是怎样设计的？）

生：我的线路是这样设计的：火车站—飞鹅商城—柳江大桥—广场—柳侯公园；因此我的沿途导游包括：柳州概况，飞鹅商城简介，鱼峰山、马鞍山、大桥、柳州工贸、广场、柳侯柳州饭店简介，宣布在柳州两天的行程安排，入住酒店的注意事项。

师：同学们觉得怎样，这样的设计如何？

生：很好！

师：那我们还有没有其他路线可以选择？

生：火车站—红光桥—广场—柳侯公园。

师：哪条路线更好些？

生：第二个，比较近。

生：不一定，万一时间很多呢？

师：问得好，一定是比较近的路线就最好吗？假设出现时间较为充裕或堵车情况呢？

生：可以选另一条。

师：很好！我们在带团过程中一切都不是固定的，大家应根据实际情况而有所调整，假设真的出现这样的情况，大家还要考虑行程的设置是否比较松，路面交通在某些情况下比较拥挤，或者单双号通行某一路段，也可换另一路线。实际上路线绝不是固定的，这个案例中我们还可以走哪里？

生：走文慧桥，比如走东环、双充桥等！

师：根据线路的不同我们的沿途讲解也要相应地改变，对时间较短的路线在介绍时应该精练，把行程和注意事项简单介绍即可，如果时间比较长，就需要把城市概况、沿途风光说得较为详细了，这就需要大家具备较强的导游讲解和预控能力。讲解是导游员的重要能力，但是应变能力却更为重要，因为在带团过程中应变能力往往能够帮助我们应付各种突发状况，所以我们在以后的练习中要多进行这种能力的训练。

师：下面我根据火车站—红光桥—广场—柳侯公园这条路线，给大家示范首次沿途导游。大家注意老师的语态和动作以及讲解的内容。

（教师示范该段首次沿途导游。）

师：下面请一位同学进行一次讲解。哪位同学想上来？

（一生做该段首次沿途导游。）

师：这位同学的沿途讲解大家觉得怎样？请找出她的优缺点。

生：好在声音洪亮，语速可以，也比较流畅，而且她也介绍了欢迎辞、柳州概况、广场、柳侯公园，酒店也介绍了。

生：但她没有介绍柳江河和柳州的桥，而且感觉她没有笑容。

师：还有吗？

生：她好像背书，没有感情。

师：为什么会感觉没有感情，老师的讲解为什么大家觉得更好，不是用词多么好，恐怕就是感情的问题。导游讲解除了要语言准确，还有一点就是要生动，生动的语言才富有感染力。导游就是卖服务，要让游客对你产生信任，第一次露面是非常重要的，它往往占到我们给游客第一印象的60%。所以大家的第一次正式的讲解必须要把握好。不光语言要准确，还必须富有感情，生动。为了巩固大家的知识，下面根据我们今天的内容，来做一个案例题，大家按照原来的分组，四位同学一起进行讨论，请把你们组讨论的答案写下来，做好之后各组请贴在黑板上！

案例：地陪小李要在12月17日到柳州白莲机场接上海虹桥旅行社一行16名游客和全陪，航班的抵达时间为14:15，小李在14点的时候和司机一起抵达机场等候客人，接到旅游团后小李匆忙辨认了旅行团，确认无误后，小李带着所有的游客上了旅游车，上车后，小李立即让司机开车并做了简短的欢迎辞，小李说怕大家太累就让司机放音乐让游客在车上休息，等到了柳州饭店时小李才把游客们叫起来下车。请问小李的工作存在哪些问题？请根据接站服务的程序来分析该题并把答案写在白纸上。

（生进行讨论，5分钟。）

师：大家讨论的结果都出来了，现在请各组把答案贴在白板上。

（生贴答案于白板上。）

师：下面我们将请各组的代表上台来讲解下大家的答案。好第二组先来。

生：我们组认为导游员在接游客飞机时应该提前半小时，案例中这位导游员提前的时间只有15分钟，不符合带团规范，并且导游应该仔细辨认旅游团，不能在这时偷懒不讲解，不做介绍。(生们鼓掌)

师：很好，哪个来进行下补充。

生：我们组的结果和第二组的有很多相似之处，不过我们认为导游员还该询问下这个团队有没有特殊要求，比如是否有穆斯林等，而且导游没有清点人数，致欢迎辞，首次沿途导游，帮助旅游者下车。(生们鼓掌)

生：我们还有补充，我们组认为应该宣布集合的时间和地点还有停车位置。(生们鼓掌)

师：回答得很好，把几位同学的答案总结起来，我们来看看全部的答案是什么？看看是不是都想到了。(在屏幕中放出答案)

师：在地陪接站服务中旅游团抵达后的服务流程是至关重要的，在这里地陪第一次面对面和游客接触，无论是上车前还是上车后所有的服务内容都环环相扣，我们作为地陪需要把每一部分的工作都做到位，使旅游团的成员得到及时、热情、友好的接待。在这里旅游团上车之前需要做到：辨认旅游团、核实人数、集中清点行李、询问团队情况、集合登车。旅游团上车之后即转移途中导游员需要做到：清点人数，致欢迎辞，首次沿途导游，宣布集合时间、集合地点及停车位置，帮助旅游者下车。作为一个好的地陪，唯有方方面面的工作都做完善了才能给游客留下良好的第一印象，才能在今后的导游工作中顺利开展工作，圆满地完成当地的接待任务。

作业：同学们回去准备下午5点，作为柳州中国国际旅行社的地陪从柳州火车站接到从上海来的2日游客人后把游客送到柳州宾馆入住的所有讲解词。

三、教学反思

(1) 本堂课对于所有的导游专业学生来说都是非常重要的。整个地陪导游服务流程从这里正式进入接待游客阶段，地陪导游员开始面对面地与客人沟通和交流，他的第一次出手、出口都为他之后几天的导游服务工作打下基础。建立良好的第一印象是导游上团的重中之重，往往好的第一印象会为导游在以后的工作中带来很多便利。所以这堂课在教材中是放在很重的位置的。

(2) 在本堂课课堂设计上教师花了很多时间让学生通过练习找到带团的感觉。书本的知识必须融会贯通于相关案例才能使学生更好地掌握带团的技巧和相应的细节处理的方法，通过具体模拟场景的引入、案例的练习、学生的讨论总结，层层深入地进入整个服务流程，清晰地向学生展示整个旅游团抵达之后的服务程序，让学生通过练习和讨论，开动脑筋思考。

（3）本堂课的教学目标已经达到了，即用各种教学方法让学生掌握导游带团的知识和技能，同时对职业道德和细节的强调也使学生明白了这些是导游员必须具备的。教师将重难点放在了后半部分，即旅游团上车以后，在转移途中的导游服务。在这一部分教师让学生们通过各种练习和讨论来掌握相应的知识和技能，真正做到了重难点突出。特别是在首次沿途导游中，教师用较长的时间对该部分进行了诠释并让学生练习，加深了学生的印象。

（4）教师的准备非常充分，无论是课件的制作方面还是语言组织方面以及课前让学生准备场景演示方面，都做足了准备。在课件中加入了很多和实际工作相关的案例；从语言方面可以看出，教师的导游带团经验非常丰富。当学生问到一些特殊问题时，也能用丰富的经验告知学生如何处理。

（5）教师在教学方法上采用了多种方式相结合的教学方式。由于《导游实务》这本书的文字较多，学生没有带团经验是比较难理解的，所以教师设计了非常多的方法：其中案例分析法的运用使得学生能够脱离纸上谈兵的模式，得以开动脑筋思考如果自己就是这位导游，在带团时碰到这样的问题，应该怎么办？自己会怎样处理？而模拟场景的练习方法让大多数学生能参与进来，同时让他们在自己思考、自己练习中，把知识点深深印在脑海中，从而快速地掌握相关技能。头脑风暴法的运用让全体学生完全动起来。这些教学方法的运用在于把课堂还给学生，让学生能自主学习，锻炼学生的思维能力和动手能力，提高专业技能。

（6）学生的配合在这两节课中可圈可点，课堂气氛非常活跃。首先从学生在课前的预习来看，他们是非常精心地准备了这次模拟场景的演示，而且他们为了力求真实用了很多道具，如自制的导游证、导游旗、大巴模型、火车站模型等。在进行现场导游讲解方面，在欢迎辞介绍中，可以看到学生能够流利地说出欢迎辞，说明基本功较好。在按照案例进行分组讨论的时候，全班同学都非常积极地进行了讨论，回答问题也很积极。看得出来学生也非常喜欢这种以练带讲的上课方式，师生的配合非常好。

（7）本课的一个出彩的地方就是教师是一个有着多年旅行社工作经验的老导游，她用自身的现场讲解，以言传身教的方式，使学生们对导游的讲解工作和服务工作产生兴趣。学生从教师专业的导游讲解中发现自身的不足，以教师为榜样，进行模仿和学习，能够更快地找到导游讲解的感觉，从而提升学习兴趣。同时教师的基本功非常扎实，控制课堂的能力也非常突出，当学生问到一些突发状况时，教师能够迅速地解决，并且在课堂气氛有些过于活跃之后，教师能迅速地让学生回到较为平稳的状态，说明教师的经验非常丰富。

（8）在本课中，教师的小小遗憾就是在常规问题的解决上放的时间过多，可以适当增加一些突发问题的处理。例如，学生表演到火车站接游客中发生的冲突，还可以再大些，可以设计为在机场接、行李落在上一站等。应变能力也是教师想要突显并让学生重视的地方，既然想要很好地达到这个目的，还可以相应地增加一些特殊情况的设计。